燃气经营企业从业人员专业培训教材

汽车加气站操作工

燃气经营企业从业人员专业培训教材编审委员会　组织编写

蔡全立　主编

中国建筑工业出版社

图书在版编目（CIP）数据

汽车加气站操作工/燃气经营企业从业人员专业培训教材编审委员会
组织编写；蔡全立主编. —北京：中国建筑工业出版社，2017.7
燃气经营企业从业人员专业培训教材
ISBN 978-7-112-20970-5

Ⅰ.①汽…　Ⅱ.①燃…　②蔡…　Ⅲ.①汽车－天然气－加气站－技
术培训－教材　Ⅳ.①U491.8

中国版本图书馆 CIP 数据核字(2017)第 152145 号

本书主要包含以下内容：车用燃气、加气站介绍、LNG 加气站、CNG 加气站、L-CNG 加气站、LPG 加气站、加气站安全管理。全面系统地阐述了汽车加气站的加气工艺、燃气储存设备与储存方式、安全附件及仪表、设备的检修及维护保养等技术知识，同时对加气站常用机具、加气站安全管理，典型事故分析与设备故障的应急处理，消防安全，火灾扑救和事故处理等知识，亦作了扼要介绍，可作为燃气储运工培训用书。

责任编辑：朱首明　李　明　李　阳　李　慧　张晨曦
责任校对：李美娜　关　健

燃气经营企业从业人员专业培训教材
汽车加气站操作工
燃气经营企业从业人员专业培训教材编审委员会　组织编写
蔡全立　主编
*
中国建筑工业出版社出版、发行(北京海淀三里河路9号)
各地新华书店、建筑书店经销
北京建筑工业印刷厂制版
北京建筑工业印刷厂印刷
*
开本：787×1092毫米　1/16　印张：11　字数：273千字
2017年7月第一版　　2020年7月第二次印刷
定价：32.00元
ISBN 978-7-112-20970-5
(30621)

燃气经营企业从业人员专业培训教材
编 审 委 员 会

主　　任：高延伟

副 主 任：夏茂洪　胡　璞　叶　玲　晋传银

　　　　　何卜思　邓铭庭　张广民　李　明

委　　员：(按姓氏笔画排序)

　　　　　方建武　白俊锋　仲玉芳　朱　军

　　　　　刘金武　毕黎明　李　帆　李　光

　　　　　张建设　张　俊　汪恭文　杨益华

　　　　　唐洪波　雷　明　简　捷　蔡全立

出版说明

为了加强燃气企业管理，保障燃气供应，促进燃气行业健康发展，维护燃气经营者和燃气用户的合法权益，保障公民生命、财产安全和公共安全，国务院第 129 次常务会议于 2010 年 10 月 19 日通过了《城镇燃气管理条例》（国务院令第 583 号公布），并自 2011 年 3 月 1 日起实施。

住房和城乡建设部依据《城镇燃气管理条例》，制定了《燃气经营企业从业人员专业培训考核管理办法》（建城〔2014〕167 号），并结合国家相关法律法规、标准规范等有关规定编制了《燃气经营企业从业人员专业培训考核大纲》（建办城函〔2015〕225 号）。

为落实考核管理办法，规范燃气经营企业从业人员岗位培训工作，我们依据考核大纲，组织行业专家编写了《燃气经营企业从业人员专业培训教材》。

本套教材培训对象包括燃气经营企业的企业主要负责人、安全生产管理人员以及运行、维护和抢修人员，教材内容涵盖考核大纲要求的考核要点，主要内容包括法律法规及标准规范、燃气经营企业管理、通用知识和燃气专业知识等四个主要部分。本套教材共 9 册，分别是：《城镇燃气法律法规与经营企业管理》、《城镇燃气通用与专业知识》、《燃气输配场站运行工》、《液化石油气库站运行工》、《压缩天然气场站运行工》、《液化天然气储运工》、《汽车加气站操作工》、《燃气管网运行工》、《燃气用户安装检修工》。本套教材严格按照考核大纲编写，符合促进燃气经营企业从业人员学习和能力的提高要求。

限于编者水平，我们的编写工作中难免存在不足，恳请使用本套教材的培训机构、教师和广大学员多提宝贵意见，以便进一步的修正，使其不断完善。

燃气经营企业从业人员专业培训教材编审委员会

前　　言

　　随着国内经济的快速发展以及对清洁能源的需求日益增多，燃气以清洁、高效、经济等优势正逐步受到青睐，车用燃气在国内的发展已呈燎原之势，正在呈现蓬勃的发展态势，与之相应，近年来，燃气加气站的相关安全问题也越来越受到重视，燃气加气站相关安全管理的各种法规在逐步建立和健全，因加气站设施的运行具有极强的专业性和较高的安全要求，同时为贯彻落实国务院《城镇燃气管理条例》（国务院令第583号）精神及住房和城乡建设部制定的《燃气经营企业从业人员专业培训考核管理办法》（建城［2014］167号），为汽车加气工培训提供参考资料，特编写此书。

　　本书全面系统地阐述了汽车加气站的加气工艺、燃气储存设备与储存方式、安全附件及仪表、设备的检修及维护保养等技术知识，同时对加气站常用机具、加气站安全管理，典型事故分析与设备故障的应急处理、消防安全、火灾扑救和事故处理等知识亦作了简要介绍，可作为燃气储运工培训用书。

　　本书共7章，由蔡全立主编，其中第1、2章由陈春花编写，第3、6章由曹展涛编写，第4、5章由蔡全立编写，第7章由石婷萍编写，全书由蔡全立统稿，新奥能源控股有限公司黄磊、魏红梅担任本书的主审，提出了很多宝贵意见。同时，本书得到了东莞新奥燃气集团谢君娇、江门华润燃气有限公司梁明明、佛山市燃气集团股份有限公司钟铁军、陈雷星等同志的技术支持，在此一并表示感谢！

　　由于水平有限，本书中难免存在错误和不足之处，请各位同行和读者批评指正。

目　录

1 车用燃气

一般供应民用的天然气和液化石油气由于含有不少杂质，若直接用作汽车燃料，会对车辆造成损害，或使发动机燃烧不正常，影响车辆的寿命和排放效果，所以供应汽车使用的燃气必须要经过加工处理。为此，国内外对车用燃气的性质和质量都有相应的标准和技术要求，只有符合标准的合格燃气，才能保障汽车的安全运行。

1.1 车用燃气的分类

车用燃气的种类包括 LNG、CNG 及 LPG 等气体燃料。

CNG：也就是压缩天然气汽车燃料，是指在常温下将低压力天然气，经压缩机压缩至高压力（20～25MPa）状态的天然气。经压缩后的天然气体积可缩小约 250～300 倍，可实现天然气的大量储存。

LNG：将天然气液化（常压下−162℃）后，装入低压保温容器中放在汽车上，就是 LNG 汽车，也就是液化天然气汽车。

LPG：在油田轻烃回收装置中处理天然气时和在石油炼制过程中，都有一种以丙烷和丁烷为主的副产品，比较容易液化，而在常压下又是气态，与日常家用的液化气非常相似，也可以作为汽车燃料使用，也称作液化石油气。

1.2 车用燃气的质量要求

1.2.1 车用天然气的质量要求

从地下开采出的天然气不能直接用作汽车发动机燃料，开采出来的天然气含有烯烃、硫化氢、二氧化碳、水等杂质。通常情况下在高压气瓶的底部总是积存有一定量的水，天然气中含有的硫化氢过量时，会严重腐蚀高压钢瓶和设备管线。天然气中含有一定量的重烃时，在对天然气进行压缩过程中，由于压力变化较大，会导致烃露点升高，使这些重烃在天然气中凝结成液体。由于这些液体不能被及时汽化，在储气瓶中越积越多，会降低储气瓶的有效体积。为此，应脱去天然气中在高压下易液化的重烃，使乙烷及重烷含量<3%，以防止发动机点火燃烧不正常。

此外，天然气中含有水分，对天然气的燃烧尤其是用作车用燃料十分有害。如果车用压缩天然气含水量过高，就将存在三个方面的危害：

（1）生成水合物，造成管道、储气瓶嘴、充气嘴等的堵塞。天然气水合物是一种像冰一样的固体，它在管线、钢瓶表面沉积，不仅降低了有效容积，阻碍了天然气的流动，严重时会堵塞气嘴。

（2）加速天然气中酸性气体对金属设备的腐蚀。在天然气中，总是含有少量的酸性气体，如硫化氢、二氧化碳等，这些气体在水中会发生电离，电离质子的存在会腐蚀金属设备，严重时还会造成金属开裂。

（3）当环境温度不高于 0℃时，会出现结冰。

因此，国内外对车用压缩天然气的质量均有相应标准和技术要求。表 1.2-1 和表 1.2-2 分别为液化天然气和车用压缩天然气的质量要求。

液化天然气的质量要求　　　　　　　　　　　　　表 1.2-1

常压下泡点时的性质	LNG 例 1	LNG 例 2	LNG 例 3
摩尔分数	—	—	—
N_2	0.5	1.79	0.36
CH_4	97.5	93.9	87.20
C_2H_6	1.8	3.26	8.61
C_3H_8	0.2	0.69	2.74
iC_4H_{10}	—	0.12	0.42
nC_4H_{10}	—	0.15	0.65
C_5H_{12}	—	0.09	0.02
相对分子质量（kg/kmol）	16.41	17.07	18.52
泡点温度℃	−162.6	−165.3	−161.3
密度（kg/m³）	431.6	448.8	468.7
0℃和 101325Pa 条件下单位体积液体生成的气体体积（m³/m³）	590	590	568
20℃和 101325Pa 条件下单位体积液体生成的气体体积（m³/m³）	1367	1314	1211

压缩天然气的技术指标　　　　　　　　　　　　　表 1.2-2

项　　目	技术指标
高位发热量（MJ/m³）	＞31.4
总硫（mg/m³）	≤200
硫化氢（mg/m³）	≤15
二氧化碳 CO_2（%）	≤3.0
氧气 O_2（%）	≤0.5
水露点（℃）	在汽车驾驶的特定地理区域内，在最高操作压力下，水露点不应高于−13℃，当最低气温低于−8℃，水露点应比最低气温低 5℃

注：本标准中气体体积的标准参比条件是 101325Pa，20℃。

1.2.2　车用液化石油气的质量要求

并非各种液化石油气都适合作发动机燃料，各炼油厂生产的液化石油气由于含有大量的烯烃，不适于直接作汽车燃料，而且在各炼油厂实际销售的液化石油气中一般还含有一些有害成分，如丁烯、水、硫化物和机械杂质等。特别是烯烃在 40～75℃会聚合成为胶状物（结焦），影响蒸发调节器内膜片弹性和量孔的流动性能，丁二烯使橡胶膜片产生溶胀等，另外烯烃抗爆性差，燃烧易冒黑烟；硫分主要会产生对钢和铝的腐蚀，燃烧后污染环境等；水分存在时，不仅会促使硫化物对气瓶、管路阀门、气化器的腐蚀，而且在低温（或高压）下，会与 LPG 生成水化物（类冰状结晶物），堵塞管道、阀门等；机械杂质会对蒸发调节器产生粉末堵塞。因此，国内外对车用液化石油气的技术要求均有相应标准。

表 1.2-3 是中国石油天然气总公司制定的行业标准《车用液化石油气》GB 19159—2012 技术要求，对车用液化石油气的蒸气压、腐蚀、含硫量、游离水、烯烃含量等作了严格规定。

车用液化石油气的技术指标

表 1.2-3

项　目		质量指标		试验方法
		车用丙烷	车用丙丁烷混合物	
37.8℃蒸气压（表压）(kPa)		≤1430	≤1430	GB/T 6602①
组分（%）	丙烷	—	≥60	SH/T 0230
	丁烷及以上组分	≤2.5	—	
	戊烷及以上组分	—	≤2	
	丙烯	≤5	≤5	
残留物/mL 100mL 蒸发残留物 油渍观察		≤0.05 通过	≤0.05 通过	SY/T 7509
密度（20℃或15℃）/(kg/m³)		实测	实测	SH/T 0221②
铜片腐蚀		不大于1级	不大于1级	SH/T 0232
总硫含量 ω (×10⁻⁶)		≤123	≤140	SY/T 7508
游离水		无	无	目测

①蒸气压允许用《液化石油气蒸气压和相对密度及辛烷值计算法》GB/T 12576 方法计算，但在仲裁时必须用《液化石油气蒸气压测定法（LPG 法）》GB/T 6602 测定。

②密度允许用《液化石油气蒸气压和相对密度及辛烷值计算法》GB/T 12576 方法计算，但在仲裁时必须用《液化石油气密度或相对密度测定法（压力密度计算法）》SH/T 0221 测定。

该标准提出车用丙烷（其中要求丁烷及以上组分体积分数不超过 2.5%）和车用丙烷、丁烷混合物（丙烷不低于 60%，戊烷及以上组分不超过 2%）两种 LPG，同时限定丙烯不高于 5%，以及蒸气压、残留物、腐蚀、含硫量等要求。由于现有标准是根据生产、技术水平而制定的，与国外标准比较还有一定差距。

2 加气站介绍

根据气源种类，加气站可以分为天然气加气站和液化石油气加气站。

天然气加气站按照建设形式又可以分为以下几类：

天然气加气站分类　　　　　　　　　　　　　　表 2-1

型　式	气　源	服务对象	站址选位
CNG 加气母站	输气干线或城市高压管道	为车载储气瓶充装 CNG	门站或高中压调压站
CNG 加气子站	CNG 车载储气瓶	为 CNG 汽车充装 CNG	主要在市中心区外缘。公交车停车场
CNG 常规加气站	天然气管道	为 CNG 汽车充装 CNG	有供气能力的中压管网干线
LNG 加气站	市区小站可由大站倒运	为 LNG 汽车充装 LNG	储配站型设在市区边缘，小站可设在市中心区外边缘或公交车停车场（非上客）
L—CNG 加气站	市区小站可由大站倒运	由 LNG 转化成 CNG，为 CNG 汽车充装 CNG	储配站型设在市区边缘，小站可设在市中心区外边缘或公交车停车场（非上客）

CNG 加气站将天然气压缩至 20.0～25.0MPa 后充装汽车，如图 2-1 所示。根据站区现场或附近是否有管线天然气，CNG 加气站分为常规站、CNG 母站和子站。母子站型是指在 CNG 母站从高压管道取气，经压缩后由运气瓶车分供到各处子站，进行汽车加气。常规站型是设在各处的加气站直接从管道内（一般是中压管道）取气压缩后进行汽车加气。

图 2-1　CNG 加气站

LNG 加气站是以液态天然气 LNG 为原料的一种加注站，如图 2-2 所示，一般由 LNG 储罐、泵撬及潜液泵、储罐增压气化器、卸车气化器、EAG 加热器，加气机等组成。

图 2-2　LNG 加气站

LPG 加气站是为燃气汽车储气瓶充装车用液化石油气的专门场所，如图 2-3 所示，一般包括：储罐区（残液灌、过梯、防护墙等）、压缩机房（压缩机及相关电机）、装卸台（原料来源装卸地）、变配电房（变配电设备）、加气岛（加气机等），避雷塔，消防设施，办公及生活楼等。

图 2-3　LPG 加气站

3 LNG 加气站

在 LNG 加气站日常生产运营中，需要对加气站的基础情况有所了解，才能更好地完成 LNG 加气站的日常生产和管理，本章对 LNG 加气站的一些基本情况进行详细介绍。

3.1 LNG 加气站基本工艺及操作规程

LNG 加气站的基本工艺主要包括卸车工艺、储罐增压工艺、加液工艺、仪表风系统工艺、安全放散工艺如图 3.1-1 所示。

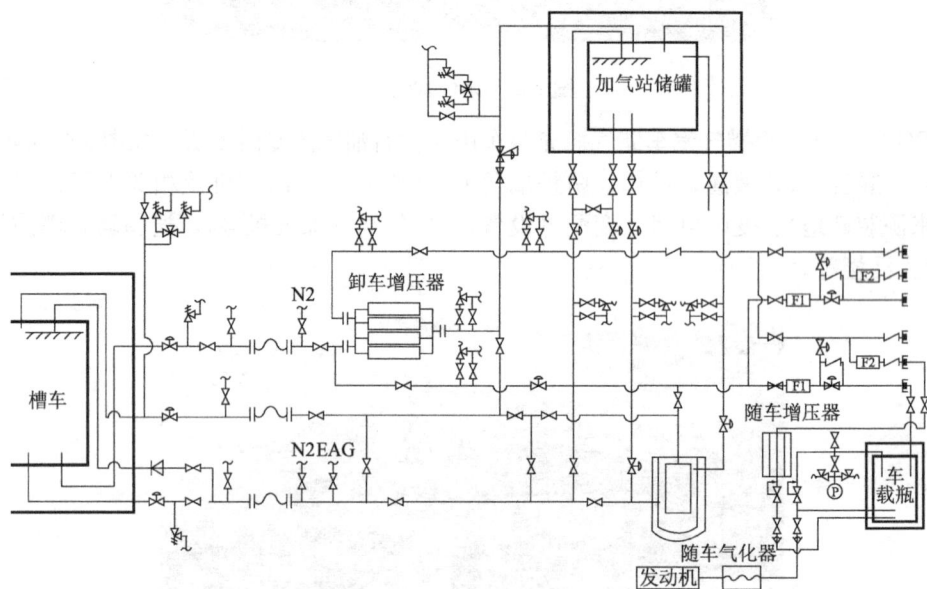

图 3.1-1 LNG 加气站工艺流程图

3.1.1 LNG 加气站卸车工艺及操作规程

LNG 通过槽车或罐式集装箱车从 LNG 液化工厂运抵用气城市 LNG 气化站，利用槽车上的空温式升压气化器对槽车储罐进行升压（或通过站内设置的卸车增压气化器对罐式集装箱车进行升压），使槽车与 LNG 储罐之间形成一定的压差，利用此压差将槽车中的 LNG 卸入气化站储罐内。卸车结束时，通过卸车台气相管道回收槽车中的气相天然气。

1. LNG 加气站卸车工艺

卸车方式有自增压卸车、泵增压卸车以及泵卸车三种。

（1）自增压卸车：槽车内的液体自流进入卸车气化器中，汽化后回到槽车的气相，增加槽车的压力（此功能可以在停电的情况下使用，保证停电的情况下顺利完成卸车），使液体流入储罐中。

（2）泵增压卸车：槽车内的液体流进泵池后（需先对泵池进行预冷），经潜液泵打入卸车气化器中，汽化后进出槽车的气相，增加槽车的压力，使液体流入储罐中。

（3）泵卸车：槽车内的液体流进泵池后（需先对泵池进行预冷），经潜液泵打回储罐中（同时，槽车内的液体经增压口流进卸车气化器，汽化后回到槽车，加快卸车速度）。

卸车时，为防止 LNG 储罐内压力升高而影响卸车速度，当槽车中的 LNG 温度低于储罐中 LNG 的温度时，采用上进液方式。槽车中的低温 LNG 通过储罐上进液管喷嘴以喷淋状态进入储罐，将部分气体冷却为液体而降低罐内压力，使卸车得以顺利进行。若槽车中的 LNG 温度高于储罐中 LNG 的温度时，采用下进液方式，高温 LNG 由下进液口进入储罐，与罐内低温 LNG 混合而降温，避免高温 LNG 由上进液口进入罐内蒸发而升高罐内压力导致卸车困难。实际操作中，由于目前 LNG 气源地距用气城市较远，长途运输到达用气城市时，槽车内的 LNG 温度通常高于气化站储罐中 LNG 的温度，只能采用下进液方式。所以除首次充装 LNG 时采用上进液方式外，正常卸槽车时基本都采用下进液方式。

为防止卸车时急冷产生较大的温差应力损坏管道或影响卸车速度，每次卸车前都应当用储罐中的 LNG 对卸车管道进行预冷。同时应防止快速开启或关闭阀门使 LNG 的流速突然改变而产生液击损坏管道。

2.LNG 加气站卸车操作规程

（1）劳保用品准备

场站操作人员准备相关劳保用品及相关工具（包括：防冻服、防冻手套、头盔、防冻靴（皮靴）、防爆呆扳手、防爆梅花扳手、防爆活动扳手、防爆断线钳、防爆螺丝刀、四氟垫、装卸车记录本等）。

（2）管道预冷

场站操作人员依次开启 BOG 加热器前阀、卸车台阀后气液连通阀、1 号-2 号储罐中的一处上进液连通阀；卸车台阀后连通管出现结霜后，关闭卸车台阀后气液连通阀。

（3）槽车进站前安全检查

1）场站操作人员检查车辆及从业人员的相关证件是否齐全（包括有效的《危险货物道路运输许可证》、《压力容器使用登记证》、《道路运输驾驶员从业资格证》、《道路危险货物运输押运员证》等）；

2）储罐是否在有效期内；储罐无变形、破损或车辆油水无泄漏（槽车罐体标注日期必须在有效期内）；

3）防静电接地是否完好；

4）安全阀、压力表、液位计在有效期内（外观完好并在有效检测期内）；

5）是否安装有防火罩（正确安装并且无腐蚀穿孔）；

6）司机及押运员是否穿着防静电工作服（司机进站前必须穿着防静电工作服）；

7）配备灭火器是否在有效期内（槽车应配备 2 个灭火器，并且须在有效期内，压力要符合要求）；

8）驾驶室内无火种及其他危险品（打火机、火柴、汽油等）。

（4）卸车准备

1) 槽车限速 5km/h 以下进入气站，停放到过磅指定位置进行过磅。LNG 槽车进站过磅后停靠卸车台，关闭汽车发动机，槽车钥匙交站区操作人员，槽车前后轮加限位块，槽车防静电接地线连接完好；

2) 驾驶员打开槽车尾部的操作箱门，检查各阀门的开关位置是否正常，压力表、液位计显示的数值在正常范围。正确连接槽车与卸车台间 3 条工艺金属软管。将场站装卸台的 3 条软管与对应的 3 个接口分别连接并紧固，由操作人员对接管的情况进行检查，符合装卸要求的前提下才能开始下一步操作；

3) 开启车载气动紧急切断阀，打开车载增压液相、增压气相及出液管上紧急切断阀。

（5）卸车台阀前置换

1) 依次开启卸车台增压器液相进口、气相出口、BOG 管道阀门；

2) 开启槽车增压液相手动阀，打开槽车气相手动放空阀，30s 后关闭放空阀；

3) 开启卸车台阀前气液连通阀，打开槽车出液管手动放空阀，10s 后关闭放空阀。

（6）槽车增压

关闭卸车台阀前气液连通阀，缓慢开启槽车气相手动阀，观察压力表读数，将槽车增压至 0.5～0.6MPa（槽车内压力不得高于 0.68MPa），当槽车内压力达到高于场站储罐压力 0.2～0.3MPa 后开启底部进液阀，进行自流卸气，整个卸气过程中驾驶员及押运员均不得离开现场。

（7）储罐进液

1) 关闭卸车台阀后气液连通阀，依次开启储罐上进液根部阀、储罐上进液连通阀、槽车出液手动阀、卸车台进液总阀，开始进液；

2) 确认 LNG 由储罐上进液管进液，开启储罐下进液连通阀，储罐下进液根部阀；

3) 当液位升至储罐高度 2/3 时，确认储罐上进液连通阀为开启状态，关闭储罐下进液连通阀。

4) 当槽车压力急速下降，关闭储罐下进液连通阀，开启上进液连通阀。

5) 当槽车压力接近储罐压力，关闭卸车台进液阀，开启卸车台前气液连通阀，打开 BOG 系统阀，将槽车及卸车台前剩余液体排放到 BOG 系统中，待槽车压力降至 0.2MPa 时，气动关闭槽车增压液相、出液、增压气相 3 处紧急切断阀，关闭槽车增压液相、出液、增压气相 3 处手动阀，关闭 BOG 系统阀。

6) 开启卸车台阀前气液连通阀，打开卸车台阀前手动放空阀，确认卸车台阀前全部排空后，关闭卸车台阀前手动放空阀。

（8）卸车完毕

1) 关闭槽车气动紧急切断阀；

2) 开启槽车气、液相手动放空阀；

3) 拆除连接卸车台与槽车的 3 条工艺金属软管，安装槽车管线接口盲板；

4) 关闭槽车气、液相手动放空阀；

5) 拆除连接卸车台与槽车的防静电接地线；

6) 移去槽车前后轮限位块；

7) 气站操作人员对现场进行检查，确认安全后将车钥匙交给驾驶员，驾驶员方可启动车辆进行过磅，确认卸载量及签名后，以 5km/h 以下的车速离开气站。

3.1.2 LNG 储罐增压工艺及操作规程

1. LNG 储罐增压工艺

LNG 潜液泵的泵前最佳工作压力是 0.4～0.8MPa，当储罐的压力低于 0.4MPa 时就可以选择给储罐增压，因增压的同时也会产生大量 BOG，为合理减少 BOG，LNG 加气站通常有几种增压方式：

（1）自增压

储罐内的 LNG 液体凭借液位产生的压差进入气化器中，经增压器加热汽化后回到储罐的顶部，增加储罐的压力（此功能可以在停电的情况下使用，保证停电的情况下也可以对汽车进行加气）。采用自增压方式增压速度相对较慢，但无需消耗电能，如图 3.1-2 所示。

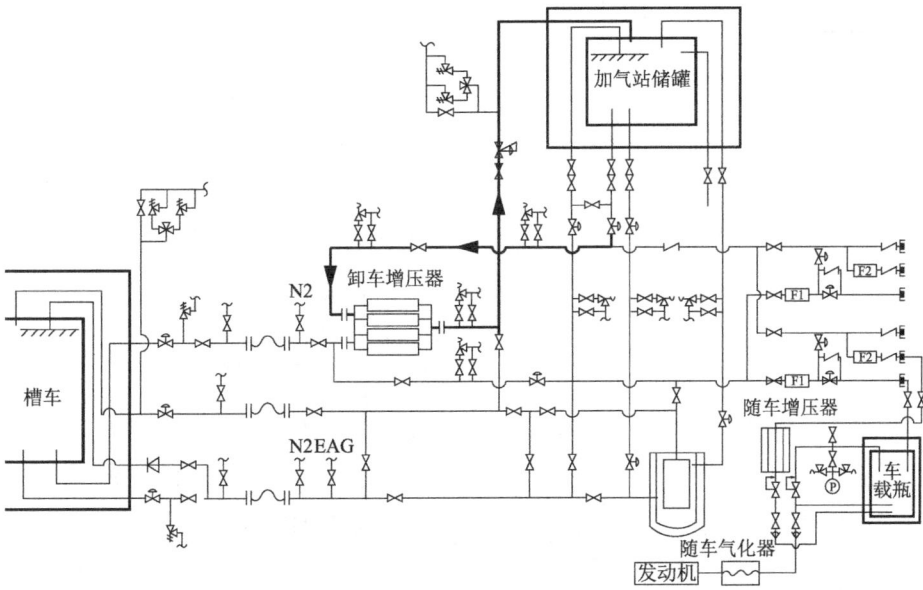

图 3.1-2　储罐自增压工艺

（2）泵增压

储罐内的液体流进泵池后（需先对泵池进行预冷），经潜液泵注入气化器中，经空温加热汽化后进入储罐的顶部，增加站用储罐的压力，如图 3.1-3 所示。

（3）调压（调饱和压力）

储罐内的液体流进泵池后（需先对泵池进行预冷），经潜液泵注入气化器中，经空温加热汽化后进入储罐的底部，提高储罐内 LNG 温度，饱和压力也相应提高。调压提升储罐压力的效果是长期性的（在下一次卸车前），增压提升储罐压力的效果是临时性的，停止增压后，储罐压力会逐渐恢复到与 LNG 温度相应的饱和压力。所以，加气站可根据每天的实际加气量来选择合适的增压方式，如图 3.1-4 所示。

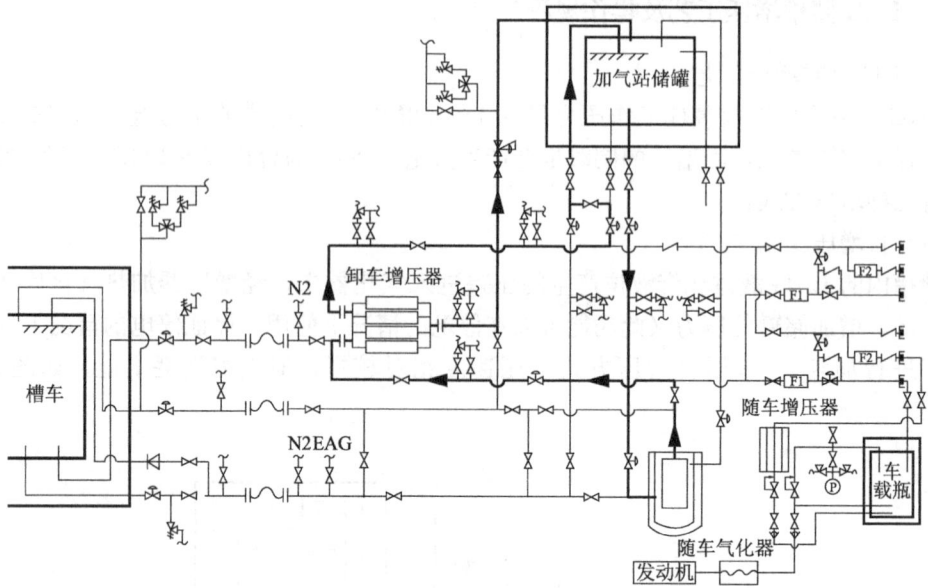

图 3.1-3　储罐泵增压工艺

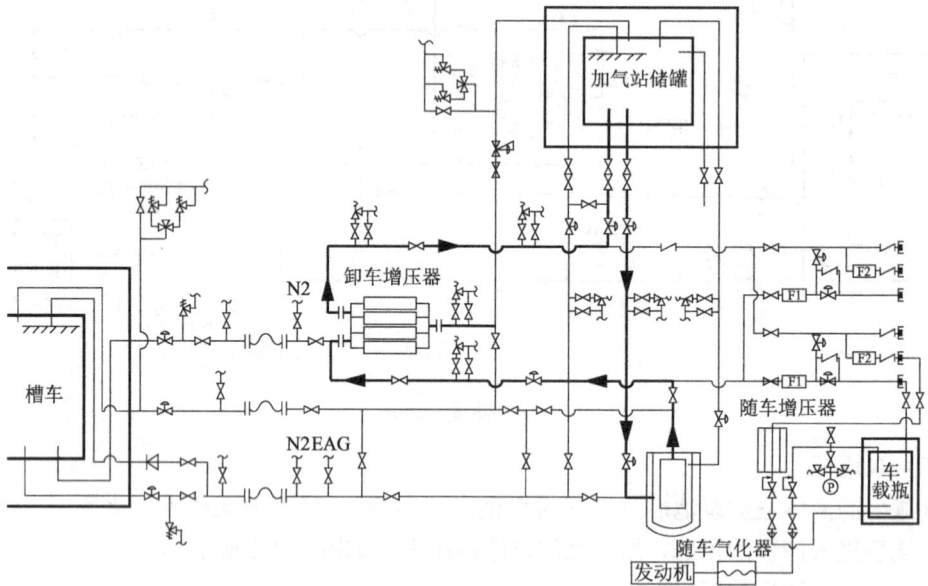

图 3.1-4　调压（调饱和压力）工艺

2. 储罐增压操作规程

（1）储罐自增压操作规程

1）选择确认需要增压操作储罐；

2）确认开启储罐上进液增压连通阀、储罐增压气化器气相出口阀、储罐增压器进口液相阀；

3）检查确认打开储罐下进液增压连通阀；

4）监控储罐增压至目标压力，不得高于 0.6MPa；

5）增至目标压力后，关闭储罐下进液增压连通阀、储罐增压器进口液相阀、储罐增压器出口气相阀，确认增压液相管路残液汽化完毕关闭储罐上进液增压连通阀；

6）检查确认相应阀门处于正确的开关状态。

（2）泵增压操作规程

1）选择确认需要增压操作储罐；

2）确认开启储罐上进液连通阀、储罐增压气化器液相出口阀、储罐增压器液相进口阀、泵进出口阀及气动阀；

3）检查确认打开储罐出液总阀；

4）储罐内的液体流进泵池后，打开低温泵（需先对泵池进行预冷）；

5）监控储罐增压至目标压力，不得高于 0.6MPa；

6）增至目标压力后，关闭低温泵、关闭出液总阀；确认增压液相管路残液汽化完毕后关闭储罐上进液连通阀、储罐增压气化器液相出口阀、储罐增压器液相进口阀、泵进出口阀及气动阀；

7）检查确认相应阀门处于正确的开关状态。

（3）调压（调饱和压力）操作规程

1）选择确认需要增压操作储罐；

2）确认开启储罐增压气化器液相出口阀、储罐增压器液相进口阀、泵进出口阀及气动阀；

3）检查确认打开储罐出液总阀、下进液连通阀；

4）储罐内的液体流进泵池后，打开低温泵（需先对泵池进行预冷）；

5）监控储罐增压至目标压力，不得高于 0.6MPa；

6）增至目标压力后，关闭低温泵、关闭出液总阀；确认增压液相管路残液汽化完毕后关闭储罐上进液连通阀、储罐增压气化器液相出口阀、储罐增压器液相进口阀、泵进出口阀及气动阀；

7）检查确认相应阀门处于正确的开关状态。

3.1.3　LNG 加液工艺及操作规程

1. LNG 加液工艺

LNG 加气站加液工艺主要包括预冷、加液、待机过程工艺流程，如图 3.1-5 所示。

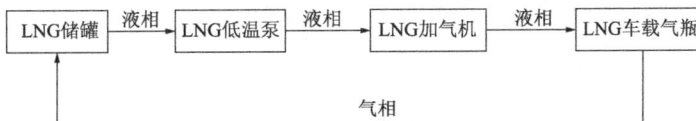

图 3.1-5　LNG 加气站加液工艺

（1）预冷流程——凭借站内储罐和泵池的压位差，使液体从站内储罐进入泵池，完成泵池的预冷。预冷分为大循环预冷和小循环预冷。

1）大循环预冷流程

加注机预冷，LNG 液体从加注机进液管道流向截止阀、液相质量流量计、气动阀 1、液相金属软管、加注枪头、插枪口、单向阀 3，最后经管路回到 LNG 储槽，当加注机内部管路充满液体且液体温度和密度同时达到要求时预冷结束（大循环过程中不考虑增益值变化），预冷大循环过程中，加注机不计量。如图 3.1-6 所示：

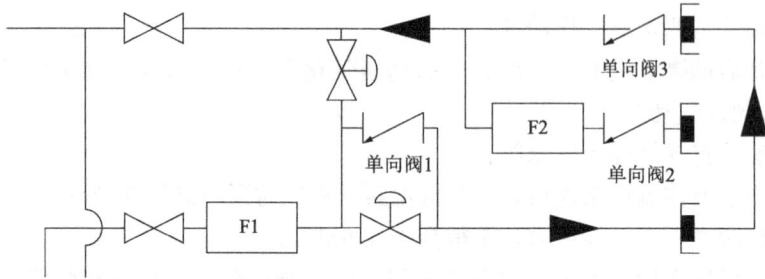

图 3.1-6　大循环预冷流程

2）小循环预冷流程

加注机加液前预冷，如果预冷与加液间隔时间较长，检测到条件不允许加气时，加气机自动开启小循环流程，LNG 液体从加注机进液管道流向截止阀、液相质量流量计、气动阀 2，再经管路回到 LNG 储槽，当加注机内部管路充满液体且液体温度、密度和增益值同时达到要求时小循环预冷结束，并立即换阀，同时启动计费系统进入加注状态。小循环预冷过程中三个参数必须同进满足要求加注机才启动加液。如图 3.1-7 所示。

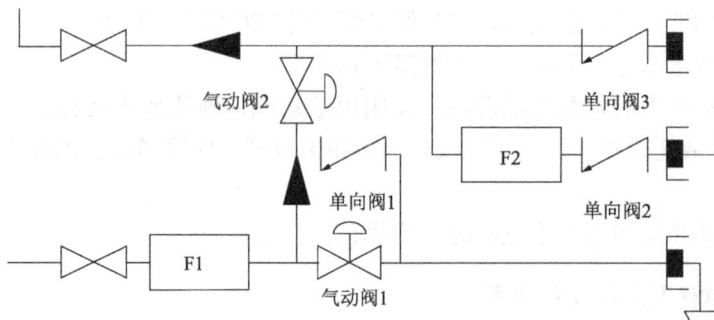

图 3.1-7　小循环预冷流程图

（2）加气过程

加气机预冷完成后，便可以对汽车进行加气，按下加气机面板上的"加气"键，自动完成对汽车的加气。

（3）待机过程

泵启动后，在没有加气机加气和预冷信号时，泵低速运行，液体在管道内循环，保持管道的温度，减少泵的启停次数，延长泵的使用寿命。在持续较长无加气信号时，泵停止工作。

2.LNG 加液操作规程

（1）作业前准备

1）运行工负责潜液泵加液过程加气机管路和加气机的预冷。

12

2）检查压缩空气系统是否工作正常，有无泄漏点。

3）从控制系统电脑界面"参数设置"选中"LN 加气"，潜液泵进液回气，出口紧急切断阀，气动打开。开始预冷潜液泵，潜液泵预冷温度设置为−115℃。

4）潜液泵预冷完成后，按下加气机操作面板上"预冷"键。预冷加液真空管路和加气机。加气机预冷温度设置为−115℃。

（2）加液操作流程

1）指挥车辆停放在指定位置，要求司机熄火，拉手刹车，拔车钥匙，关闭总电源；

2）将两块三角木塞入车轮下，防止车辆滑动；

3）连接静电接地；

4）由司机打开车辆加液面板，加液工指定司机站在安全线外；

5）查看车瓶压力，判断是否需要降压（0.8MPa，回气充装或闷充）；

6）如果需要降压，连接加气机与车载瓶的回气软管，进行降压；如不需要，直接将加气机枪插入车辆加液卡座，按加气机操作面板"确定"键，开始加液（连接软管前先对接口进行吹扫）；

7）回气充装时，如果车载钢瓶压力小于 0.8MPa 并稳定，可提前拆下回气枪；

8）加液过程中要严密监视显示盘数据和车载钢瓶及加气机压力的变化，防止出现超量充装和加液不走字等现象。同时要检查加液枪与加液卡座有无泄漏，如发现异常立即处理。

（3）非定量加液

将加液枪插入车辆加液卡座，连接好回气枪与回气卡座按加气机键盘上的加气键即可加气，当车载钢瓶达到充装系数，加气机默认加满自动停止加液，过程中也可按停止键手动结束加液如图 3.1-8 所示。

图 3.1-8　LNG 加气机控制面板

（4）定量加液

首先通过键盘设定需加的气量（m³ 或 kg）或金额，然后按加气键开始加液，当达到设定值或未达到设定值但压力、流量小于加气机最低限时，自动结束加液。

（5）加液结束的三种方式

1）点动现场"停止"按钮；

2）达到预设金额；

3）车载瓶充满。

结束加液之后，从车载加液卡座上取下加液枪，将加液枪头放置在支撑托架上（枪头朝下），结束加气，并读取控制面板上的加气量和售气金额，结算，随后取下静电接地线，撤离三角木，将车辆放行，指挥下一辆车入位。

（6）安全注意事项和应急措施

1）操作时，操作人员必须穿戴防护手套，穿防护服，防护鞋，戴面罩等，预防冻伤或窒息（少露易脱）；

2）任何人不得在加液区域接打手机；

3）车辆进入加液区域应关闭引擎，停车、熄火，并拉好手刹；

4）发现钢瓶超过检验期限，瓶体有明显缺陷，漏气、严重腐蚀等情况，一律不允许加气（认真对待）；

5）严禁加气软管及回气软管相互交叉和缠绕在设备上；

6）加气过程中发生气体严重泄漏时，加气员应立即关闭车辆瓶阀，同时按下现场紧急关闭按钮，把气体泄漏量控制在最小范围内；

7）加气过程中，加气机计量出现故障，加气站及周围出现不能保障加气站安全和正常工作的事件时，应停止加气；

8）加气作业中，严禁将加气枪及回气枪交给顾客操作，禁止一人同时操作两把加气枪，不得擅自离开正在加气的车辆；

9）加气站内加气车辆之间的间距应符合紧急疏散的条件；

10）有强对流天气或加气站内紧急事故时严禁加液；

11）如果操作人员的皮肤和眼睛不慎接触到 LNG 液体和气体，应将与 LNG 接触的部位浸泡在温水中（41～46℃）。绝对不能使用温度很高的热水。请医生迅速检查冻伤的部位是否起泡或深度冻伤；

12）如果手动加气，车载瓶回气用的放空阀打开时间过长，则有可能使汽车车用瓶液位超高，甚至导致放空口排出 LNG。

3.1.4　LNG 加气站仪表风系统工艺

仪表风系统：以压缩空气作为动力风源，用来驱动所有气动阀门，从而达到自动控制阀门开和关为目的的系统。

仪表风系统主要包括：前置过滤器、空气压缩机、气液分离器、后置过滤器、干燥器、阀门管道、气动执行器、控制柜等。

仪表风系统的引进，主要是为了防止 LNG 在日常运作过程中因突然停电，设备突然故障等原因引发失控的事故，而引入了气动控制系统，也称仪表风系统，在仪表风系统中，LNG 控制阀门的控制都是以气动开启的紧急切断阀进行控制的，其工艺如图 3.1-9 所示。

(a)　　　　　　　　　　　　　　　　　　　　(b)

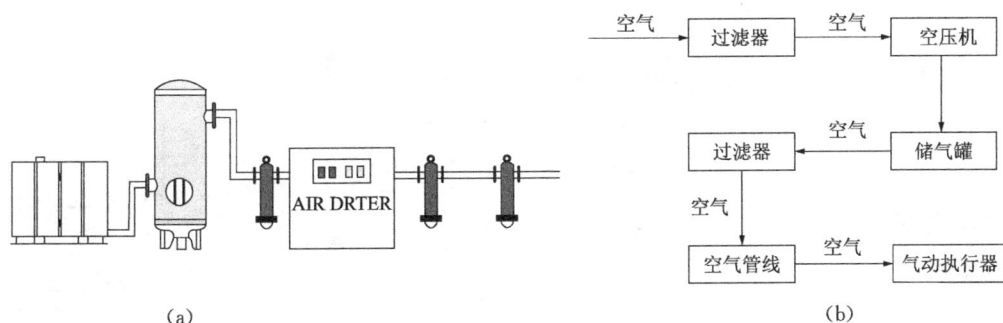

图 3.1-9　仪表风系统工艺

(a) 示意；(b) 工艺流程

3.1.5　LNG 加气站安全放散工艺

天然气为易燃易爆物质，在温度低于−107℃左右时，天然气密度重于空气，一旦泄漏将在地面聚集，不易挥发；而常温时，天然气密度远小于空气密度，容易扩散。根据其特性，按照规范要求必须进行安全排放，设计采用集中排放的方式。安全放散工艺系统由安全阀门、爆破片、EAG 加热器、放散塔组成。

设置 EAG 加热器，对要放散的低温 NG 进行集中加热后，经阻火器后通过放散塔高点排放，EAG 加热器采用 500Nm³/h 空气加热器。常温放散 NG 直接进入阻火器后排入放散塔。阻火器内装耐高温陶瓷环，安装在放空总管路上。

为了提高 LNG 储槽的安全性能，采用降压装置、压力报警手动放空、安全阀（并安装爆破片）起跳三层保护措施。LNG 加气站储罐内容器设计压力不低于 1.3MPa、工作压力 1.08MPa、放散压力 1.20MPa。

缓冲罐上设置安全阀及爆破片，安全阀设定压力为储罐设定压力。

在一些可能会形成密闭空间的管道上，设置手动放空加安全阀的双重措施。

3.2　LNG 加气站主要设备的操作及管理维护

3.2.1　LNG 储罐

1. LNG 储罐介绍

LNG 加气站中的储液设施主要就是储罐，当前 LNG 加气站所采用的储罐一般为双金属罐，即内罐与外罐皆为金属材质（0Cr18Ni9、06Cr19Ni10 奥氏体不锈钢与 16MnR−Q345R），根据其安装形式一般分为立式与卧式，如图 3.2-1 所示。

卧式一般安装方便，卸车方便，但是占地面积大，而且一般泵前压力较低，容易造成气蚀，通常需要调饱和（其实就是改变液体温度从而提升内部压力），同时也不易用光，且观感安全，加气站一般采用这种安装形式；

立式一般安装不便，卸车压力要求高且不易卸干净，但是正是因为液位高所以一般能够满足泵前压力要求，但是观感危险，加气站一般较少采用。

（1）当前 LNG 加气站储罐规格主要有 30m³、50m³、60m³，其他技术指标如下：

(a)　　　　　　　　　　　　　　　(b)

图 3.2-1　LNG 储罐现场图
(a) 卧式；(b) 立式

工作压力（内容器/外容器）：1.15MPa/−0.1MPa；

设计压力（内容器/外容器）：1.2MPa/−0.1MPa；

设计温度（内容器/外容器）：−196℃/−19～50℃；

设计厚度（内容器/外容器）：12mm/8mm；

充满率：85%～90%；

静态日蒸发率：不超过 0.3%/d，低温绝热压力容器在装载大于有效容积 1/2 低温液体时，静置达到热平衡后，24h 内自然蒸发损失的低温液体质量和容器有效容积下低温液体质量的百分比，换算为标准环境下（20℃，101325Pa）蒸发率值，单位为%/d；

封口真空度：不超过 3×10^{-1}Pa，低温绝热压力容器抽真空结束封结后，在常温状态下夹层压力相对稳定时的夹层真空度，单位为 Pa；

真空夹层漏气率：不超过 6×10^{-7}Pa·m^3/s，单位时间内漏入真空夹层的气体量，单位为 Pa·m^3/s；

真空夹层放气速率：真空夹层内绝热材料、器壁表面等在单位时间内放出的气体量，单位为 Pa·m^3/s。

真空夹层漏放气速率：不超过 6×10^{-6}Pa·m^3/s，低温绝热压力容器真空夹层漏气速率和放气速率之和，单位为 Pa·m^3/s。

（2）LNG 储罐如图 3.2-2 所示，其常用的绝热方式有：

1）高真空多层缠绕式绝热（反射率高的铝箔或喷铝聚酯薄膜做辐射屏材料，玻璃纤维或泡沫玻璃做间隔材料，并抽真空），多用于槽车储槽；

图 3.2-2　LNG 储罐制造示意

16

2）真空粉末绝热层（夹层填充珠光砂或膨胀珍珠岩并抽真空），如图 3.2-3（a）、（b）所示；

3）正压堆积绝热层（玻璃纤维或泡沫玻璃并充氮气），用于大型储槽如图 3.2-3（c）、（d）所示。

（a）

（b）

（c）

（d）

图 3.2-3 真空粉末绝热材料
（a）珠光砂；（b）膨胀珍珠岩；（c）泡沫玻璃；（d）玻璃纤维

2. LNG 储罐的工艺及附件

储罐内罐上的接管口有：上进液口、下进液口、出液口、气相口、测满口、上液位计口、下液位计口共 7 个接管口。为便于定期测量真空度和抽真空度，在外罐下封头上开设有抽真空口。为防止真空失效和内罐介质漏入外罐，在外罐上封头设置防爆装置如图 3.2-4 所示。

LNG 储罐如图 3.2-5 所示，安全附件主要包括：低温安全阀、低温紧急切断阀、压力表、液位计、防爆装置、真空规管与抽真空装置等。

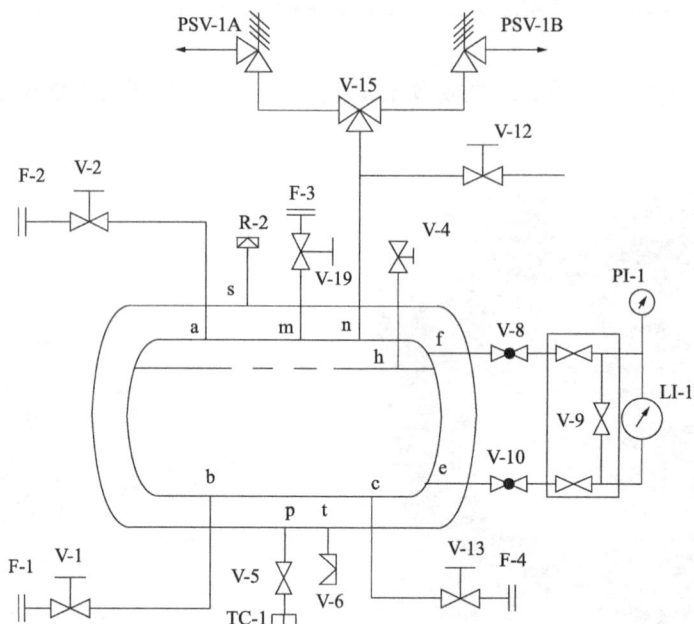

图 3.2-4　LNG 储罐工艺图

V-1—底部充装阀；V-2—顶部充装阀；V-4—溢流阀；V-5—真空规管阀；V-6—抽真空阀；V-8—气相仪表阀；
V-9—平衡阀；V-10—液相仪表阀；V-12—手动放散阀；V-13—产品使用阀；V-15—切换阀；V-19—泵回气阀；
LI-1—液位计；PI-1—压力表；R-2—外壳泄放装置；TC-1—真空规管；PSV-1A—安全阀；PSV-1B—安全阀；
F-1—底部充装法兰；F-2—顶部充装法兰；F-3—泵回气法兰；F-4—提液法兰
首位符号：F—流量；L—液位；P—压力；T—温度；R—记录后继符号：I—指示；T—变送

图 3.2-5　LNG 储罐现场工艺示意

（1）低温安全阀

LNG 储罐安全阀是用来防止储罐超压的设备，因环境漏热而产生的 BOG 会导致罐内压力逐步升高，最终危及储罐安全，故而设计上采用储罐减压调节阀、压力报警手动放散、安全阀起跳三级安全保护措施来进行超压保护。

其保护顺序为：当储罐压力上升到减压调节阀设定开启值时，减压调节阀自动打开，泄放气态天然气；当减压调节阀失灵，罐内压力继续上升，达到压力报警值时，压力报警，手动放散卸压；当减压调节阀失灵且手动放散未开启时，安全阀起跳卸压，保证LNG储罐的运行安全，如图3.2-6所示。

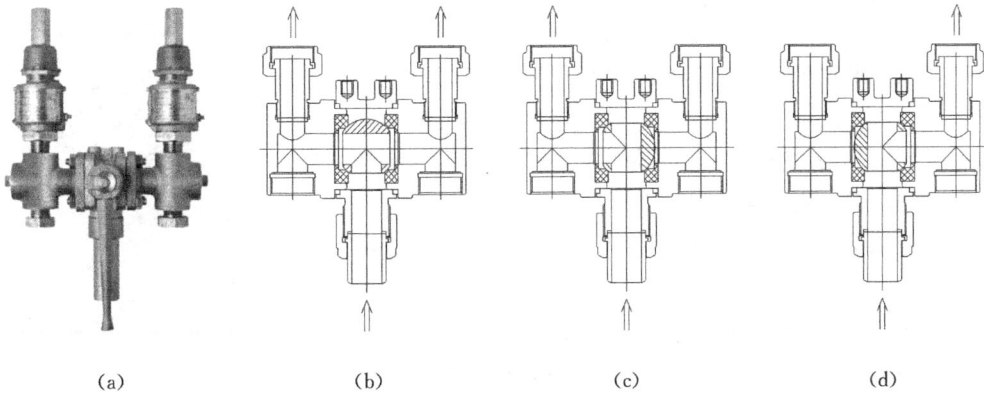

(a)　　　　　　　(b)　　　　　　　(c)　　　　　　　(d)

图 3.2-6　低温安全阀

安全阀的设定压力是该管段或设备的最高工作压力的 1.05 倍；回座压力是起跳压力的 0.8 倍。

安全阀结构主要有两大类：弹簧式和杠杆式，弹簧式是指阀瓣与阀座的密封靠弹簧的作用力；杠杆式是靠杠杆和重锤的作用力。

安全阀的维护。每班检查安全阀根部阀门是否处于常开状态；每周检查安全阀铅封保护、检验牌是否完好；每年委托定期校验。安全阀常见故障及处理办法见表3.2-1。

安全阀常见故障及处理办法 表 3.2-1

故障现象	产生原因	处理方法
关闭不严、漏气	主阀或导阀阀垫软密封件损坏	更换软密封件
	密封面有杂物	清洁密封面
	阀杆弯曲、倾斜或杠杆与支点偏斜，使阀垫与阀座错位	应重新装配或更换
	弹簧弹性降低或失去弹性	更换弹簧、重新调整开启压力
调节、给定不灵	有污物堵塞	清洗连接导阀的过滤器
排气后压力继续上升	阀杆中线不正或弹簧生锈	应重新装配阀杆
排放后阀瓣不回座	弹簧弯曲阀杆、阀瓣安装位置不正或被卡住造成的	重新装配
安全阀不动作	零件损坏。如"O"形圈等	更换损坏零件
	脏物、铁屑卡住	清洗
	安全阀的参数不对，如压力范围与使用范围不一致	更换导阀弹簧

（2）低温气动紧急切断阀

1）低温紧急切断阀，如图 3.2-7 所示，工作原理如下：

①气缸充入指定压力时，活塞上升带动阀杆开启阀门，关闭时释放气缸内气体，活塞在弹簧的作用下带动阀杆与阀瓣向下运动，密封件压紧阀座，阀门关闭。

②气动操作时，当阀门的周围环境温度达到易熔金属熔化温度时（用于低温槽车、低温罐式集装箱的紧急切断阀易熔塞在 75±5℃应熔化），易熔塞内部的易熔金属就会熔化，汽缸内的工作压力会自动排放，活塞在弹簧的作用下带动阀杆与阀瓣向下运动，密封件压紧阀座，阀门关闭。

③旋转顶部的手轮带动阀杆与阀瓣向上运动，可手动开启阀门。

2）低温紧急切断阀维护保养内容包括：

①对切断阀外观检查，查看是否有锈蚀现象；

②每月进行远程或就地压力测试转动检查是否灵敏可靠；

③每月对连接口进行检漏。查看是否有漏气现象；

图 3.2-7　低温气动紧急切断阀

④每年打开切断阀及其执行机构清洗；

⑤每三年对紧急切断阀进行大修，将非金属件全部进行更换。

⑥因漏气进行修理或零部件交换时，请参照原阀门结构在清洁的场所进行。此时，需先确认阀内已无压力后再作业。

⑦检修后必须做动作确认，并按规定做气密试验确认无泄漏后再投入运行。

（3）压力表

压力表是显示承压设备系统压力大小的仪表，用来严密监视承压设备受压元件的承压情况，把压力控制在允许的压力范围之内，是实现承压设备安全运行的基本条件和基本要求如图 3.2-8 所示。

1）压力表的选用方法：

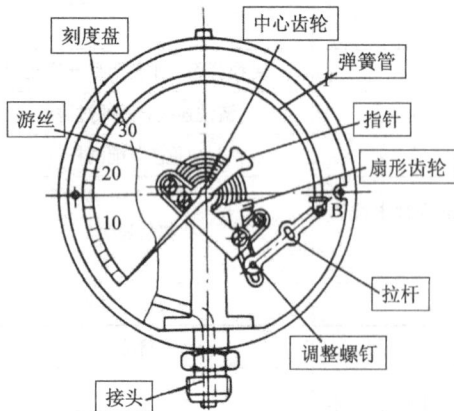

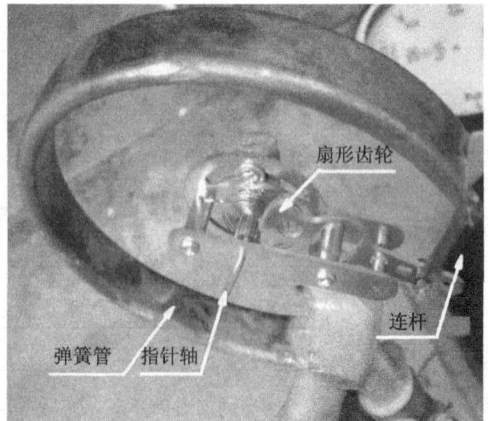

图 3.2-8　弹簧管式压力表结构示意

①选用的压力表，必须与压力容器内的介质相适应（弹簧管式、波纹平膜式、耐振式）（氨介质不能采用铜制压力表）。

②低压容器（设计压力小于1.6MPa）使用的压力表精度不应低于2.5级；中压及高压容器使用的压力表精度不应低于1.6级（目前GB/T 1226—2010改为1.6级）（允许误差占表盘刻度值的百分数来划分）。

③压力表的量程

压力表的量程应与承压设备的工作压力相适应，表盘刻度极限值应为最高工作压力的1.5~3.0倍，最好选用2倍。表盘直径不应少于100mm。

如果选用量程过大，将会影响压力读数的准确性；选用量程过小，压力表刻度的极限值接近或等于锅炉的工作压力，又会使弹簧弯管经常处于很大的变形状态下，因而容易引起永久变形，引起压力表的误差增大。

④压力表的表盘直径

2）选用原则：大小应保证操作人员能清楚地看到压力表指示值。其距离位置如下：

①距操作平台不超过2m时，表盘直径不应小于100mm；

②当其距离为2~4m时表盘直径应不小于150mm；

③当其间距超过4m时，表盘直径应不小于200mm；

3）压力表停止使用情况：

①有限止钉的压力表，在无压力时，指针不能回到限止钉处；无限止钉的压力表，在无压力时，指针距零位的数值超过压力表的允许误差；

②表盘封面玻璃破裂或表盘刻度模糊不清；

③铅封损坏或超过校验有效期限；

④表内弹簧管泄漏或压力表指针松动；

⑤指针断裂或外壳腐蚀严重；

⑥其他影响压力表准确指示的缺陷。

4）压力表的定期校验：

①压力表的校验和维护应符合国家计量部门的有关规定。压力表安装前应进行校验，为了使操作人员随时警惕容器发生超压事故，在刻度盘上应画出指示最高工作压力的红线（不能画在玻璃上），注明下次校验日期。压力表校验后应加铅封。

②压力表的定期校验：

依据《中华人民共和国计量法》第九条之规定，用于安全防护的压力表属于强制检定的计量器具。

根据《弹性元件式一般压力表、压力真空表和真空表检定规程》JJG 52—2013检定规程规定，一般压力表检定周期一般不超过6个月。

根据《弹性元件式精密压力表和真空表检定规程》JJG 49—2013检定规程规定，精密压力表检定周期一般不超过12个月。

检验规程有规定时，以规程为准。

压力表应保持洁净，表盘上玻璃要明亮透明，使表内指针指示的压力值能清楚易见。压力表的接管要定期吹洗。压力表一般每半年校验一次，校验后的压力表应加铅封，并注明下次校验日期或校验有效期。在容器运行期间，如发现压力表指示失灵，刻度不清，表盘玻璃破裂，泄压后指针不回零位，铅封损坏等情况，应立即校正或更换。

（4）LNG压差液位计

LNG储罐常用的液位计有伺服式、压差式、雷达式、磁性浮子式以及LTD、液位开关等，但是LNG加气站一般采用压差液位计，如图3.2-9所示。

1）LNG压差式液位计的实质就是一个压差表，其工作原理就是通过采集罐顶压力与罐底压力的差值，该差值是由液体本身的液压产生的，三者之间的关系可以用 $\Delta p = P_底 - P_顶$，而液压 $\Delta p = \rho g h$，所以 $h = \Delta p / \rho g$。

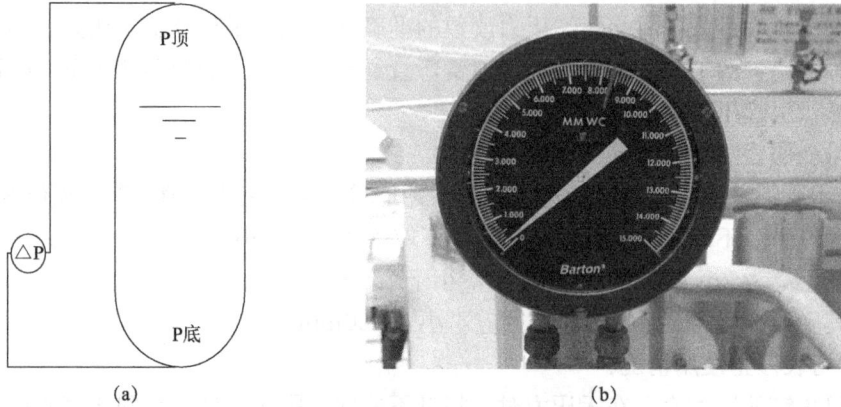

图3.2-9 LNG压差液位计

（a）原理示意；（b）实物

2）储罐液位自控装置

储罐一般设有液位自控装置：

①高限报警（充装量为罐容的85%）；

②紧急切断（充装量为罐容的95%）；

③低限报警（剩余LNG量为罐容的10%）。

液位开关是为了防止储罐液位过高而设置的，当液位达到一定高度触发液位开关就会触发ESD系统，采取必要的保护措施。其实用于液位测量的不只有液位计，还有测满口。

3）LNG压差式液位计出现假液位的情况

LNG压差式液位计有时会出现不准确的情况，通常原因如下：

①取压管路有微漏。液位计的准确度对取压管路有极高的要求，即使十分微小的泄漏也会造成不准；

②仪表本身原因。目前国内LNG储罐液位计主要是巴顿表，但是无论什么表都会随着时间的推移（弹性元件老化），出现不准的现象，无法消除，只能更换；

③仪表取压气相管中进液。这种现象一般发生在储罐第一次使用或储罐出现过满时。第一次使用是因为液位计预冷，液位计液相、气相、平衡阀开启排放气流中的水分；

④安装位置。如果液位计液相取压点不在储罐的最低处，也会造成显示与实际进液不相符；

⑤远传如果出现问题，可能还与压差设置时储罐高度、液体密度有关。

4）LNG压差式液位计出现假液位的防治方法：

①保证储罐的真空度，防止热交换的超标而引起罐内超低温液体的沸腾而造成液位计

的波动；

②定期检验机械液位表；

③尽量把充装率控制 90％；

④发挥远传液位计的作用，相互比较；

⑤加强反对液位计的数值监控，至少保证 1 小时巡查记录一次。

5）液位计的维护

液位计应保持洁净，表盘上玻璃要明亮透明，使表内指针指示的压力值能清楚易见。压力表的接管要定期吹洗。液位计一般每年校验一次，校验后的液位计应加铅封，并注明下次校验日期或校验有效期。在容器运行期间，如发现压力表指示失灵，刻度不清，表盘玻璃破裂，泄压后指针不回零位，铅封损坏等情况，应立即校正或更换。

（5）LNG 储罐防爆装置

储罐的防爆装置主要是指设置在外罐上的爆破片，该装置主要是为了防止外罐真空失效或者内罐的 LNG 泄漏造成的夹层迅速超压的危险。爆破片是压力容器、管道的重要安全装置，它能在规定的温度和压力下爆破泄压，如图 3.2-10 所示。

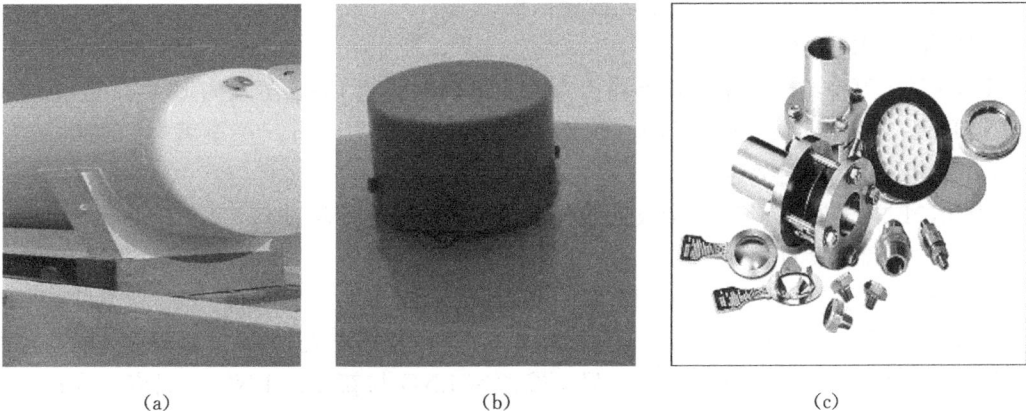

| (a) | (b) | (c) |

图 3.2-10 LNG 储罐防爆装置

（6）真空规管与抽真空装置

LNG 真空规管是用于测量储罐夹层真空度的设备，另外还设有专门的抽真空装置。

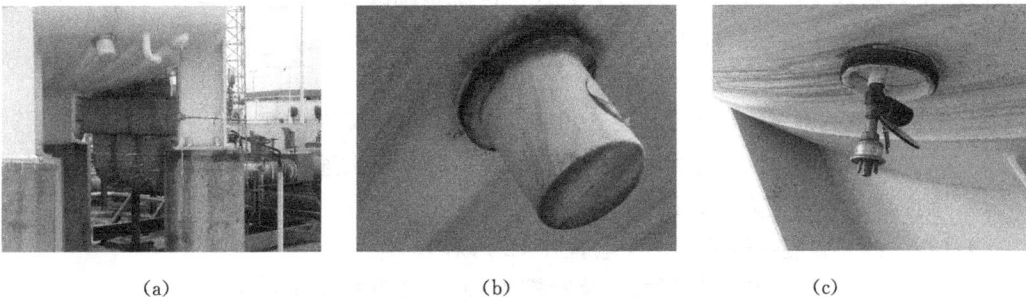

| (a) | (b) | (c) |

图 3.2-11 真空规管与抽真空装置

3. LNG 储存问题

由于 LNG 是低温深冷储存，所以它的泄漏与一般液化烃有所不同。LNG 一旦从储罐或管道中泄漏，一小部分立即急剧汽化成蒸气，剩下的泄漏到地面，沸腾汽化后与周围的空气混合成冷蒸气雾，在空气中冷凝形成白烟，再稀释受热后与空气形成爆炸性混合物。

LNG 在储存和运行中存在以下问题：低温的危险性、超压的危险性、着火的危险性、分层与翻滚的危险性。

（1）低温的危险性

LNG 具有低温性，泄漏直接接触时，皮肤表面的潮气会凝结，并粘在低温物体表面上。皮肤及皮肤以下组织冻结，很容易撕裂，并留下伤口。焊缝、阀门、法兰和与储罐壁连接管路等，是 LNG 容易发生泄漏的地方。

为防止冻伤，应采取如下措施：

1）在处理与低温液体或蒸汽相接触或接触过的任何东西时，都应戴上无吸收性的手套（PVC 或皮革制成）；

2）手套应宽松，如发生液体溅到手套上或渗入手套里面时，更容易将手套脱下；

3）如有可能发生激烈的喷射或飞溅，使用面罩或护目镜保护眼睛；

4）粘接后，可用加热的方法使皮肉解冻，然后再揭开。这时候如硬将皮肤从低温表面撕开，就会将这部分皮肤撕裂，所以当戴湿手套工作时应特别注意。

5）在容易发生 LNG 泄漏的地方设置挡板。

（2）超压的危险性

LNG 送入真空绝热储罐后，外界传入的能量仍能引起 LNG 蒸发为 BOG，通过 BOG 管路和 BOG 加热器回收进入管网。BOG 将引起储罐压力上升，严重者导致储罐破裂。BOG 在液相管路上也会产生。

为此，LNG 储罐应该有一个极低的日蒸发率，一般为不超过 0.3%/d。

（3）分层和翻滚的危险性

由于天然气组分和液化深冷的程度不同，导致不同产地的 LNG 的密度和温度有所差别。当它们在同一储罐储存时会发生分层。原有 LNG 与新充入 LNG 产生密度差的主要原因概括为：①LNG 组分因产地不同而异；②原有 LNG 与新充入 LNG 的温度不同；③原有 LNG 由于老化使其组分发生变化。

当外界热量传入罐内时，两个液相层引发传质和传热并相互混合，液层表面也开始蒸发，下层由于吸收了上层的热量，而处于"过热"状态。当二液相层密度接近时，可在短时间内产生大量气体，使罐内压力急剧上升，这就是翻滚现象。致使 LNG 大量蒸发导致储罐压力迅速升高而超过设计压力，如果不能及时放散卸压，将严重危及储罐的安全。

为此，可采取以下措施进行预防：

1）不同产地、不同气源的 LNG 分开储存，这样可避免因密度差而引起 LNG 分层；

2）减少储罐剩余 LNG 高度，避免出现较大的高峰蒸发速率；

3）选择合适的充注方式，避免大量重质液体位于底部；

4）LNG 混装后应立即使用，一般宜在 72h 以内；

5）监测灌入储罐气相空间压力，及时排放 BOG 及更换充注方式。

6）LNG 混装罐液位不宜过高；

7）对长期储存的 LNG，采取定期倒罐的方式防止其因静止而分层。

4.LNG 储罐的管理维护

（1）LNG 低温储罐的日常维护保养

1) 阀门开关状态正常；

2) 阀门无漏气（液）；

3) BOG 自力式调节阀启跳正常；

4) 流量调节阀和紧急切断阀的阀位与自控室一致；

5) 法兰连接处无漏气（液）；

6) 储罐无异常响动或出汗现象；

7) 储罐引压管连接处无漏气（液）和引压阀处无结霜；

8) 保冷管道表层无结霜（露水）；

9) 储罐压力（液位）波动正常。

（2）LNG 低温储罐月度及季度检查

1) 地基是否下沉；

2) 支座螺栓是否松动；

3) 压力表、变送器、液位计工作是否正常（液位计每两月进行排污）；

4) 是否按要求定期吹扫引压管；

5) 根部阀是否漏气；

6) 定期清理检测口，喷淋口；

7) 外观是否变形、结霜；

8) 储罐外表面有无结霜、冒汗现象；

9) 储罐连接管有无结霜、冒汗现象；

10) 真空检查孔盖内有无积水、检查孔是否锈蚀。

（3）LNG 低温储罐半年及年度检查维护保养

1) 每半年对真空检测孔进行检查；

2) 每半年对压力表进行校验；

3) 每两年对储罐真空度进行一次测量检查，储罐真空度检测封堵真空度不超过5Pa；

4) 每年对储罐垂直度进行检查，储罐垂直度允许偏差不超过50mm；

5) 每年对液位计、安全阀进行校验。

3.2.2 LNG 槽车

1. LNG 槽车介绍

国产的有 $27m^3$、$40m^3$ 两种型号，进口 LNG 槽车和国产槽车均以半挂车为主如图 3.2-12～图 3.2-14 所示。

图 3.2-12 LNG 槽车

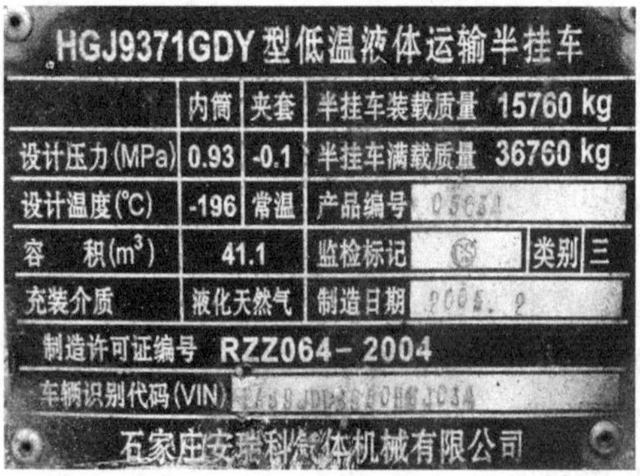

图 3.2-13　LNG 槽车铭牌

LNG 槽车参数　　　　　　　　　　　　　　　　　　　　表 3.2-2

名称	主要技术参数	单位	指标（参数）		备注
	产品商标		韩中牌		
	车辆类型		04		
	产品型号名称		ZHJ9400GDY 型低温液体运输半挂车		
	满载总质量	kg	39550		
半挂车	整备质量	kg	20150		
	额定载质量	kg	19400		
	外形尺寸	mm	12995×2498×3995		长×宽×高
	罐体容积	m³	51.4		
	轴距	mm	6995＋1350＋1350		
	轮距（前/后）	mm	/1840		
	前悬/后悬	mm	/1580		
	容器类别		内筒	外筒	
			三类		
	最高工作压力		0.7	≤－0.1	外压
	设计压力		0.77	－0.1	外压
	计算压力		0.87	－0.1	外压
	气压试验压力	MPa	0.90		工艺性气压试验压力为 1.0
	致密性检验		氦检漏	氦检漏	0.77（管道）
罐体	安全阀开启压力		0.75		
	设计温度	℃	－196		
	工作温度	℃	－162		
	腐蚀余量		0	1	
	充装介质		LNG		
	最大充装质量	kg	20150		
	绝热形式		真空多层绝热		

26

槽车罐体是由一个碳钢真空外筒和一个与其同心的奥氏体不锈钢制内筒组成，内外筒之间缠绕了几十层铝箔纸并抽至高真空，为使真空得以长期保持，夹层中还设置有吸附剂，如图 3.2-14、图 3.2-15 所示。

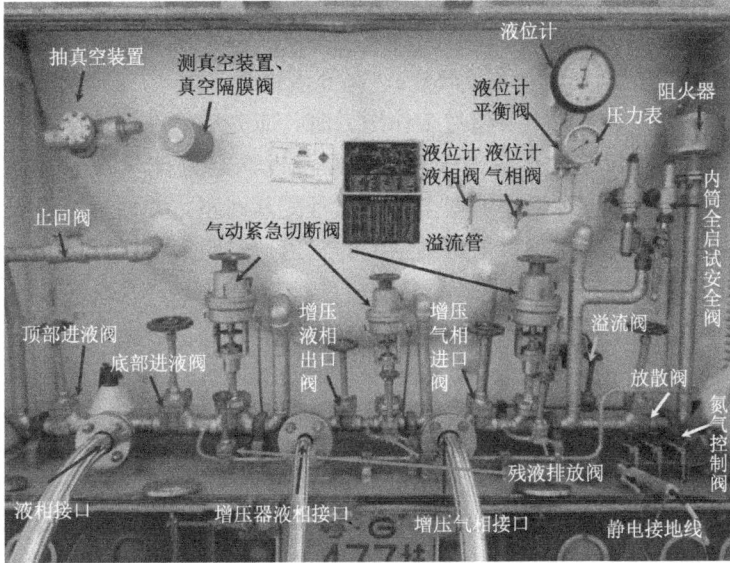

图 3.2-14　LNG 槽车尾部操作箱

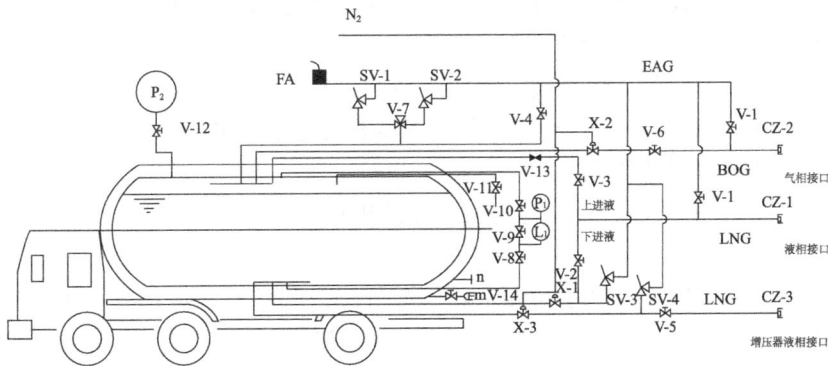

图 3.2-15　LNG 槽车尾部操作箱工艺流程图

设备编码	设备名称	设备编码	设备名称	设备编码	设备名称	设备编码	设备名称
V-1	残液播放阀	V-10	液位计气相阀	X-1	紧急切断阀	L1, P1	液位和压力表组合
V-2	底部进出液阀	V-11	溢流阀	X-2	紧急切断阀	FA	阻火器
V-3	顶部进液阀	V-12	压力表阀	X-3	紧急切断阀		
V-4	放空阀	V-13	止回阀	CZ-1	液相接口		
V-5	增压器液阀	V-14	真空隔离阀	CZ-2	气相接口		
V-6	气体播放阀	SV-1	内筒全启式安全阀	CZ-3	增压器液相接口		
V-7	组合安全系统阀	SV-2	内筒全启式安全阀	n	抽真空装置		
V-8	液位计液相阀	SV-3	管路安全阀	m	测真空装置		
V-9	液位计平衡阀	SV-4	管路安全阀	P2	压力表		

2. 槽车防超压附件

槽车设置有安全阀、爆破片等超压卸放装置。车上设两套安全阀，即双路安全系统。

（1）安全阀

1）罐体后部设置有操作室，罐体设置有多重安全装置和仪表：配置有压力表液位计组，夹层设有外筒防爆装置，内筒设有组合安全系统（双安全阀组合系统）。

2）安全阀的标定开启压力为 0.75MPa。当充液过量（大于 92％充装率）或连续长时间在高温下停放等情况使罐体压力超过工作压力时，应先启动一只安全阀，此时当罐体下降时安全阀会自动回座，但为了考虑安全性、经济性，避免自动回座时有霜冻卡住等原因，可用三通切换阀关闭正在工作的安全阀，强行使其回座，并使另一组安全阀处于待工作状态。安全阀和放气阀的排放口采用集中回收管道通过阻火器进行排放。

安全阀参数可以参考下面数据：

容器安全阀的起跳压力：不超过 0.78MPa

回座压力：0.75MPa

通径：DN25

管路安全阀的起跳压力：不超过 0.81MPa

回座压力：0.77MPa

通径：DN10

（2）紧急切断阀。

槽车对底部进液管路、增压管路及装卸用气相管路设置了三重保护（根部为紧急切断阀，第二个为截止阀，第三个为盲法兰）。

1）气液相出口设置紧急切断阀。该阀一般为气动的球阀或截止阀，通气开启，放气截止。阀上的气缸设置易熔塞，当外界起火燃烧温度达到 70℃时，易熔塞熔化，阀门放气，截止阀将 LNG 与外界隔离。

2）紧急切断阀的气缸操作压力：0.4～0.7MPa。

3）易熔塞易熔温度：70±5℃。

4）气动紧急切断阀在无气压情况下，阀瓣处于常闭状态，当气泵把压力气输入本阀气缸时，阀瓣开启，当需要关闭阀门或遇有紧急情况时，将压力泄掉即自动关闭。而在槽车发生火灾时，紧急切断阀周围温度迅速上升，在上升到一定程度时，易熔塞内部的伍德合金熔化泄压，阀门切断。

5）伍德合金是灰白色有光泽的金属，熔点很低，70℃左右即可熔化。

3.LNG 槽车操作

（1）首次充装程序

1）首先拆下 CZ-1/2 盲法兰，进行充液管、回气管的连接，打开 HC 或手动打开 X-1/2、V-1/11。

2）进行置换，从系统开始由 CZ-1 向槽车输送高纯度氮气，再通过 CZ-2 排放到火炬，用仪器测试氧含量不超过 2％后，关闭氮气并开始从系统向槽车输送常温天然气气体，用仪器测试天然气含量达标后开始预冷。

3）开始预冷，从系统开始由 CZ-1、V-1、X-1 向槽车输送冷态气体，槽车内气体由 X-2、V-11、CZ-2 回系统，直到输送管全部结霜，关 V-1。

4）开始进液充装，先从 V-2 进入，等液位计显示液位后，开 V-1，到达核定重量后，停止充装，关闭 V-1、V-2、V-11。

5）排放管路压力拆下充液管、回气管，装盲法兰，管路化霜后关闭 HC。

（2）卸液程序

1）进行充液管、增压输出、输入管的连接。

2）打开 HC、打开 V-11 后待增压器充满天然气后关闭 V-11 排放增压器内空气（连续两次以上），打开 V-3，开始增压到 0.6MPa，打开 V-1 卸液。

3）为了确保槽车卸液干净，应保持槽车的压力在 0.6～0.7MPa，在卸液过程中要注意槽车的压力的变化，压力过高关小 V-3，压力过低要关小 V-1；增压器停止工作后关闭 V-3。

4）卸液完关闭 V-1、V-11，排放管道压力，拆下充液管、增压输入管、增压输出管的连接，装盲法兰，管路化霜后关闭 HC。

4．LNG 槽车的管理维护

（1）一般规定

1）槽车的使用单位应根据《液化气体汽车槽车安全监察规程》（劳部发［1994］262号）及省部级技监、公安、交通部门的有关规定，结合本单位的具体情况，制定相关的安全操作规程和管理制度，并对操作、运输和管理等有关人员进行安全技术教育；

2）槽车的驾驶员和押运员必须熟悉介质的物理、化学性质和安全防护措施，了解装卸的有关要求，具备处理故障和异常情况的能力。驾驶员和押运员必须经培训、考核合格，取得省级技监部门颁发的《汽车槽车准驾证》及《汽车槽车押运员证》，使用单位应为驾驶员、押运员配备专用的防护用品、工作服装、专用维修工具和必要的备品、备件等；

3）使用单位应认真贯彻执行汽车槽车日常检查和维护保养，经常检查安全附件（例：安全阀、压力表、液位计、增压器、紧急切断阀、连接接头、管道阀门、导静电装置等）性能，有关泄漏、损伤等，并按牵引车日常检修和保养要求对牵引车及其行走机构进行检查和维护，及时排除故障，保证性能完好；

4）新车第一次加装低温液体后，应仔细检查罐体与底盘大梁连接件的连接螺母是否松动，在使用中也应经常检查，发现螺母松动应及时拧紧；

5）罐体上的两只压力表都应处于正常工作状态，如有一只失灵，就应立即更换；

6）罐体上的两只安全阀也都应处于正常工作状态，如有一只失灵，通过三通切换阀关闭后即可更换；

7）压力表每半年至少校验一次，安全阀每年至少校验一次；

8）罐体真空绝热层的真空度每年检查一次；

9）所有的检查，修理或更换零件，其内容和结果都应有规范化的记录，并作为档案保存；

10）罐体的检查修理由生产厂家进行。阀门、仪表可由使用单位的专业人员进行修理；

11）罐体的外容器上如有大面积的结霜或日蒸发率异常增大时，应及时通知生产厂家进行检查或修理。

（2）槽车的行驶及停放

1）出车必须携带下列文件和资料：

①《压力容器使用证》；

②《危险品运输证》；

③《机动车驾驶执照和汽车槽车准驾证》；

④《押运员证》；

⑤《营运证》；

⑥《汽车槽车定期检验报告复印件》；

⑦《运行检查记录本》；

⑧《汽车槽车装卸记录本》；

2）充装前应进行检查，如发现下列情况之一，不得充装：

①汽车槽车使用证或准运证已超过有效期；

②未按规定进行定期检验；

③防护用具、专用检修工具或备品、备件未随车携带；

④随车必带文件和资料不齐或与实物不符；

⑤罐内余压低于 0.1MPa；

⑥底盘、罐体（含管路阀门和安全附件等）有异常；

警告：槽车启运前，必须将气、液相接口及增压器液相接口用装卸盲板密封，以防运输途中的意外泄漏；

3）严格遵守国家交通管理法规的规定，并按规定的速度行驶，不得超速运行。车辆必须将排气管前置，并装有阻火器。汽车进入装卸液场地，应关闭汽车发动机，检查制动装置，接好接地装置，确认附近无明火后，方可装卸。

4）汽车运输时，应匀速行驶，避免紧急制动，并防止受到外来冲撞和事故。严格注意与前车保持足够的安全距离，并严禁违章超车，必须按规定路线行驶。

5）押运员必须随车押运，并不得携带其他危险品，也严禁其他人员搭乘，车上严禁吸烟。

6）司押人员在槽车的行驶过程中，应经常检查容器内的压力，发现异常情况及时妥善处理。当压力表读数接近安全阀排放值时，应将车开到人烟稀少、空旷处，打开放空阀，进行排气卸压。卸压时，必须注意冷态气体形成的白雾不能影响车辆或人的安全。

7）如行驶途中发生故障，应及时检修，但如需要较长的时间或故障程度有可能危及安全时，应立即将槽车转移到安全场地，并联系专业人员进行检修。

8）槽车的停放也应严格遵守国家交通管理法规的规定，途中停车时，驾驶员和押运员不得同时离开车辆，并应停放在安全地带。

9）通过隧道、涵洞、立交桥等必须注意标高并减速行驶。

10）带液行驶中应避开闹市区和人口稠密区。必须通过时，应限速行驶，且不得停靠在机关、学校、厂矿、仓库和人口稠密处。

11）停车位置应通风良好，不得在烈日下长时间暴晒。

12）槽车如长时间不用，应将罐内的液体放掉并保持余压。

注意：槽车的停放必须注意停放场所的环境安全度，应避免其他车辆的碰撞或高空落物的砸损。

警告：在向空气泄放 LNG 液体时，请在事先确定附近确实无明火易燃物以及无行人通过后进行。

（3）LNG 运输

1）车辆行驶必须遵循限速规定，严禁剧烈振动，不得进入人口稠密区；

2）车辆停放必须遵守安全停放规定，防止出现不必要的事故；

3）槽车严禁靠近热源，附近 30m 内严禁明火；

4）途中进行压力排放时应选择空旷地，确无火源、车辆行人稀少的路段；

5）严禁敲打或用火烤冻结部位，正确加热方法应用热空气加热解冻；

6）操作人员必须穿戴好劳动保护用品；

7）车辆必须配备随车灭火器，以备急用。

3.2.3 空温式 LNG 气化器

1. 空温式 LNG 气化器介绍

空温式 LNG 气化器利用大气环境作为热源，通过性良好的 LF21 星形管进行热交换，使各种低温液体汽化成一定温度的气体。

空温式气化器主要是由星形翅片导热管、液气导流管、支架、底座、进出口接口等部件组成。星形翅片导热管有八翅对称，材料选用 LF21 防锈铝合金，坚固耐用、耐腐蚀、耐风化、汽化效果好。液气导流管材料选用 T2M 紫铜管，耐高压，耐冲击。底座支架材料选用角形 LF21 防锈铝合金，坚固耐用、耐腐蚀。

空温式气化器是 LNG 供应站向城市用户供气的主要汽化设施。气化器的汽化能力按用气城市高峰小时流量计算的 1.3～1.5 倍确定。常用的单台气化器的汽化能力为 1500～2000Nm³/Hr；2～4 台为一组，设计上配置 2～4 组，相互切换使用。当一组使用时间过长，气化器结霜严重（气化器超过一半结霜），导致气化器汽化效率降低，出口温度达不到要求时，人工（或自动或定时）切换到另一组，本组进行自然汽化备用。设计压力为 1～25MPa，工作压力为 0.6～24MPa；设计温度−196℃，进口温度−145～163℃，出口温度大于等于环境温度−5℃（不得低于环境温度 5℃），安装方式应为立式，材料为 LF21，如图 3.2-16 所示。

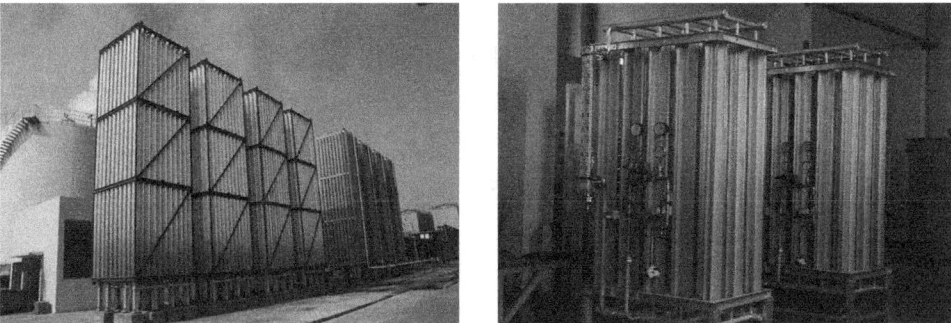

图 3.2-16　LNG 气化器

2. 空温式 LNG 气化器操作

(1) 使用前检查设备的密封性，用清洁干燥氮气密性试验检查，采用 1.5 级或以上精度的压力表进行测试，试验压力为最高工作压力，保压 30min，无任何渗漏为合格。若发现漏气，应及时查找泄漏点，必须马上与制造商取得联系，隐患消除后才能使用。

(2) 首先将系统中的供液、排气阀全部关闭，然后缓慢打开供液阀，管外出现霜雾时，缓慢开启排气阀，再逐步开大排气阀，直至设备达到额定气量后，稳定阀门开度。

(3) 对于较大型增压器操作应尤其小心，每次打开供液阀（或切换）时应非常慢，一般开阀时间控制在 20~30min 左右，将设备完全冷透后打开阀门全部开启。预冷完成的表现为整台设备没有任何收缩响声。防止设备换热管突然冷收缩对焊缝产生强大应力而导致泄漏。

(4) 若设备出气温度过低，造成出气管结霜，表明进液量过大或连续使用时间过失，此时应必须立即关小供液阀，以防过渡，并应及时清除管外结霜，增加通风设备或采取其他相应措施，以防低温气体使设备出口管冷脆而引起爆炸。一般正常汽化时结霜在 1/3 左右，不超过 1/2，超过结霜范围必须立即切换或采取措施。

3. LNG 气化器的管理维护

(1) 空温式气化器安装场所必须有良好的通风条件，远离高压源，油脂火源地，保持地面清洁干净；

(2) 安装场所必须有安全出口，周围设有安全标志；

(3) 安装场所应自备灭火消防器材；

(4) 空温式气化器一般安装在室外，必须设有导除静电的接地装置及防雷击装置；

(5) 空温式气化器的环境温度为 $-20 \sim 50℃$，南方一般用 $200m^3/h$，北方用 $400m^3/h$；

(6) 定期检查气化器地基是否下沉；

(7) 定期检查气化器法兰连接处是否有漏气、螺栓是否松动；

(8) 定期检查气化器翅片是否变形；

(9) 定期检查气化器焊接口是否有漏气；

(10) 定期检查气化器连接低温管道保温层有无结霜漏冷现象。

3.2.4 LNG 潜液泵

1. LNG 潜液泵介绍

LNG 潜液泵主要包括电动机、主轴、轴承、叶轮、导流器等，为低温液体提供动力，实现 LNG 的充装、卸车和输送，如图 3.2-17、图 3.2-18 所示。

LNG 潜液泵是安装在泵池内使用的，而泵池是一个隔热体，泵池顶部主要有动力电缆、放散口、传感系统等，如图 3.2-20 所示。

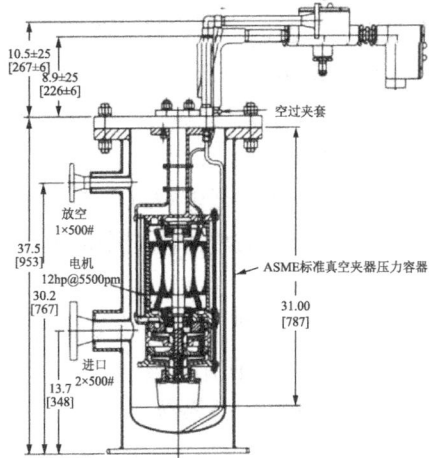

（a）   （b）

图 3.2-17　LNG 潜液泵

（a）实物；（b）结构示意

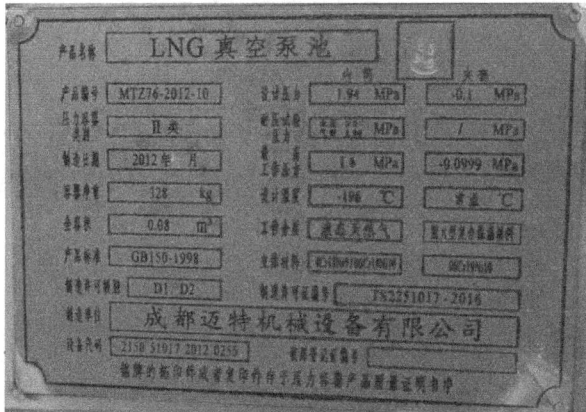

图 3.2-18　LNG 潜液泵池铭牌示意

图 3.2-19　LNG 潜液泵池

LNG潜液泵泵体和电机完全浸没在介质中，保证了泵的快速启动；真空绝热夹套使冷损降至极低，创造了良好的工作条件；无密封及浸润型设计使维护要求降至最低；直立型的设计使泵运转更稳定，运转寿命更长；可变频调速的电机扩展了泵的工作范围。

2.LNG潜液泵操作

（1）启动前检查

1）液位不低于最低液位（由于静压头设置不同，各站最低液位各不相同）；

2）所有安全旁通放散阀应全部关闭，安全阀进口截止阀应处于开启状态，气动阀全部处于关闭状态；

3）管路附件如进/出口压力表、进/出口阀、进/出口波纹管、进口过滤器、止回阀、回流阀等正确安装并使用正常；

4）置换泵体和管路系统，确保系统内无水和其他异物。

（2）潜液泵预冷

1）此工作应于卸车（加气）前20min进行，在控制系统上操作；

2）缓慢开启储罐下部出液阀，使储罐内部分LNG缓慢流经泵池，打开泵池溢流口至储罐的阀门；

3）泵进口测温：观察控制面板上显示的温度，如温度低于−115℃，则认为已达到预冷状态。

（3）启动泵

检查启动条件是否具备，启动泵如有异常响声应立即停车检查。然后调整出口阀门和变频器频率，使泵达到正常工作状态，这时要注意安全，防止安全阀起跳。

（4）停泵

停泵以后，关闭进出口阀，并打开回气阀。

3.LNG潜液泵的管理维护

（1）使用注意事项

1）LNG泵撬上每段真空管和泵池等部件上有一个抽真空嘴，严禁打开该真空嘴，否则真空会全部失效；

2）LNG泵撬部分元件只有少数工况时才接触LNG液体，所以工作有可能发生泄漏，泵撬工作时应注意巡查巡检；

3）置换泵体和管路系统，确保系统内无水气和其他异物；

4）必须完全预冷开车，否则密封接触面没有形成润滑液膜，机械密封在短时间内可能磨坏而影响泵的可靠运行；

5）在使用潜液泵进行卸车或者为LNG车辆加液时必须使泵预冷充分，即出入口温差大于90℃，首先缓慢打开进口阀和（出口）回流阀，预冷至少15min，观察回气测点温度，确定预冷达到要求；

6）潜液泵应在系统控制下，联锁控制正常情况下的启动；

7）潜液泵工作时必须保证其进口压力不得小于最低净正入口压头（NPSH）的要求，净正入口压头是指液体实际压力与液体的饱和蒸汽压力的差值，因此储罐内必须保留有足够量的LNG液体，即最低液位（约1150mm）不得低于相应的设定值；

8）为达到满意的运行效果和较长的使用寿命，在运行时应随时对泵进行检查，如果听到异常噪声或震动，则及时通知相关人员进行维护；

9）每月应进行一次放散管残液排放操作，雷雨天气时禁止操作，夏季应缩短为 15d 一次，雨后立即进行排放操作。

（2）检查和维护

为了达到满意的运行结果和较长的使用寿命，建议对泵按推荐的方法进行检查和维护。

1）任何时候听有无异常噪声；

2）每周检查所有外部螺栓和螺钉有无松动；

3）每 4000h 检查轴承的磨损情况，必要时更换；检查电缆，包括接线盒内部的老化、绝缘的磨损或损坏情况；连接是否松动等；检查润滑流体的自由流动；

4）每 8000h 拆卸泵体并检查所有部件的磨损情况；同时执行每 4000h 的检查内容；更换轴承。

3.2.5 LNG 加气机

1. LNG 加气机介绍

LNG 加气机（LNG 加气机）是用于汽车加气站贸易结算的加气设备，其工作主要靠内置芯片控制完成，质量流量计是加气机计量核心部件，一般内置温度传感器以实现温度补偿，使加气机精确计量，电气部分采用防爆结构以适应加气站的（爆炸性）环境，确保加气机安全可靠如图 3.2-20 所示。

LNG 加气机参数举例：

工作介质：LNG

加气速度：3～80kg/min

计量准确度：1.0 级

工作压力：1.6MPa

设计温度：－196～55℃

双重拉断保护

标配真空加气软管

可选配防爆小标打印机

LNG 加气机一般具有非定量加气和预置定量加气功能，且非定量加气时以流速或压力参数控制自动停泵；加气软管应设有拉断保护装置，拉断现象出现时系统转入保护状态，无低温液体和气体流出。

图 3.2-20 LNG 加气机

（1）加气机的内置控制系统主要功能

1）在加液过程中完成对管路、流量计中的残存气体的排空和预冷控制；

2）发出对低温泵的启停控制信号；

3）完成对加气量和回气量的准确计量、显示、结算；完成对各种运行参数的采集、显示、控制；

4）对加液量、计量方式等的设定及与站控系统的通信等功能。

（2）加气机的结构

加气机由机壳、电脑控制器、压力传感器、防爆接线盒、入口截止阀、安全阀、质量流量计、电磁阀、单向阀、真空软管、加液枪座、加液枪头及无缝不锈钢管和不锈钢接头等部件组成。如图 3.2-21 所示。

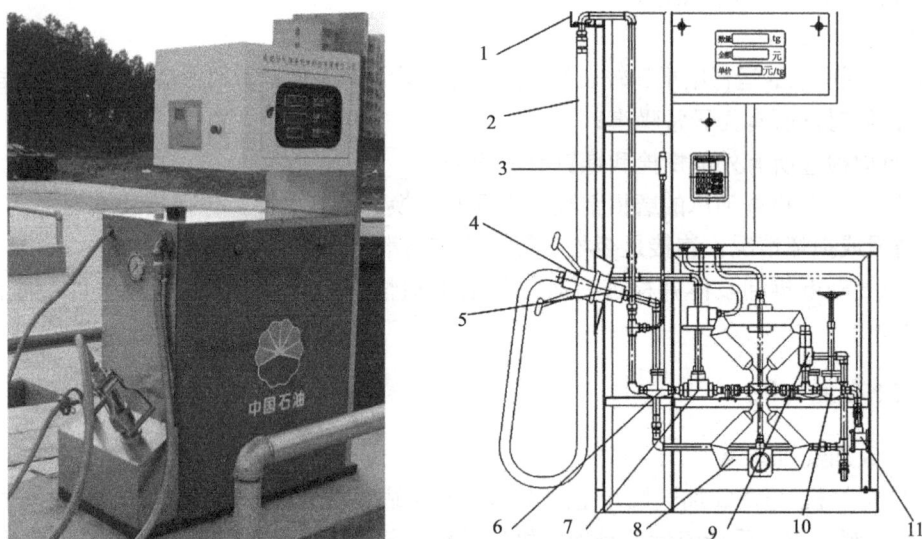

图 3.2-21　LNG 加气机结构示意

1—壳体；2—真空软管；3—压力传感器；4—加液枪头；5—加液枪座；6—单向阀；

7—电磁阀；8—质量流量计；9—安全阀；10—截止阀；11—接线盒

（3）LNG 加气机工作原理

LNG 经过输送管道进入加气机，依次流经入口截止阀、安全阀、质量流量计、电磁阀、单向阀、真空软管、加液枪头，最后流入被充液汽车的真空瓶。质量流量计测出流经加气机的气体的密度、质量等参数的物理信号由信号转换器转换成电脉冲信号传送到电脑控制器，电脑经自动计算得出相应的体积（质量）、金额并由显示屏显示给用户，从而完成一次加液计量过程如图 3.2-22 所示。

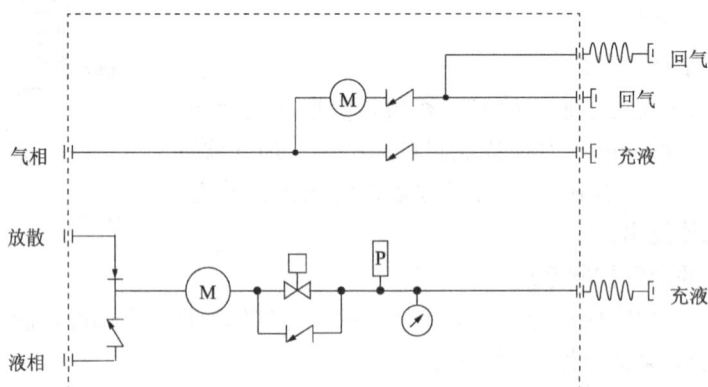

图 3.2-22　加气机原理图

2. LNG 加气机管理维护

（1）LNG 加气机日常维护

1）保持加气机的清洁，对各部件上聚集的灰尘、污垢等应及时清理；

2）定期使用检漏仪检查液化天然气管路及加气机管路系统，如图 3.2-23 所示，如有泄漏，应及时请专业人员维修；

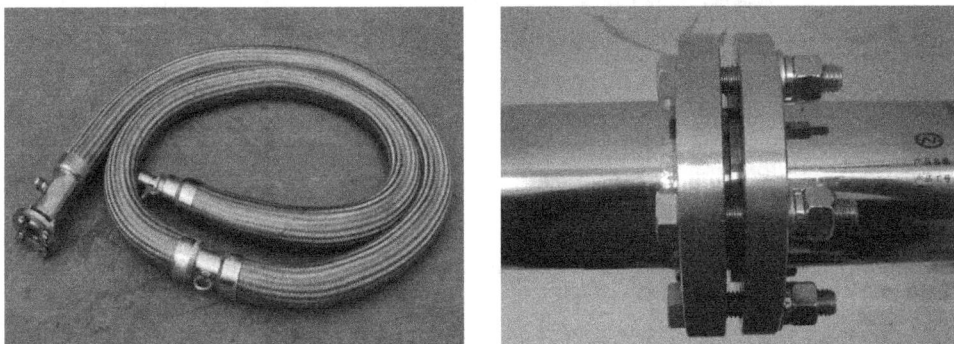

图 3.2-23　LNG 金属软管及法兰接口

3）加气机的真空管路、加液枪应注意保护、定期检查，如有损坏应及时维修、更换，如图 3.2-24 所示；

图 3.2-24　LNG 真空管路

4）电脑系统及各防爆电气部件非加气站电工人员严禁拆卸；

5）详细维修项目。见表 3.2-3。

LNG 加气机维护项目表　　　　　　　　　　　　表 3.2-3

序号	维护项目	日检	周检	月检	季检	年检
1	检查加液软管和放空软管是否完好，有无泄漏，护网有无损坏，根据情况修理或更换。					
2	检查 LNG 加气枪有无漏点，功能是否灵敏，视情况修理。					
3	检查阀门和管线有无漏点，视情况修理					
4	检查 LNG 加气操作柱的接地是否完好					
5	检查加气嘴，有无漏点，视情况维修和调整加液速度					

序号	维护项目	日检	周检	月检	季检	年检
6	进行系统功能测试，检验手动阀、气动阀和电磁阀紧急关闭系统是否完好					
7	检查加气站的接地线是否完好，视情况维修					
8	检查各阀门的接头是否泄漏，视情况维修					
9	检查管线的绝热性能，视情况维修					
10	检查压力表、液位计和流量传送器是否完好，有无泄漏，视情况维修					
11	检查在线安全阀，有无泄漏，并调校					
12	检查真空管的真空度，并视情况维修					

（2）加液枪的维修

LNG 加液枪如图 3.2-25 所示是进行 LNG 加注的直接操作工具，上游与加液软管相连，下游与车载瓶加液口相连如图 3.2-26 所示，可自由移动，通过剪刀形操作进行双柄驱动。加液枪与加液口均设有独立自动切断阀门，当两者被分离后，内置阀门自动关闭，可以防止液化天然气从加液枪或加液卡座处流出。LNG 回气枪如图 3.2-27 所示。

因操作频繁，加液枪容易出现问题，需要进行维护和检修。需要注意，所有带气或带液的拆装或维修工作，第一步要做的工作一定是放空。

图 3.2-25　LNG 加液枪

图 3.2-26　LNG 加液口

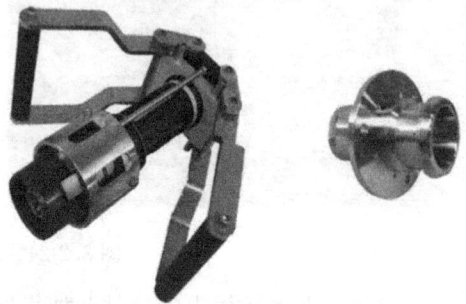

图 3.2-27　LNG 回气枪

1）日常维护

①每天开始使用时，检查加液枪以确保没有压力。用干净、干燥的布擦拭加液枪和加液枪座接触处，避免灰尘及异物损伤密封圈；

②每天开始使用时，检查加液枪外观有无异常以及插销、拉杆是否有脱落、变形；

③每天开始使用时，检查加液枪内、外密封圈是否损坏；

④定期对加液枪进行系统检查维护，移除并更换加液枪外密封圈铜垫、外密封圈和卡簧。

LNG 加液枪结构如图 3.2-28 所示。

2）密封圈更换

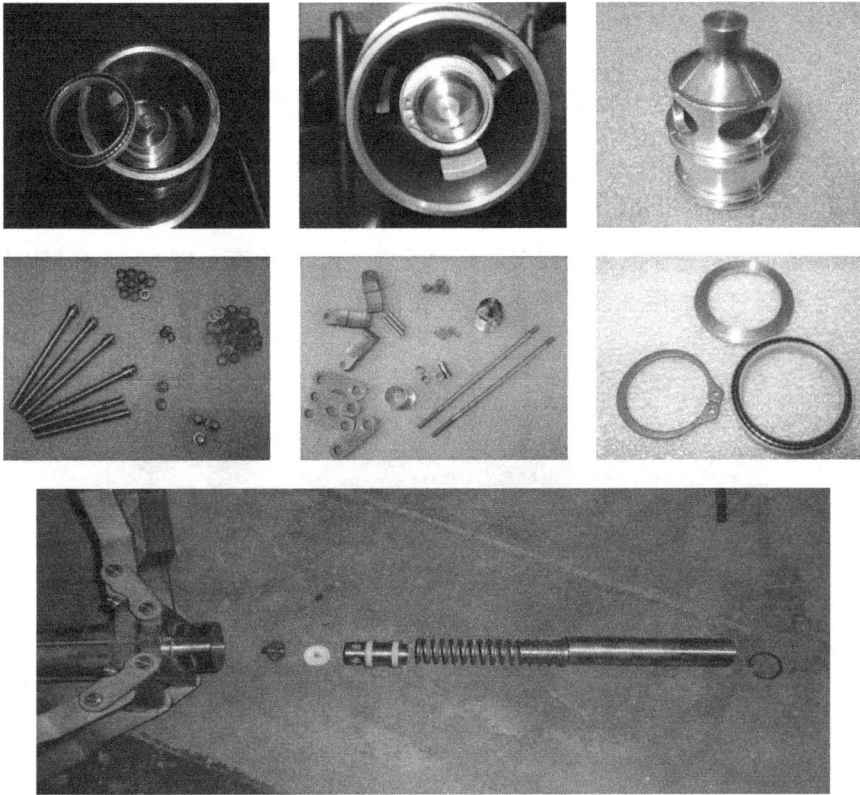

图 3.2-28　LNG 加液枪结构及配件

停止加气机运行后，待加液枪头解冻（可用氮气或压缩空气加快解冻速度），用外卡簧钳将加液枪头卡簧拆下，再将挡圈取下，即可更换密封圈，更换时注意操作避免对密封圈造成损伤，具体步骤如图 3.2-29 所示：

（a）　　　　　　（b）　　　　　　（c）　　　　　　（d）

图 3.2-29　更换加液枪密封圈

（a）准备工具；（b）移除卡簧；（c）顺时针转动提升架；（d）取出铜滑垫

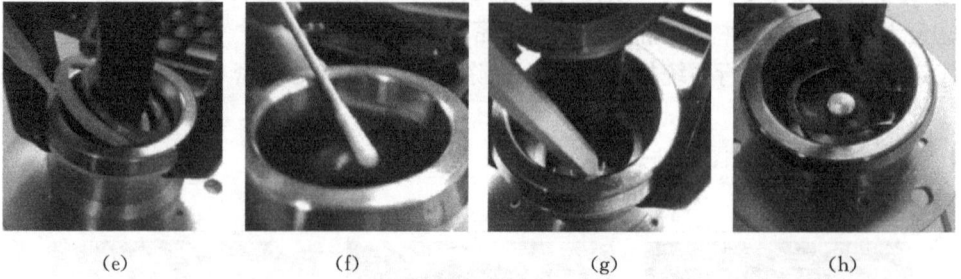

图 3.2-29 更换加液枪密封圈（续）

（e）取出旧密封圈；（f）酒精棉签擦内壁；（g）放入新密封圈和铜滑垫；（h）装回卡簧

3.3 LNG 汽车介绍

环境和能源问题促进了天然气汽车的高速发展，LNG 汽车是继 CNG 汽车以后发展起来的新型清洁燃料汽车如图 3.3-1 所示。

图 3.3-1 LNG 汽车

与 CNG 汽车相比，LNG 因其高压缩性，车身携带的 LNG 钢瓶使其具有一次充装燃料更多，续驶里程长的特点。

图 3.3-2 LNG 车载钢瓶

LNG 汽车技术不仅可以应用在公交车、长途汽车、大型货柜运输车辆上，还可以应用在出租汽车上。

LNG 汽车燃料系统由以下组件构成：

（1）LNG 车载钢瓶：双层金属真空缠绕绝热钢瓶，其规格见表 3.3-1。

某品牌 LNG 车用瓶规格一览表   表 3.3-1

公称容积（L）	45	300	410
有效容积（L）	40	270	369
外径（mm）	350	660	660
总长（mm）	1000	1600	2000
空重（kg）	55	250	338
总重（kg）	80	365	490

（2）调压阀。

（3）气化器：水浴式气化器，发动机冷却水做热源。

（4）液位仪：电子式液位指示装置。

（5）安全装置：过流阀、安全阀、防爆片。

（6）阀件：充液阀、截止阀、单向阀等。

LNG 汽车的工作原理如图 3.3-3 所示。

充液：LNG 由充液口，经单向阀至储罐上方，罐内气体被冷凝，压力下降，充至额定液位时自动停止。

供气：发动机启动时，电磁阀打开，LNG 在罐内压力作用下流出，进入气化器换热汽化，供给发动机。

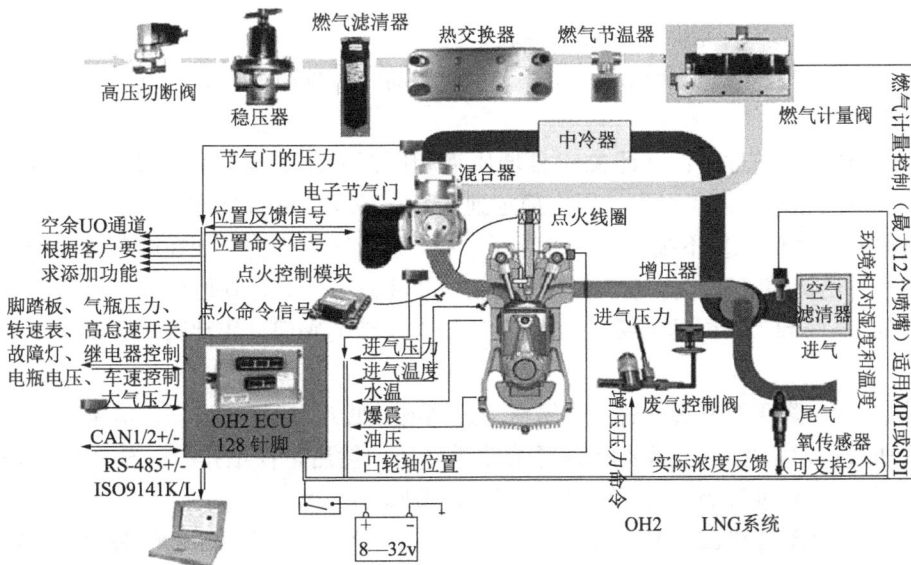

图 3.3-3 LNG 汽车发动机工作原理

LNG 汽车生产厂家主要是中、重型卡车和大客车制造商。前者包括东风商用、红岩、中国重汽、陕汽等知名厂家，而 LNG 大客车制造厂家几乎囊括了我国各大客车生产商，如黄海客车、安凯客车、蜀都客车、恒通客车、宇通客车、亚星客车、金龙客车、上海申龙、深圳五洲龙等。

LNG 发动机制造厂家则主要集中在潍柴动力、上柴机器和玉柴机器等三大公司。

3.4 LNG 加气站常见问题及处理方法

3.4.1 LNG 储罐外壁冒汗结霜处理

（1）故障现象：LNG 储罐外壁冒汗结霜

（2）可能出现的危险：储罐压力突然升高，引起安全阀起跳喷液、阀门泄漏，甚至引起罐体爆裂、液体大量外泄、爆炸、火灾等，造成重大人身伤害、财产损失。

（3）处理方法：

1）隔热层及罐体缺陷：冒汗结霜较轻微，储罐压力升高不快（不大于 0.05MPa/h），应更换问题储罐。在此期间，要严密观察储罐情况，如问题严重应立即启动倒灌作业，处理完毕，关闭问题储罐进出液阀门。确认正常后，立即向上级领导汇报并与厂家联系，等待处理。

2）真空度破坏：冒汗结霜严重并不断有水从罐体流下，储罐压力急速升高，应立即启动倒灌作业，如压力不能有效控制，可同时打开 BOG 系统、EAG 系统，紧急降压。处理完毕，关闭问题储罐进出液阀门，向上级领导汇报并与厂家联系，等待处理。

3.4.2 LNG 储罐压力过高处理

（1）故障现象：LNG 储罐压力迅速升高。

（2）可能出现的危险：安全阀起跳喷液、阀门泄漏、人身伤害、财产损失等。

（3）处理方法：

1）卸车时槽车增压过高：立即关闭自增压液相阀门并给储罐降压，待压力稳定后，缓慢打开自增压液相阀，卸车过程让压力稳定到（0.6～0.7）MPa 之间。

2）储罐内的 LNG 比重不统一或放置时间过长，造成罐内沸腾：如在卸车过程中，应立即停止卸车并给储罐降压，待稳定后采用正确的卸液方法（如有其他可卸液储罐应尽量让不同比重的 LNG 卸入不同的储罐），并且关闭正在出液的阀门，用沸腾储罐供液，降低其罐容。

3）储罐升压、降压调节阀问题（储罐压力过高或过低）：如正在增压，应关闭自增压液相阀。升压过高时，用降压调节阀旁通给储罐降压。然后，仔细排查，根据具体情况（外漏、不过气、一直过气等），检修升压或降压调节阀。

4）储罐真空度不合格或保温材料问题，保温性能下降：首先打开 BOG 旁通给储罐降压，然后采用问题储罐供液；如压力升高过快立即启动倒灌作业，甚至打开 EAG 系统降压（不是紧急情况不能打开此系统），储罐内的 LNG 出完后，关闭进、出液阀门。确认正常后，立即向有关领导汇报并与厂家联系，等待处理。

5）压力表问题：应更换压力表，将问题压力表维修后重新校验或直接报废。

3.4.3 空温式气化器问题处理

（1）故障现象：法兰泄漏、气化器本体缺陷。

（2）可能出现的危险：可能造成人员灼伤、火灾，影响正常供气。

（3）处理方法：

1）法兰泄漏：关闭上下端阀门，放散，恢复常温后紧固处理，如不能修复则更换垫片。

2）本体缺陷泄漏：

①应关闭上下端阀门，放散，及时上报并通知厂家，等待处理；

②做好置换、监护方案，并经相关人员讨论通过；

③填写动火申请书，办理动火申请；

④厂家或其他专业施工人员到现场后，应积极配合查看现场、介绍情况；

⑤施工人员做好施工方案，方案经相关人员讨论通过后，方可用于施工；

⑥动火前必须办好动火证，施工前应对气化器、管道进行彻底置换，并用氮气保护，施工时严格遵守置换、监护及施工方案；

⑦施工结束，经检查确认合格后，施工人员、监护人员、设备才可撤离现场。

3.4.4 加气机问题处理

（1）故障现象

显示故障代码、加液过程中加液枪头出现泄漏、加液过程中多次自动停止或出现负数无法加液、加液不计数、无法读取累计、按键无效。

（2）可能出现的危险：计量错误、冻伤、无法现场监控

（3）处理方法，见表 3.4-1：

LNG 加气机常见故障及处理 　　　　　　　　　　　　　表 3.4-1

故障现象	原因分析	排除方法
显示故障代码	加气机出现故障	不同厂家加气机故障代码不同，查询处理
加液过程中加液枪头出现泄漏	加液枪头密封圈破损	更换密封圈
加液过程中多次自动停止或出现负数无法加液	控制系统报警停止	排除故障重新启动系统
	车载钢瓶压力过高	延长回气时间
	储罐液位过低或压力过低	提高储罐压力并及时卸液
无显示	电脑蓄电池电压过低	检查并更换蓄电池
加液不计数	质量流量计信号不正常	检修并调整质量流量计
	信号线接头松动	重新插接信号线
无法读取累计	累计存储器损坏	更换累计存储器
按键无效	键盘上集成电路故障	更换键盘上集成块
	CPU 故障	更换主板上 CPU

3.4.5 紧急切断系统问题处理

（1）故障现象：

紧急切断阀开启不完全、紧急切断阀自动关闭、紧急切断阀现场状态与自动控制信号不符、紧急切断阀不能接收信号。

（2）可能出现的危险：

造成不能远程控制、管道超压甚至爆裂，从而引起财产损失、火灾、人身伤亡等。

（3）处理方法：

1）紧急切断阀开启不完全：

①检查气压是否正常，如压力偏低，应检查、维修空压机系统（或更换氮气瓶），保证有充足的气压支持；

②检查阀杆，若有灰尘、锈蚀等，需擦拭干净并涂少量润滑油，使阀杆运动灵活；

③紧急切断阀气缸内如有异物或锈蚀，活塞杆运动不灵活，须拆开清理并加润滑油；

④检查气动阀行程，如行程过小，应将其调大到气动阀全开状态。

2）紧急切断阀自动关闭：

①应立即打开手动阀，避免管道超压；

②检查气压是否正常，如压力偏低，应检查、维修空压机系统（或更换氮气瓶），保证有充足的气压支持；

③检查电路是否正常，如电路异常，用的是应急电源，可能因为电压过低使电磁阀关闭；如电路正常，可能是电磁阀故障。查出原因后马上修复或更换。

3）紧急切断阀现场状态与自动控制信号不符：

①检查气动阀感应开关，首先上下调整开关位置，使其位置最佳；

②调整无效后，应拆下感应开关晾晒，然后重新安装；

③如仍不能恢复，应更换新感应开关。

4）紧急切断阀不能接收信号：可能是信号系统出现问题，应通知电工查找原因，如不能自行解决，立即上报并与厂家联系，等待解决。

3.4.6 安全阀问题处理

（1）故障现象

超压不起跳、不到设定压力就起跳、超压起跳后不能回位或不能及时回位。

（2）可能出现的危险

不能对安全运行起到应有的保护作用，容易造成较大的安全事故。

（3）处理方法

1）安全阀超压不起跳：立即手动降压，查明超压原因，排除超压隐患。关闭安全阀下端直通阀，放散后拆下安全阀，送相关部门重新校验，合格后才能安装使用。

2）没到设定压力就起跳：关闭安全阀下端直通阀，放散后拆下安全阀，送相关部门重新校验，合格后才能安装使用。

3）超压起跳后不能回位或不能及时回位：查明超压原因，排除超压隐患。关闭安全阀下端直通阀，固定安全阀下端及周围的管道，用粗木棒轻轻均匀地敲击安全阀，帮助其回位。如仍不能回位，应关闭安全阀下端直通阀，放散后拆下，送相关部门重新校验，合格后才能安装使用。

3.4.7 潜液泵故障处理

1. 故障现象

泵无法启动或液体无法到达、不能按额定功率和压力输送 LNG；泵体振动。

2. 可能出现的危险

影响正常加液

3. 处理方法

（1）造成泵无法启动或液体无法到达的可能原因是转向错误或进口静压头不足，解决方法：检查转向，提高储罐气相区压力。

（2）不能按额定功率和压力输送 LNG 的可能原因是管路压力损耗过大，需要检查管路压力情况，是否密封完好；叶轮或涡壳通道阻塞，需要专业人员拆卸检查清洗；耐磨环磨损或叶轮件损坏，需要专业人员进行更换处理。

（3）泵体振动可能原因是轴承磨损或回转件损坏需要专业人员进行更换；泵在最小流量下运行时要增加流量；轴承过紧或过载则要专业人员拆卸并维修；不正当的预冷，要充分正确的预冷；系统中有外来介质时需要专业人员清洗储槽、管路和泵内杂物。

4 CNG 加气站

CNG 加气站是以压缩天然气形式为燃气汽车加注燃料的场站，如图 4.1-1 所示，根据加气站功能和气源不同，通常将 CNG 加气站分为常规加气站、CNG 母站以及子站三类。

图 4.1-1 CNG 加气站

4.1 常规加气站基本工艺及操作规程

CNG 常规加气站又称标准站，一般从气站附近的燃气管线取气，经脱硫、脱水处理后进入压缩机压缩，之后储存于储气瓶组，并通过加气机为汽车供气，建站规模一般为 $8000 \sim 20000 \mathrm{Nm}^3/\mathrm{d}$，其主要工艺系统包括：调压计量、净化、压缩、储存、加气以及控制系统等，如图 4.1-2 所示。

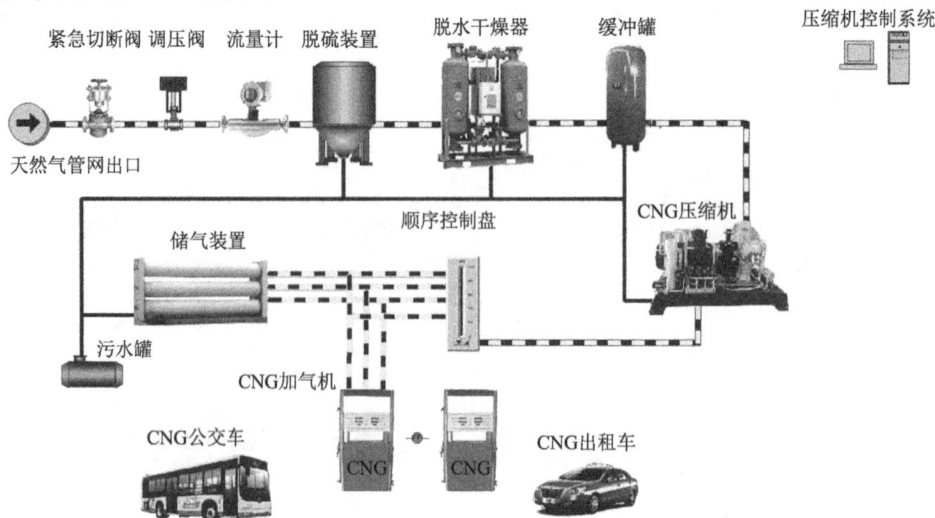

图 4.1-2 CNG 常规加气站工艺示意

4.1.1 常规加气站调压计量工艺及操作规程

CNG 常规加气站气源来自附近的天然气管道，天然气进站管道上一般设有调压设施，以保障流量计的计量稳定性和满足下游设备（如压缩机等）的进气要求。

1. 常规加气站调压计量工艺

进气管上的调压计量系统一般采用"1+1"的形式，即"调压+旁通"，由进出口阀门、过滤器、调压设备、流量计、安全阀、旁通管路以及相关仪表等装置组成，如图 4.1-3 所示，其工艺如下：原料天然气通过过滤器，分离出杂质，进入机械式调压装置或 PLC 控制的自动调压装置，将天然气压力调至 CNG 压缩机需要的进气压力，使压缩机进气压力保持在某一范围内，保证其正常工作，同时通过计量装置记录供气量，为核算供需气量做准备。

标准站压缩机的入口压力一般为 0.5MPa 以下；流量计通常采用涡轮流量计，仅作为内部核算可采用精度为 1.0 或 1.5 级的流量计，对外结算可采用精度更高的 0.5 级流量计，核算时应注意体积流量计量的基准状态为：压力 101.325kPa，温度 20℃。

图 4.1-3　CNG 常规加气站调压计量示意

2. 常规加气站调压操作规程

（1）开启进口阀门

开启进口阀门前应检查下游各类压力仪表的仪表阀是否关闭，如未关闭容易在开启进口阀门时受到快速高压气流的冲击。

缓慢打开进口阀门，听到气流声停住，待气流声停止后，再缓慢全开进口阀门，这样避免过滤器受到快速冲击而出现损伤，同时在开启进口阀门的时候应注意不断观察上游压力表，以防有过高压力气体进入管道系统。

进口阀打开后，气体所至的管段上的压力仪表的仪表阀可以缓慢打开，开始测量管段内的天然气压力。

（2）启用过滤器

缓慢打开过滤器前阀门，听到气流声停住，待气流声停止后，再缓慢全开过滤器前阀门；然后缓慢打开压差表下游（低压侧）取压阀，再缓慢打开压差表上游（高压侧）取压阀，读取压差表数值。

燃气过滤器如图 4.1-4 所示，在使用的过程中能够过滤天然气中的粉尘、水分、油分等杂质和杂物，起到洁净天然气的作用，但是随着杂物积累，滤芯会被逐渐堵塞，增大过滤器前后的压差，当压差表读数超过 10kPa 或指针进入表盘红色区域时，应及时清洗滤芯。

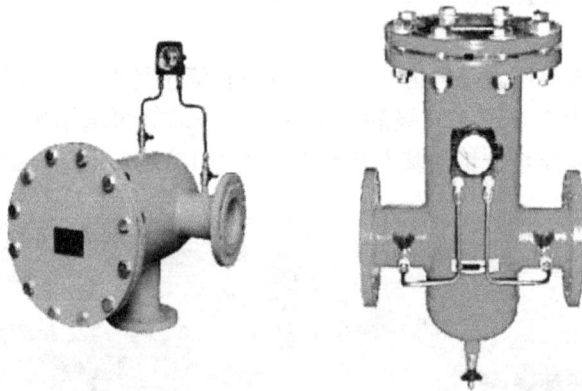

图 4.1-4　燃气过滤器

（3）调压

1）调压器分类

燃气调压器根据作用原理分为直接作用式和间接作用式两种。

直接作用式调压器是通过内信号管路或外信号管路来感应下游压力的变化。下游压力通过在传感元件（皮膜）上产生的力与加载元件（弹簧装置）产生的力来进行对比，移动皮膜和阀芯，从而改变调压器流通通道的大小。

间接作用式是由指挥器内出口压力和调压弹簧的相互作用调定一个负载压力来控制调压器主阀阀口的开度，从而改变调压器流通通道的大小，其中指挥器的主要功能是为了增加调压器的敏感性（扩大压差或加快压差传递速度）。

2）调压时有关运行参数的确定

①关闭压力 p_b 与出口压力 p_2 间的关系

根据调压器稳压精度 S_p（$S_p = 0.5\% \sim 1.5\%$）和其性能，其关闭压力与出口压力之间关系：$p_b = (1.1 \sim 1.25) p_2$

②关闭压力 p_b 与放散压力 p_f 间的关系

安全放散装置可以缓解调压器关闭不严造成的泄漏问题，一般考虑超过关闭压力 $10\% \sim 20\%$ 即开始放散，其放散压力为 $p_f = (1.1 \sim 1.2) p_b$。

③切断压力 p_q 与放散压力 p_f 间的关系

因燃气放散不利于环保且有可能危及周围生命财产安全，一般考虑放散压力超过 $10\% \sim$

20％即可切断气源，即切断压力为 $p_q = (1.1 \sim 1.2) \ p_f$。

3）调压操作规程

调压前要完全拧松调压器的设定压力调节螺栓（此时调压器阀口关闭），完全拧紧切断阀设定压力调节螺杆（此时切断阀起跳压力最高）并复位保持开启状态；打开调压器出口压力表的仪表阀，注意观察压力示值变化；缓慢打开调压器的进口阀向调压器供气直至全开。在调试过程中，调压器的出口阀门应关闭，如图 4.1-5 所示。然后，按以下步骤进行：

①调节切断压力

慢慢旋紧调压器的调节螺栓并注意压力表的示值变化，调节调压器出口压力直至切断阀的设定切断压力，慢慢放松切断阀的切断压力调节螺栓直至切断阀动作，此时，即把切断阀动作时的气体压力设置为切断阀的设定切断压力。锁定切断阀的调节螺栓，切断阀调试完毕。

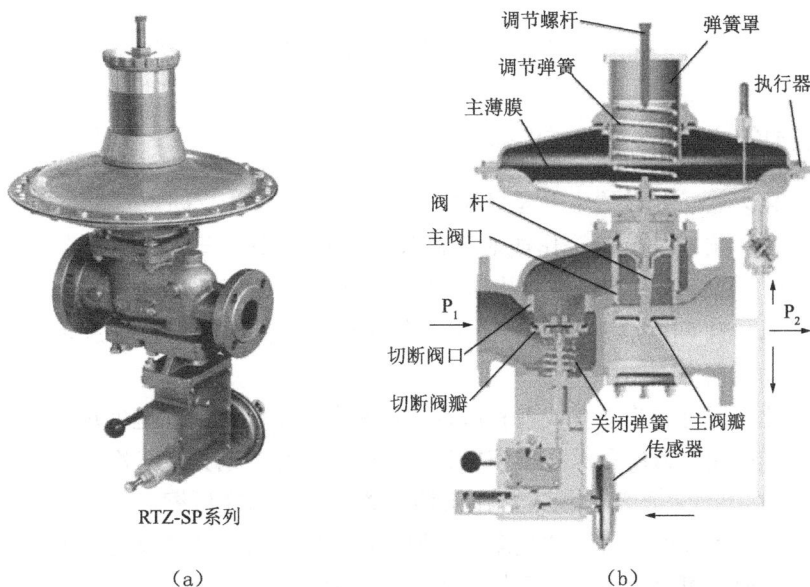

（a）　　　　　　　　　　　　　　（b）

图 4.1-5　带切断功能的直接作用式燃气调压器

（a）实物；（b）结构示意

②调节放散压力

彻底放松调压器调节螺栓，旋转切断阀复位旋钮，使切断阀处于开启状态，打开调压器后的排放气嘴，将调压器后压力泄放掉后关闭排放气嘴。慢慢旋紧调压器压力调节螺栓，调节调压器出口压力至安全放散阀设定放散压力，此时，如果安全放散阀启动放散，则旋紧安全放散阀的调节螺栓至安全放散阀停止放气为止；如果安全放散阀处关闭状态，则放松安全放散阀调节弹簧至安全放散阀即将启动放散为止。然后将调节螺栓锁定，即把安全放散阀设定完毕。

③调节出口压力

彻底放松调压器调节螺栓，打开调压器后的排放气嘴，将调压器后压力泄放掉后关闭排放气嘴，然后反向慢慢旋紧调压器压力调节螺栓，直至调压器出口压力升至出口设定压力为止。锁定调压器调节螺栓，调压器即调节完毕如图 4.1-6 所示。

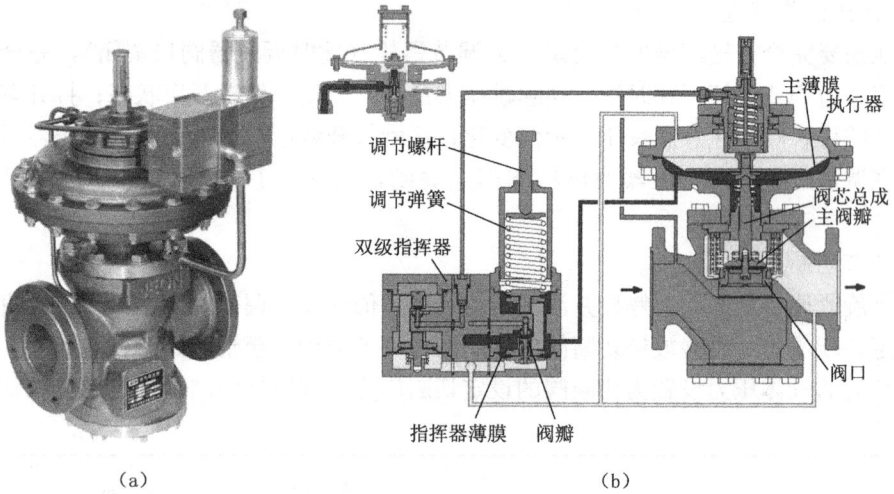

调节螺杆
调节弹簧
双级指挥器
指挥器薄膜 阀瓣
主薄膜
执行器
阀芯总成
主阀瓣
阀口

（a）　　　　　　　　　　　　　（b）

图 4.1-6　间接作用式燃气调压器

（a）实物；（b）结构示意

4.1.2　常规加气站净化工艺及操作规程

加气站净化天然气的目的主要是脱除其中的硫分、CO_2（酸性气体）、水分以及其他杂质，防止杂质影响下游设备工作或对下游设备造成损伤。天然气中存在的硫分主要是 H_2S，此外还可能含有一些有机硫化物，如硫醇、硫醚、COS 及 CS_2；CO_2 等酸性气体的存在会腐蚀金属，且 CO_2 含量过高会使天然气热值达不到要求；水分过多会造成压缩机损伤和汽车发动机损伤。

天然气净化方式可分为前置处理和后置处理两类形式。所谓前置处理，即在压缩前对天然气的干燥和净化，目的是保护压缩机的正常运行，是当前天然气净化的主流趋势，因为压缩机是 CNG 加气站的核心设备；而所谓后置处理，即在压缩后对压缩天然气的净化和干燥，其目的是保证所售气质的纯净，不但确保在发动机中燃烧良好，不会对发动机产生任何危害，同时也可避免可能出现的对售气系统的损害。

1. 常规加气站净化工艺

（1）脱硫

《车用压缩天然气》GB 18047—2000 中规定，车用压缩天然气 H_2S 含量必须小于或等于 $15mg/m^3$，所以常规加气站压缩机前一般会设置脱硫塔（如果上游已进行脱硫作业且含硫量符合规定可不设脱硫装置），如图 4.1-7 所示。

天然气脱硫主要分为干法脱硫和湿法脱硫两种，其中干法脱硫是采用固体吸附剂（海绵状氧化铁、分子筛、天然泡沸石、活性炭等）脱硫，工艺简单、成本低，但脱硫剂硫容有限，适用于含硫量低的天然气，加气站常用该法脱硫；湿法脱硫是采用化学溶剂（碱性盐溶液或烷醇胺溶液）、物理溶剂（如有机化合物溶剂）脱硫或直接通过氧化还原反应脱硫，工艺复杂，但脱硫量大，效果好，溶剂可再生，所以适用于天然气生产时脱硫。

固体吸附法是利用天然气中不同组分在吸附剂表面吸附性能的差异，可选择性地除去酸性组分的一类方法，其实利用的就是 Fe_2O_3 与天然气中的 H_2S 发生化学反应，达到除

50

图 4.1-7 脱硫塔

去 H_2S 的目的，其中分子筛因其具有孔径均匀的微孔孔道、允许直径较小的分子进入孔内而得名，它是一类强极性吸附剂，对极性、不饱和化合物以及易极化分子有很高的亲和力。分子筛对天然气中各组分吸附顺序：H_2O、硫醚、硫醇、H_2S、COS、CS_2、CO_2、N_2、CH_4。

典型的干法脱硫装置由饱和塔、两台脱硫塔（A、B）和 1 台净化气分离器及配套工艺管道、阀门、仪表等构成，如图 4.1-8 所示。塔内装填脱硫剂，其活性成分与天然气中 H_2S 接触，发生化学反应，从而除去气体中的 H_2S。脱硫剂的活性成分为 Fe_2O_3，并添加有多种助催化剂。在常温下，脱硫剂中的 Fe_2O_3 与 H_2S 发生如下吸收反应：

$$Fe_2O_3 + H_2O + 3H_2S \longrightarrow Fe_2S_3 \cdot H_2O + 3H_2O$$

原料气水含量低的气体，其脱硫反应速度也低，因此要求进料气水含量达到饱和或接近饱和。该法工艺流程简单，经分离后的原料气进水饱和塔达到水饱和后进入固体脱硫塔，脱硫塔的空塔线速一般为 0.1～0.3m/s，脱硫后的天然气经过滤器除去携带的脱硫剂粉尘后出装置。如原料气水含量已达到饱和或已接近饱和，则不必设水饱和塔；如果原料气携带水含量过高，则可考虑在脱硫塔前端设置原料气分离器。

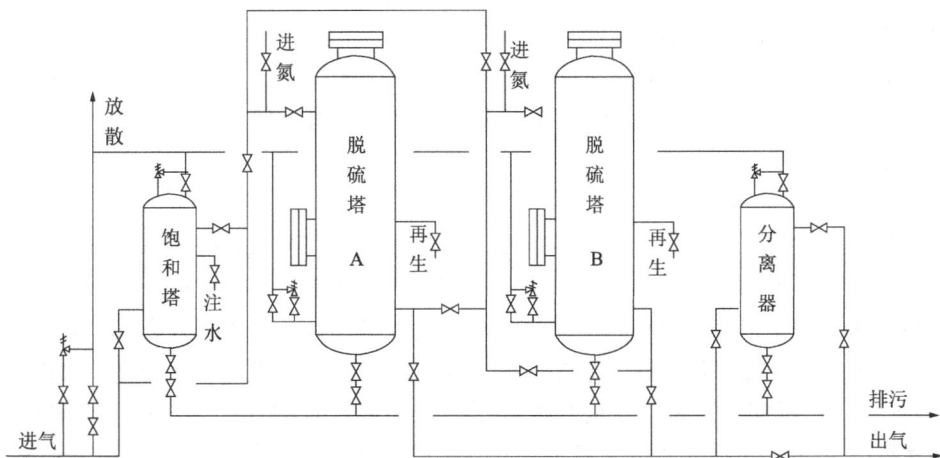

图 4.1-8 干法脱硫工艺示意

51

经过 3～5 次的再生后，脱硫剂化学活性大大降低，几近失效（失效的标志为再生时塔内高温持续时间显著缩短），需更换新脱硫剂。

当脱硫剂（再生型）完全反应（饱和）后，不再具有脱硫能力，需通入空气再生重复使用。再生反应如下：

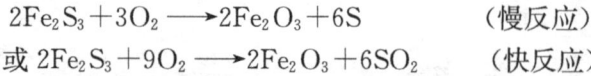

$$2Fe_2S_3 + 3O_2 \longrightarrow 2Fe_2O_3 + 6S \qquad （慢反应）$$
$$或 \ 2Fe_2S_3 + 9O_2 \longrightarrow 2Fe_2O_3 + 6SO_2 \qquad （快反应）$$

在再生过程中，应控制入塔空气量，进行慢速反应，即反应温度小于等于 60℃；避免大量进入空气，发生燃烧。

（2）脱水

脱水干燥的方式还可按脱水装置在 CNG 加气站工艺流程中的位置，分为低压，中压和高压脱水三种。这三种脱水方式都能达到车用 CNG 的脱水要求。

图 4.1-9　脱水塔

1）低压脱水（0.3～4MPa）。

脱水装置如图 4.1-9 所示，在压缩机的进口处，由于被干燥气体压力低、水含量高，因此，这种类型脱水工艺的特点是干燥剂的再生采用闭式循环回路，整个脱水装置包括 2 台充填分子筛干燥剂的干燥器。1 台循环风机，1 台冷却器，1 台分离器和 1 台加热器。分子筛干燥剂的再生系统通过风机反复循环一定量的气体来完成。这种方式的脱水装置，由于受再生条件的制约，要达到低于 −60℃（标准状态下）有一定的困难，且其设备占地面积大，多用于加气 CNG 母站。

2）中压脱水（4～7MPa）

脱水装置放置在压缩机的中间级出口处，根据压缩机入口压力的高低，确定放置在一级还是二级出口。国内机组的入口压力为 0.3MPa，宜放置在二级出口。一般来说，脱水压力控制在 4.0MPa 左右比较有利，这样既可将气体中所含水的大部分在 4.0MPa 左右的压力下分离掉，又能使设备和管、阀件的压力等级控制在 4.0MPa 这一公称压力级上。在 4.0MPa 压力下，气体的饱和水含量约为常压下饱和水含量的 3%，约为 0.3MPa 压力下饱和水含量的 10%。中压脱水的干燥剂也为分子筛，使用场合也主要是加气 CNG 母站。

如图 4.1-10 所示，本装置由分子筛脱水塔、换热器、分离器、循环风机和加热电炉等部件组成，设备分干燥吸附系统和闭式循环再生系统两大部分，安全阀作为再生系统的保护装置。

①吸附流程

原料气→吸附塔→过滤器→干燥气体至压缩机。

②再生流程

循环风机→电炉→吸附塔→换热器→分离器。

③冷吹

即加热完毕后，再将吸附塔吹冷至常温。

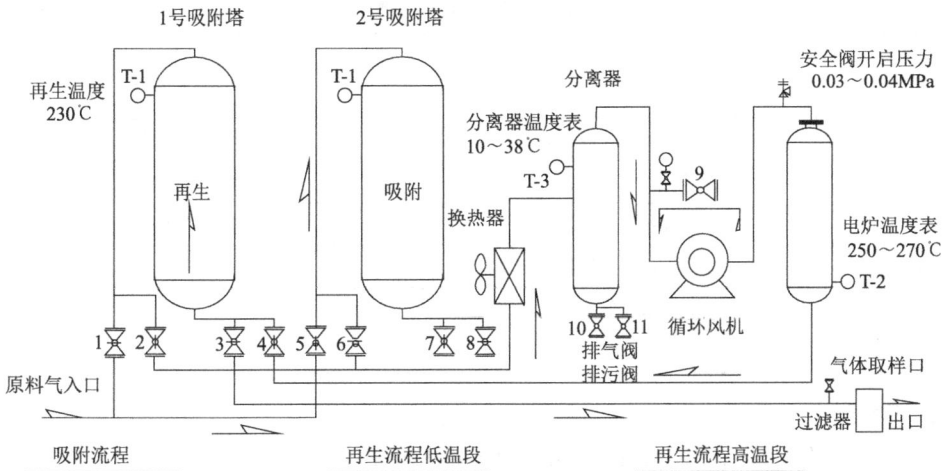

图 4.1-10　双塔脱水工艺示意

3）高压脱水（7～25MPa）

脱水装置放置在压缩机末级出口，通常压力为 25MPa 由于气体中所含水的绝大部分已在压缩机的逐级压缩分离出去，所以在 25MPa 力下气相中的饱和水含量已非常少，仅相当于常压下饱和水含量的 0.91%，约为 0.3MP 压力下饱和水含量的 3%。高压脱水仍需要加热再生，因此，也需要加热器、冷却器和分离器，其工艺原理流程与中压脱水相同，只是设备尺寸和压力等级不同而已，且因其结构紧凑，一般用于常规加气站。

另外，在高压脱水场合，在冬季最低气温不低于−7℃的地区，干燥剂可选用硅胶，以降低再生操作温度。但对冬季最低温度低于−7℃的地区，则必须用分子筛干燥剂。

低、中、高压脱水各有优缺点，尤其在需要深度脱水时高压方式更有其优势。

经过压缩后的天然气因压力升高和在冷却器中降温后发生水和烃类的凝结，加之在压缩过程中润滑油也会混入天然气，因此应设置油气分离器对压缩天然气进行脱油处理。

经过液气分离的压缩天然气可能仍未达到 CNG 汽车使用的气质要求，所以在其后还要设置过滤器、干燥器和后过滤器，进一步对 CNG 进行净化和干燥。

天然气进行净化和干燥后方可对加气站的储气瓶充气储存、直接售气或给 CNG 汽车瓶充气。除了直接售气（CNG 不进入加气的储气瓶而直接进入售气机给汽车充气）之外，为了保证从储气瓶中进入售气机的 CNG 质量，防止因为气瓶原因产生的气质下降和因此可能对售气机造成的损害，在储气瓶与售气机之间也应设置精密过滤器对 CNG 进行过滤。

除此以外，净化和干燥系统必须在压缩机进气管线设置进气滤网以防止管道天然气中颗粒粗大的杂质进入压缩机进气管线。

2. 常规加气站净化操作规程

（1）脱硫操作规程，见表 4.1-1

1）准备工作

①操作人员已经培训合格；

②准备好安全消防器具（灭火器、防毒面具、安全警示牌等）；

③检查相关文件和设备。

脱硫塔操作前检查表 表 4.1-1

序 号 \ 项 目	文件检查	设备检查
1	设备安装记录	设备固定情况检查
2	管道吹扫及试压记录	阀门阀杆转动灵活性检查
3	设备填料装填记录	设备、管道连接牢固性检查
4	自控检测系统调试记录	
5	消防水管通水试压记录	
6	阀门试压及保温防腐记录	

2）置换脱硫

①为减少天然气放空损失，采用四台设备串联形式置换；

②氮气置换空气，从进氮口注入氮气，在取样口分析置换气中氧含量不超过 0.5％时置换完毕；

③净化气置换氮气，逆流程操作，即从净化气总阀引入天然气向装置充压；

④设备升压时，注意控制压力上升速度不超过 0.1MPa/min；

⑤压力升至 0.1～0.2MPa 时，塔 A、B 净化气过滤分离器排污；

⑥当压力升至 0.2MPa 时，脱硫塔 B 作备用，并作氮气低压保护，防氧化，防潮；

⑦开原料气进气阀，缓慢升塔 A 压力与净化气管线压力平衡；

⑧填写操作记录表。

3）倒塔

①净化气置换脱硫塔 B 内氮气，逆流程操作，即从净化气总阀引入天然气向装置充压；

②脱硫塔 B 升压时，注意控制压力上升速度不超过 0.1MPa/min；

③当脱硫塔 B 压力升至 0.2MPa 时，关闭脱硫塔 A 进出口阀门以备用；

④脱硫塔 A 排污，并作氮气低压保护，防氧化，防潮；

⑤开原料气进气阀，缓慢升塔 B 压力与净化气管线压力平衡；

⑥填写操作记录表。

（2）脱水操作规程

1）准备工作及注意事项

①设备启用或长期停用后再使用时，应用天然气逐渐置换出装置内的空气；

②严禁用天然气通过设备吹扫脱水装置后面的管道；

③再生过程中冷却风机启动后应当每半小时放一次分离中的水，装有排水阀的设备可自动排水。冬季北方地区再生加热时应接通电加热带；

④操作人员已经培训合格；

⑤准备好安全消防器具（灭火器、防毒面具、安全警示牌等）；

⑥检查相关文件和设备。

2）吸附操作（如图 4.1-10 所示）

①用塔 1 吸附：关闭阀 2、4、5、6、7、8，逐渐开启阀 1、3，湿气经塔 1 吸附后经过滤器出撬装进天然气压缩机。

②当吸附塔 1 的成品气水露点通过在线露点仪检查超标后就该用塔 2 吸附：关闭阀 1、2、3、4、6、8，逐渐开启阀 5、7，湿气经塔 2 吸附后经过滤器出撬装进天然气压缩机。

③两组干燥塔的作用：当一组进行吸附操作时，另一组进行再生，两组塔交替工作。

3）再生操作（如图 4.1-10 所示）

①再生塔 1

关闭阀 1、2、3、4、6、8，将阀 10 打开，逐渐开启阀 2，将塔 1 内的天然气放出至常压后关闭排污阀 10，然后再全开启阀 2、4，启动循环风机，当风机运转后，再接通电炉（风机与电炉的启动是互锁的），用阀 9 控制风机出口的风量，来控制电炉出口温度。即阀 9 开的大循环风机出口进入塔内的天然气越少，电炉出口表 T-2 温度就越高，反之，电炉出口表 T-2 温度就越低，表 T-2 温度应控制在 250～280℃之间。表 T-3 上限设在 37℃自动开启冷却风机，北方冬季再生时，换热器的出口下限温度控制在 15℃左右，15℃自动关闭冷却风机，使冷却后的水不至于在换热器和管路内结冰。当温度达到表 T-1 设置的上至点 230℃时，控制柜自动关闭电炉电源，循环风机和冷却风机继续运转进行强制冷却，当温度降至表 T-1 设置的 70℃时，控制柜自动关闭循环风机和冷却风机，停止冷吹，关闭阀 2、4，让塔自然冷却至 40℃以下，即可投入吸附。为防止操作失误，排污阀 10 在不再生时，应常开。通常情况下，由于吸附的时间较长，当表 T-2 温度降到 150℃可手动关闭循环风机，然后自然冷却到常温。

②再生塔 2

关闭阀 2、4、5、6、7、8，并逐渐开启阀 6，将塔 2 内的天然气放出至常压后，又开启阀 6、8，其余操作程序均与再生塔 1 相同。

4.1.3 常规加气站加压储存工艺及操作规程

天然气在经过脱硫、脱水工艺后，达到《车用压缩天然气》GB 18047—2000 中的标准，即可进入压缩机进行加压，使其压力达到 25MPa，然后进入储气井或储气瓶组进行储存，以备汽车加气。

1. 常规加气站加压储存工艺

如图 4.1-11、图 4.1-12 所示，这是 CNG 加气站的核心部分，其工艺流程是：脱硫、脱水后的天然气进入分离缓冲罐，停留 10s 以上时间后的天然气进入压缩机压缩升压，同时为降低压缩机和天然气的温度，需要设置冷却系统，压缩后的天然气经油气分离器后进入排气缓冲罐，停留最后经过顺序控制盘进入储气瓶组储存。

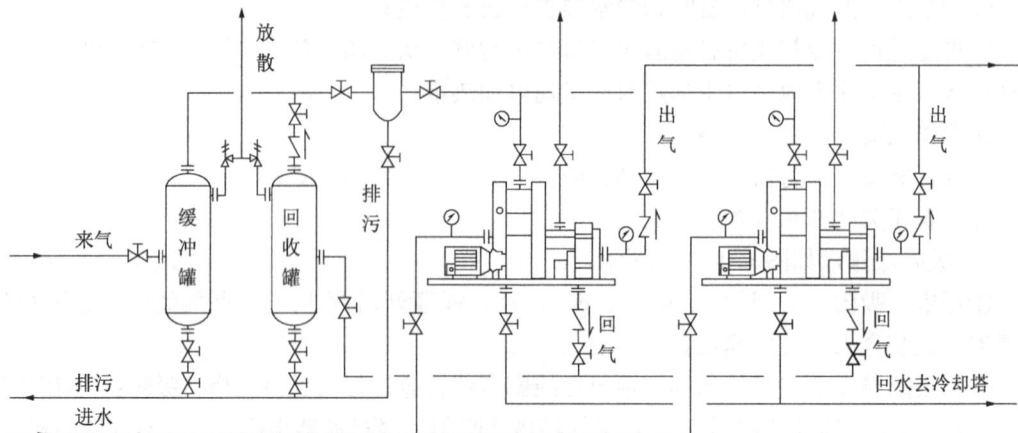

图 4.1-11　天然气压缩储存工艺示意

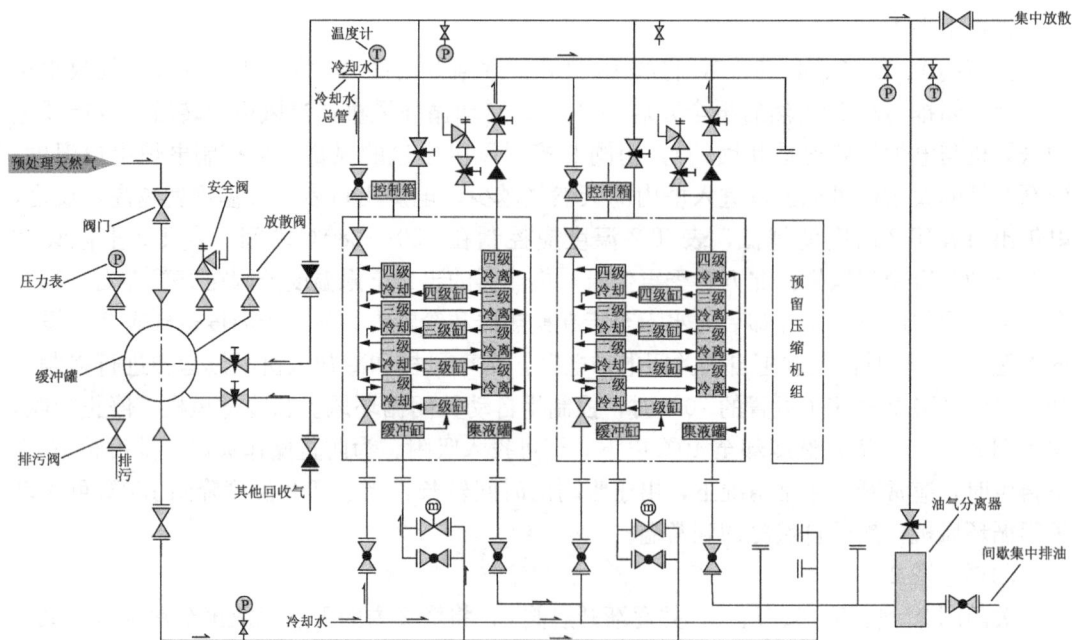

图 4.1-12　天然气压缩工艺示意

　　缓冲罐如图 4.1-13 所示严格讲应包括压缩机每一级进气缓冲，其目的是减小压缩机工作时的气流压力脉动以及由此引起的机组的振动，以免对机组零部件造成损害。由于压力脉动主要与管道的设计有关，其脉动大小因为不同的机组和管道而有很大差别，有的在保证使压力脉动足够小的前提下取消了缓冲罐，而以进气分离器兼缓冲作用来消除一部分压力脉动。

　　回收罐主要是将每一级压后的天然气经冷却分离后，随冷凝油排出的一部分废气；压缩机停机后，留在系统中的天然气；各种气动阀门的回流气体等先回收起来，并通过一个调压减压阀，返回到压缩机入口。当罐中压力超过其上的安全阀压力时，将自动集中排放，凝结分离出来的重烃油也可定期从回收罐底部排出，相当于天然气回收系统，它最主要的作用是用于压缩机的卸载启动：压缩机停机后需要再启动，必须将排气管线中的高压天然气放到这一系统中，使压缩机卸载启动，从而保证机组的正常操作，以免烧毁主电机，另外还可以回收各级安全阀泄放的天然气，压缩机中泄漏的天然气以及前、后分离器收集的天然气，干燥中再生的天然气等。这一系统是加气站中必不可少的设备，对于保护加气站的工作环境、节约能源、保障机组正常运行都具有重要意义。

实际上有的厂商在保证压力脉动足够小的前提下，取消了缓冲罐，或以进气分离罐代替缓冲罐的作用，还有的将进气缓冲罐和废气回收罐合二为一，具有双重作用，如图 4.1-13 所示。

图 4.1-13　缓冲罐与除油分离器

2. 常规加气站加压储存操作规程

本书以某型号压缩机为例（见表 4.1-2），来讲解常规加气站的加压操作规程。该型压缩机采用整体撬装卧式对称二列三缸三级压缩，电动机与压缩机共用一个撬体，对称平衡布置，振动小，冷却系统为闭式循环，有可靠的安全放空，排污系统仪表自动控制完善可靠，能实现机组超速、超压、超温、超振动等全面自动保护。

某压缩机技术参数　　　表 4.1-2

项　目 参　数	天然气压缩机
型号规格	ALPH3-5000DA/250-3625-3WC
入口压力	1.6MPa
排气压力	25MPa
总排量	3000Nm³/Hr @ 1.6MPa SUCTION
功率	336kW @ 1.6MPa SUCTION
转速	1250rpm
防爆电机：　2×250HP　380V　50Hz　　　级数 2 级	

设备包括主机、压缩机级间管路系统、压缩机卸压和气体回收系统、压缩机冷却系统、压缩机润滑系统、压缩机电气控制系统、整体撬装等。

（1）准备工作

1）检查系统流程是否畅通。

2）检查压缩机机器及各部件是否符合开机条件。

3）检查配电系统及电压是否符合开机要求。

4）检查机身润滑油油位及注油器是否正常，检查水池水位是否在正常水位。

5）检查气路各处阀门的开关情况（顺序按照气体流动方向进行逐一检查），使压缩机处于空载启动的状态。

6）检查各种仪表、安全阀和继电保护装置，应处于完好状态。

7）检查机身和气缸的连接螺栓及地脚螺栓有无松动现象，机身、电动机、地沟、地面和平台上应无多余物件，地面无油渍，保护装置、灭火器等应齐全，并放在指定位置。

（2）启动

1）控制柜电源开关扳到"ON"位置。

2）控制柜触摸控制屏上无报警指示。

3）压缩机内开关由"OFFLINE"转向"AUTO"。

4）压缩机将根据 PLC 的程序进入开机状态，压缩机的操作将通过控制系统进行自动控制。

5）顺序按下循环水泵启动，风机启动按钮（视出口温度而定）。

6）到压缩机房观察水压及风机运行情况，确定正常后，关闭压缩机进气缓冲罐排污阀，打开第 3 级排污阀，按下控制柜的启动按钮后，注油泵启动，待注油泵运行 15s 后，主电机自动运行。

7）待电机启动平衡后，关闭第 3 级排污阀，缓开进气阀门，逐渐加大至规定进气压力。

8）启动结束后应及时检查主机、油泵、水泵电机运行情况及各种运行指示表显示情况，并特别注意主机是否投入全压运行，观察进气压力和电流大小。

（3）停用

1）压缩机内开关由"AUTO"转向"OFFLINE"，自动卸载并停机。

2）关闭气体进口阀门。

（4）紧急情况处理

1）运行中如突然停电，应立即关闭压缩机电源，关闭压缩机进出口阀门，待恢复供电后，重新启动。

2）一旦发现压缩机有严重天然气泄漏，用钥匙关机。

3）与压缩机相连的加气机一旦发生泄漏，按下"ESD"按钮，切断压缩机与加气机的连接。

（5）安全注意事项

1）操作时，操作人员必须穿防静电工作服，不得带入通信工具及火种，禁止穿带钉掌鞋。

2）每天对压力表、温度表进行一次检查，并按期对压力表、安全阀进行检验。

3）机组严禁带负载启动。

4）若机组出现故障需紧急停车时，应立即切断电源，迫使主机带负载停止运转，然后立即打开各级排污阀，关闭送气阀门，切断供气阀门。

5）机组运行时必须保持气路、水路畅通，执行先开后关的原则防止憋压。

4.1.4 常规加气站冷却系统工艺及操作规程

1. 常规加气站冷却系统工艺

如图 4.1-14、图 4.1-15 所示，冷却系统的作用是为了保障天然气在最终排气压力下的温度不超过设计要求。冷却系统分为两部分：一部分为压缩气体的冷却；一部分为润滑油的冷却。

对压缩气体的冷却一般有三种方式，即水冷、风冷、混冷（风冷＋水冷）。

水冷的主要特点是冷却效果好，适用于较大热负荷和高压比的压缩机，但气缸要增加水套，结构复杂，而且在缺水干旱的地方不适宜，一般采用直立式和对称平衡式压缩机（即卧式）。

图 4.1-14 冷却系统

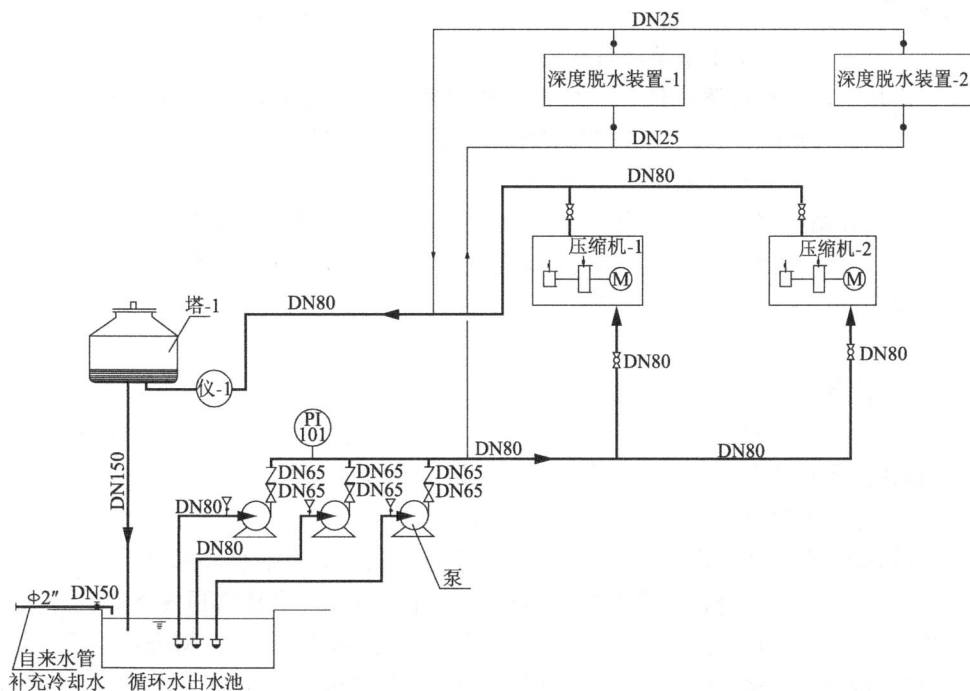

图 4.1-15 冷却系统工艺图

风冷压缩机的气缸一般设置有散热翅片，排出的高温气体进入冷却器的散热管束后，风扇吹风进行冷却。比起水冷方式来讲，风冷压缩机的每级压比不能太高，因为过高的压比将导致排气温度过高，可能会造成冷却效果不好的后果。

润滑油的冷却是保证润滑系统正常工作的必要措施，也可以像压缩气体的冷却一样采用风冷或水冷。CNG 压缩机的润滑油冷却器一般与天然气的冷却器设计成整体式的，这样可以使机组结构紧凑、美观。

冷却系统是压缩机的常规系统，技术发展比较成熟，对 CNG 压缩机而言技术难度不高。无论是风冷还是水冷，从技术性能角度来讲，通过良好的设计均能达到 CNG 加气站所要求的供气温度条件。

2. 常规加气站冷却系统操作与管理维护

（1）操作要求

1）凉水池及附属设备的总体检查

①定期检查和确认冷却塔内全部设备部件完好、可用；

②检查和确认冷却塔上塔立管阀门处于正常状态；

③检查集水池内有无杂物垃圾，排污、溢流、补水管路应畅通；

④定期检测循环水水质（要求 a. pH：7.0～9.2；b. 有机物质和悬浮机械杂质不超过 20mg/L，含油量不超过 5mg/Lc. 暂时硬度不超过 10°）。如果达不到要求，请进行调整。

2）设备检查

①开启冷却塔的上水进管道阀门，循环水上塔，并启动风机电机；

②机修人员在首次开车时观察风机、电机有无异常声响，观测和记录电机电流值、风机振动值、油温值；

③观察冷却塔集水池上的雨区淋水情况，是否存在明显不匀区域或水柱，如有，立刻停水断电，进入塔内对配水系统进行检查；

④在塔顶风筒旁观察飘水情况，是否有明显多的水滴从风筒中逸出散落在塔顶平台上，如有，立刻停水断电，进入塔内对收水器和配水系统进行检查；

⑤观察塔壁有无渗漏现象；

⑥记录冷却塔上塔水温（在循环水池东侧，回水上水管上温度计读出）、出塔水温（在循环水池西侧，出水管上温度计读出）、循环水泵电机电流、风机电机电流，是否符合要求，如果不符合，查找原因后再开车。

（2）开车步骤

1）开启冷却塔风机，确认风机正常无噪声；

2）打开循环水池回水阀，并检查装置上各用水设备进水阀、回水阀是否全部打开；

3）确认循环水池内水质正常、水位在最低限（泵汲水口）以上；

4）开启循环水泵进口阀门，确认水已注满机头；

5）确认循环水泵油位正常，出口阀门处于关闭状态后，开启循环水泵；

6）缓慢调节出口阀门，使管道内压力逐渐上升，当有回水从塔顶淋下时，开大出口阀，使泵出口管道压力保持 0.4MPa，装置顶层供水管道压力大于 0.1MPa；

7）检查循环水管路沿线没有问题、循环水泵电流在额定范围内后，系统进入正常生产状态。

（3）停车步骤

1）缓慢关闭循环水泵的出口阀门，逐渐降低出口管道的压力。

2）当出口管道压力减到零后，关闭循环水泵，关闭循环水泵进水阀，关闭循环水池回水阀，关闭循环水池风机。

（4）运行事项

1）定时检查风扇是否运转正常，有无噪声，电机电流是否在额定范围内；

2）定时检查循环水泵是否运转正常，泵出口压力是否在正常范围内，泵运行是否有杂音，电机电流是否在额定范围内；

3）定时记录回水、供水水温，要求供水温度小于30℃；

4）根据当天气象预报气温低于10℃时，即使压缩机不工作，循环水系统亦不能停止水循环；

5）定时测定循环水水质，要求循环水为清澈淡蓝色，pH在7.0～9.2之间；

6）严禁在没有关闭循环水出口阀门的情况下突然对泵停电，停车。

（5）日常检查

1）检查冷却塔运行情况，查阅历史维修记录。

2）检查机组外部、水质和固定情况。

3）检查布水器和填料情况：

①检查冷却塔布水器出水情况；

②检查填料结垢、老化情况；

③检查冷却塔水盘结垢情况。

4）检查校准机械运转部分：

①检查并润滑冷却塔风机轴承；

②检查和更换减速箱润滑油，并作机械调整；

③检查和调整皮带轮，更换破损皮带。

5）检测电机绝缘电阻值及运行电流值：

①检测风机电机绝缘；

②运行后检查压缩机运行电压、三相运行电流值；

③为防止冬季积雪损坏风叶，保养完成后应将风叶转为垂直。

6）清洗冷却塔：

①拆卸和清洗布水器；

②更换老化填料；

③清洗冷却塔接水盘结垢。

7）检查电气线路情况。

4.1.5 常规加气站加气工艺及操作规程

1. 常规加气站加气工艺，如图4.1-16所示。

2. 常规加气站加气操作规程

（1）作业关键控制点

接车、加气前安检和气路检漏；立安全警示牌、塞三角垫木；连接加气枪（自带静电接地线）；启动售气机加气；放散、拆卸加气枪；拆除加气安全装置；送车。

（2）工具材料准备及安全防护设施配置

检漏仪一个、检漏喷壶一个、三角垫木 2 块/辆、防静电工作服、防护安全帽两只、便携式可燃气体报警器。

（3）主要的人员、物料消耗定额

持证加气操作人员两名。

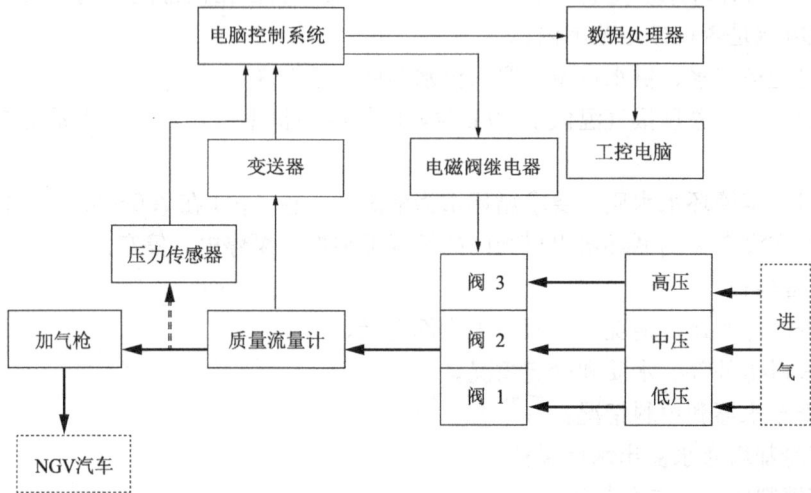

图 4.1-16　CNG 加气工艺图

耗天然气 $0.1m^3$/辆。

（4）作业气候、环境要求

雷雨天气、气体泄漏、附近有明火、售气机故障、汽车超过检验期、气管漏气、气瓶损伤或加工焊接、发动机未熄火、未关闭车上的电器、车上有人等状况下不得进行加气操作。

（5）作业流程

1）检查

①检查加气设备是否正常。

②检查车用装置四证（压力容器许可证、出厂质检合格证、改装合格证、定期质检合格证）或多证合一的"充装证"是否齐全。对无定期质检合格证，气瓶超过有效期及合格证不全的车辆，一律不得加气。

③对新到站加气的车辆，未查明气瓶原有不同介质已替换干净之前，一律不得加气。

④对没有剩余压力的气瓶一律不得加气。

⑤对气瓶、减压阀、充气阀、高压管线等装置连接有松动、固定不可靠的车辆，未整改的，一律不得加气。

⑥对有结露等泄漏现象的车应立即停止加气。

⑦检查待充气车辆乘客是否已全部下车，发动机是否已经熄火。对乘客未下车，发动机未熄火的车一律不得加气。

⑧用未戴手套的手指触摸一下汽车，放掉身上的静电，方可开始加气。

2）加气操作

①启动加气机（或计量装置），观察加气机（或计量装置）是否处于正常状态，显示屏上本次加气量已归零时，旋开加气机（或计量装置）上应急球阀。

②左手虎口抓住充气枪手柄，协同其余手指扶住加气车充气阀。右手拔出充气阀防尘塞，插入充气枪嘴。有失重的感觉，确认充气枪嘴插入到位后，一只手握住加气枪后软管，另一只手旋开充气枪旋钮开关开始加气。

③当拔出防尘塞，产生较响亮的"砰"响声时，说明有两种情况的可能。一是该车的充气阀没有关严。二是充气阀已发生故障。判断是第一种情况时，应告诫驾驶员，注意关严充气阀。判断是第二种情况时，应建议驾驶员将车送修理厂修理后，再来加气。

④充气嘴橡胶密封圈由于反复使用，容易磨损变形，应适时更换。如果将充气嘴插入充气阀充气产生啸叫声时，说明充气嘴橡胶密封圈已经损坏，应握紧软管，立即关闭充气阀旋钮开关，关闭充气车充气阀开关。拔出充气嘴更换充气嘴橡胶密封圈后重新加气。

⑤充气时能听到天然气流动的声音，说明充气正常。

⑥充气过程中，应注意观察加气机（或计量装置）、充气阀和加气车充气阀是否有结露、异常响声、异常的硫化氢味道等现象。发生异常现象，应立即中止加气，待查明原因，排除故障后方可恢复加气。

⑦充气过程中，当听到气瓶有异常响声时，应立即停止加气，发出警报，启动应急预案，打开加气车充气阀放空，关闭充气阀、关闭加气机进气阀，将人员疏散到安全地带观察（这种情况一般不会发生）。

⑧加气枪排空时，排气孔不要正对着人，充气过程中，加气工一定要坚持手握加气软管头，防止充气嘴冲出，软管飞舞发生事故。

⑨当加气机工作状态灯指示加气完毕时，关闭充气阀旋钮，关闭加气车充气阀，打开排空阀排空后，拔出充气嘴，插好防尘塞后，方可示意加气车启动离开。

⑩加气工要随时注意加气枪在未拔出充气嘴之前，禁止驾驶员启动汽车。

⑪拔出充气嘴困难时，可适当用力旋转并向上即可拔出，切忌向水平方向用力。

（6）安全注意事项和应急措施

1）加气作业时，操作人员必须穿防静电工作服，不得带入通信工具及火种，禁止穿钉鞋进入生产区。

2）设备维修、检测时，必须使用防爆工具。

3）加气气压不能超过 20MPa。

4）遇雷雨天气，停止连接、卸气和拆卸作业。

5）气体泄漏、附近有明火、压力异常等情况停止作业。

（7）作业记录、总结：

加气车辆要进行安全检查，做好记录，见表 4.1-3。

CNG 加气作业流程

表 4.1-3

泊车	(1) 加气人员指挥引导 CNG 汽车进入加气区；	是□否□
	(2) 车速不得大于 5km/h，并按指定位置停好、熄火、拉起手刹；	是□否□
	(3) 加气员快速在车前立警示牌，单侧车轮前后分别放置好三角垫木；	是□否□
	(4) 现场设立"正在加气，请勿靠近"警示牌	是□否□

接车检查	(1) 加气人员检查加气车辆；	是□否□
	(2) 打开加气车的后备厢；	是□否□
	(3) 检查汽车起始压力（要保持一定的余压）；	是□否□
	(4) 检查汽车无漏气；	是□否□
	(5) CNG气瓶、阀门和气管接头及CNG汽车车况无异常；	是□否□
	(6) 督促汽车驾驶员关闭电源，取下钥匙，让所有人下车	是□否□
加气前准备	(1) 加气前观察CNG车天然气压力，做好记录；	是□否□
	(2) （首次加气时）检查汽车加装气瓶、设备、阀门和证件；	是□否□
	(3) 检查加气口确认完好；	是□否□
	(4) 检查、确认加气软管、枪头无异常	是□否□
加气连接	(1) 插入加气枪；	是□否□
	(2) 打开加气枪两位三通阀；	是□否□
	(3) 连好静电接地线；	是□否□
	(4) 启动加气机，进行加气作业	是□否□
加气作业	(1) 打开后备厢，取出防尘塞；	是□否□
	(2) 连接接地线；	是□否□
	(3) 用检漏仪进行检漏；	是□否□
	(4) 插入加气枪，打开两位三通阀；	是□否□
	(5) 启动加气机，进行加气；	是□否□
	(6) 观察、监视气瓶、阀门和气路；	是□否□
	(7) 加气停止时，打开两位三通阀进行放散卸压；	是□否□
	(8) 取出加气枪，塞上防尘塞；把加气枪放到枪套里；	是□否□
	(9) 取出防静电接地，放到固定位置；	是□否□
	(10) 撕下加气机打印的小票，交给司机去收银室付气费；	是□否□
	(11) 拆除三角塞木，移开警示牌；	是□否□
	(12) 记录相关加气参数；	是□否□
	(13) 签单并填写加气台账	是□否□
送车	(1) 办完相关手续；	是□否□
	(2) 加气人员指挥汽车出站	是□否□

4.2 CNG母站装车工艺及操作规程

CNG母站是建设在临近天然气主干管线的地方，从天然气主干管线直接取气，经过调压计量、脱硫（根据气质选用）、脱水等工艺进入压缩机机组，压缩后的高压气体分为两路：一路通过顺序控制盘，进入储气井，再通过加气机给CNG燃料汽车充装CNG；另一路进加气柱给CNG槽车充装CNG。CNG母站进气压力相对较高，建站适宜规模不小于$40000m^3/d$。

CNG母站与CNG标准站的基本工艺大致相同，如图4.2-1所示，区别主要在规模和是否能够给CNG槽车（管束车）进行充装，所以本节只介绍CNG加气站装车工艺。

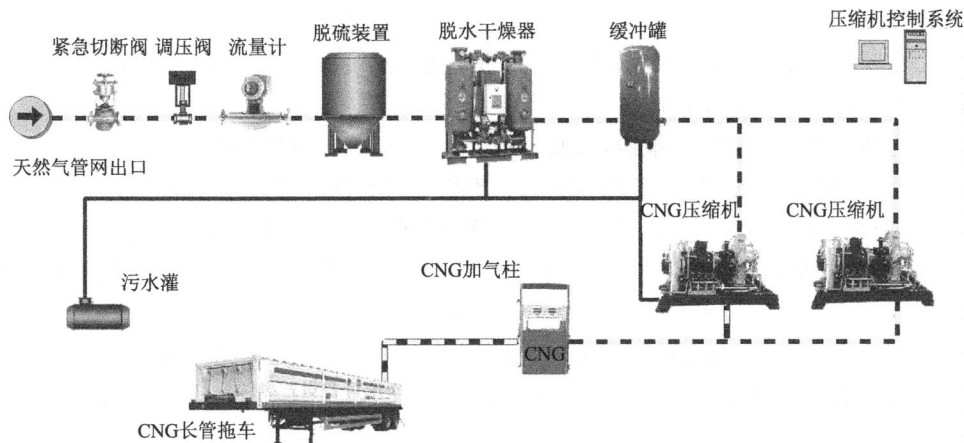

图 4.2-1　CNG 母站工艺示意

4.2.1　CNG 槽车充装前的检查

CNG 槽车到达气源地后，站内充装操作人员首先进行槽车证件检查，由押运员负责对 CNG 槽车箱体瓶组及安全附件进行检查（包括充装对接时对各部件的检查）并填写相应表格，检查结果经气源站操作人员和押运员签字确认。

CNG 槽车箱体瓶组及安全附件的检查项目和要求：

（1）箱体（框架）无损伤，焊缝无裂纹，无明显变形。

（2）瓶体外壁无机械刮伤或碰伤，表面涂漆完好，标志清晰，紧固件无松动；瓶阀及其连接面无泄漏，与瓶阀相焊的焊接接头无泄漏。

（3）管路上各焊点无泄漏，管路与球阀连接点无泄漏；与钢瓶相连的连接管无泄漏。

（4）装卸装置：各球阀转动灵活，无泄漏；快装接头密封可靠，开闭良好。

（5）安全阀：铅封完好，阀体及连接法兰无损伤和泄漏；开启、关闭正常。

（6）压力表、温度计：连接部位无泄漏；表体完好，无破裂或损坏。

（7）导电铜片和接地带完好，无破裂。

（8）各瓶组应配备干粉灭火器，且处于有效期内。

4.2.2　CNG 槽车的充装

（1）CNG 槽车各部分检查无故障后，开始充装。

（2）新车（或检修后的车）在充装前必须对钢瓶内的空气进行置换，严禁直接灌装，可采用抽真空或氮气置换的方法，置换后瓶内气体含氧量不大于 3%；

（3）充装作业现场严禁烟火，不得使用易产生火花的工具和用品，照明时必须使用有橡胶防爆外壳的照明用具；

（4）槽车进入充装区，接地带必须提起；

（5）必须按气源站的指定位置停车（但应以避免 CNG 充装软管过度弯曲为宜），关闭汽车发动机，打开挂车部分储气筒上的放气阀，对挂车实施刹车制动；

（6）充装作业前必须用导线将操作箱内的导电铜片与充装站上的地线连接；

（7）充装过程中严密注意瓶组压力表及温度计刻度的变化，不同温度应对应不同的充装压力；

（8）充装过程中应时刻注意温度计刻度的变化，温度必须在－20～60℃之间，如果温度超出此范围，应降低充装速度；

（9）充装完毕后，收起接地线，确认各阀门无泄漏，关好后备厢；

（10）充装时必须有流量计等计量装置，不得超过允许的最大充装量；

（11）充装后必须复查流量计和压力表，严禁超装，如发现超装，严禁驶离充装现场。

（12）充装作业时，气源站操作人员、押运人员均不得离开现场，在充装作业未彻底完成和为彻底卸下充气软管之前，严禁启动车辆；

（13）充装后应认真填写充装记录，见表4.2-1。内容包括：车型、车号、充装量、充装人、充装日期及司机姓名等，并经运气人签字确认。

CNG槽车充装记录表　　　　　　　　　　　　　　　　　　　表4.2-1

接车检查	（1）充装人员检查、确认CNG槽车排气管安装灭火器；	是□否□
	（2）检查气瓶压力及温度正常；	是□否□
	（3）检查槽车无漏气；	是□否□
	（4）CNG气瓶、阀门及CNG拖车车况无异常；	是□否□
	（5）核实CNG车货运单无误后做好记录；	是□否□
	（6）督促槽车驾驶员、押运员留下手机、火种	是□否□
泊车	（1）充装人员在CNG槽车首尾各一人指挥引导槽车进入充装区；	是□否□
	（2）车速不得大于5km/h，并按指定位置停好、熄火、拉起手刹；	是□否□
	（3）押运员安装好固定车墩，两侧车轮前后分别放置好三角垫木；	是□否□
	（4）现场设立"正在加气，请勿靠近"警示牌	是□否□
充前准备	（1）充装前观察CNG车天然气压力、温度，做好记录；	是□否□
	（2）（首次充装时）检查撬装设备各阀门，使其全部处于关闭状态；	是□否□
	（3）检查确认撬装站、CNG车的压力表、安全阀处于开启状态；	是□否□
	（4）检查充装接头确认完好；	是□否□
	（5）确认热水系统使水温处于50℃左右；	是□否□
	（6）连好接地线；	是□否□
	（7）检查、确认高压软管无异常	是□否□
充装作业	（1）引导槽车停到固定车位上；	是□否□
	（2）打开槽车后备厢，拉下气刹；	是□否□
	（3）进行安全检查；	是□否□
	（4）连接加气软管和静电接地线；	是□否□
	（5）打开管束拖车的各瓶组阀和进气总阀；	是□否□
	（6）安装好充装软管安全固定装置；	是□否□
	（7）观察无异常，打开加气柱上主阀；	是□否□
	（8）检查、启动压缩机进行充气；	是□否□
	（9）充气时，必须有一人在现场监护；	是□否□
	（10）当槽车充满，要先停止压缩机；	是□否□
	（11）关闭加气柱上的总阀门，关闭槽车的进气总阀和各瓶组阀门；	是□否□
	（12）开启加气柱上放散阀门，将高压软管内天然气放空；	是□否□
	（13）拆除安全固定装置，卸下高压软管、接地线，锁好车厢门；	是□否□
	（14）签单并填写充装台账	是□否□

| 送车 | (1) 收回固定车墩，拆除三角垫木； | 是□否□ |
| | (2) 充装人员指挥槽车出站 | 是□否□ |

（14）关闭槽车出气筒上的放气阀，启动汽车发动机，解除挂车上的刹车制动，放下接地带。

4.2.3　充装注意事项

（1）充装作业时，操作人员必须穿防静电工作服，不得带入手机及火种，禁止穿钉鞋进入生产区域。

（2）设备维修、检测时，必须使用防爆工具，非防爆工具需涂抹黄油。

（3）一切充装任务由操作工负责完成，司机不得随意靠近高压设备。

（4）在操作加气柱和槽车主阀门过程中，应侧向操作，严禁正面对向阀门。

（5）充装过程中发现气瓶出现冰堵现象，应停止充气，待冰融化后再进行充装。

（6）遇雷雨、大风等不利于生产的天气和可燃气体泄漏、附近有明火、压力异常等情况应停止作业。

（7）充装作业发生在交班时，交接班人员必须到作业现场将本班设备运行情况及记录告知接班人员，如接班人员没有了解清楚，交班人员不得下班。

4.3　CNG 加气子站卸车工艺及操作规程

如图 4.3-1 所示，CNG 子站是建在无法从天然气管线取气的地方，通过 CNG 槽车从 CNG 母站将气转存到子站内，CNG 槽车内的压缩天然气先经过卸气柱卸气，再经过压缩机增压后，进入储气系统并通过加气机给汽车加气。为提高槽车的取气率，子站不设低压储气瓶组，将槽车作为低压储气瓶组，与加气机低压进气管线相接，子站的建站适宜规模为 $5000 \sim 20000 \mathrm{Nm}^3/\mathrm{d}$。

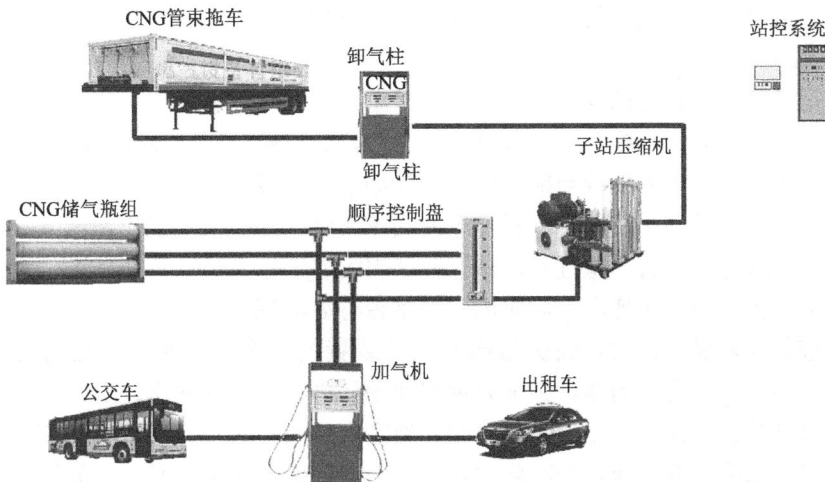

图 4.3-1　CNG 加气子站工艺示意

CNG 子站不能从附近燃气管线自行取气压缩储存，且不能进行 CNG 槽车充装，只能依靠槽车供气来给 CNG 汽车加气，功能较为单一。

根据卸车原理，CNG 子站可以分为压缩子站和液压子站两种，本节将分别对两种子站的卸车方式进行讲解。

4.3.1 压缩子站卸车工艺及操作规程

CNG 子站拖车到达 CNG 加气子站后，通过卸气高压软管与卸气柱相连。启动卸气压缩机，CNG 经卸气压缩机加压后，通过顺序控制盘进入高、中、低压储气井组，储气井组里的 CNG 可以通过加气机给 CNG 燃料汽车加气如图 4.3-2 所示。子站拖车作为气源（低压储气瓶）与中、高压储气井共同构成压缩子站的储气系统。控制系统按照拖车来气压力的不同，自动控制完成相应的流程后，通过加气机给车辆进行加气。

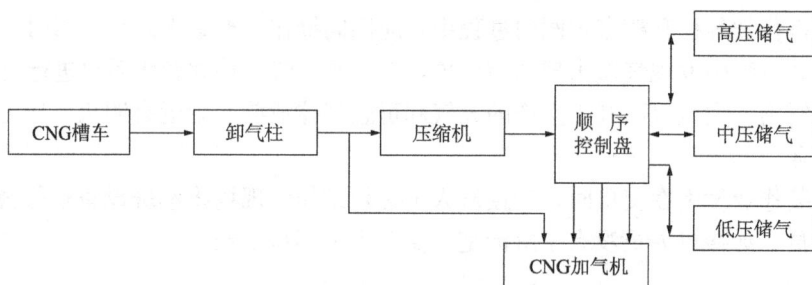

图 4.3-2　CNG 加气子站卸车示意

1. 直充流程

当子站拖车装载的天然气压力超过 20MPa 时，气体经卸气柱进入卸气总管，经总进气阀及直充阀进入加气机的低压进气管路、中压储气井，直接给车辆充气。

2. 压缩流程

随着系统中压缩气体的排出，系统的压力会逐渐降低，当系统压力达到压缩机设定的启机压力时（高压井压力小于 20MPa）压缩机启动，将气体压缩至 23～25MPa，充入中、高压储气井，通过管路进入加气机，对车辆进行连续加气。

3. 卸车操作

（1）将拖车停放在指定的安全作业区，熄灭牵引车发动机。

（2）用楔块双向固定好拖车，打开拖车后舱门，并将舱门固定在拖车两侧。

（3）将卸气点的静电接地线与拖车后舱的导静电片连接。

（4）按下拖车自动刹车装置，放置拖车的支撑底座，摇下拖车支腿，让牵引车离开。

（5）拖车进入卸气区后，检查并确认作业区内无非工作人员。

（6）用测漏仪检查子站拖车前后舱内附件是否有泄漏现象。

（7）检查各仪表显示正常，确认与卸气相关装置的外观无异常时，再进行下一步操作，否则不能加气。如发现问题，必须处理完问题后再进行卸气操作。

（8）缓慢打开卸气柱和拖车后舱放散阀，确定管路内不含压力时，将卸气柱软管与子站拖车主阀保持水平位置对接，当听到"咔嗒"声后，确认连接完好，并关闭放散阀。

（9）依次缓慢打开后舱八个瓶阀。

（10）缓慢开启主阀，可以听到卸气声音，同时观察卸气柱上压力表与拖车上的压力表应保持一致。

（11）缓慢打开卸气柱手动进气球阀，系统进入卸气过程。

（12）先关闭子站拖车上的加气主阀、再分别关闭 8 个瓶阀，随后关闭卸气柱的进气阀门，再打开主阀上的放散阀门或卸气柱上的放散阀门，将卸气软管卸压，此时方可卸下卸气柱软管。

（13）收起辅助支腿，插好销轴及保险销，检查牵引车与子站拖车连接情况，移走支撑底座及车轮楔块。

（14）拆下导静电带，松开拖车安全闸，关闭舱门，移走子站拖车。

4.3.2 液压子站卸车工艺及操作规程

CNG 子站拖车到达 CNG 加气子站后，通过快装接头将高压进液软管、高压回液软管、控制气管束、CNG 高压出气软管与液压子站撬体连接。系统连接完毕后启动液压子站撬体或者在 PLC 控制系统监测到液压系统压力低时，高压液压泵开始工作，PLC 自动控制系统会打开一个钢瓶的进液阀门和出气阀门，将高压液体介质注入一个钢瓶，保证 CNG 子站拖车钢瓶内气体压力保持在 20～22MPa，CNG 通过钢瓶出气口经 CNG 高压出气软管进入子站撬体缓冲罐后，经高压管输送至 CNG 加气机给 CNG 燃料汽车加气。

1. 作业关键控制点

接车、卸车前安检；连接卸车高压气管；连接卸车高压进油管；连接卸车高压回油管；连接卸车顶升进油管和回油管；安装卸车安全装置、静电接地；开启液压撬系统卸车；放散、拆卸卸车高压气管；拆卸卸车高压进油管；拆卸卸车高压回油管；拆卸卸车顶升进油管和回油管；拆除卸车安全装置；送车。

2. 工具材料准备及安全防护设施配置

防爆活扳手 1 套、卸车安全固定装置 1 套、卸车接地线、三角垫木 4 块、防静电工作服 2 套、防护安全帽 2 只、便携式可燃气体报警器、对讲机 3 台、测漏瓶 2 个、手套 3 双、正压式空气呼吸器。

3. 作业气候、环境要求

雷雨天气、气体泄漏、附近有明火、槽车压力异常、液压撬系统设备故障等状况下不得进行操作。

4. 作业流程

（1）管束车到站接车

1）拖车进入卸气区，设置隔离桩，禁止无关人员进入，避免造成伤害事故。

2）将拖车停放在卸气区指定的安全作业地点，熄灭牵引车发动机。

3）拖车停到指定位置，确认制动有效后，用挡块双向固定好拖车，并启动拖车连锁刹车装置，放置拖车的支撑底座，摇下拖车支腿，让牵引车离开，如图 4.3-3 所示。

4）垫好木板拔出辅助支撑腿固定销，用短摇把摇下辅助支腿，插入固定销，用同样方法放下另一支腿并固定好；

5）将卸气点的静电接地线与拖车操作仓内的导静电片连接；

6）检查车底顶升油路放散阀是否关闭，打开注油阀防止油箱被高压油冲破裂；

图 4.3-3　CNG 拖车（CNG 槽车、CNG 管束车）

7）打开拖车后仓门，并将仓门固定在拖车两侧。

（2）卸气前检查

1）检查拖车上各高压管件、阀门有无异常，用仪器检查有无泄漏，如发现问题，必须在处理好问题后再进行下一步工作。

2）检查液体连接块（图 4.3-4 编号 3、14）、气体连接块上的放散阀门（图 4.3-4 编号 8）有无结霜，确保其密封性。

3）在拖车与节能液压式 CNG 汽车加气子站橇体连接前，打开拖车上各块体处的放散阀门（图 4.3-4 编号 3、14、8），将该部分卸压，以便连接高压软管，确保连接部分在无压状态，然后关闭放散阀。

4）对应软管连接好后，检查并关闭所有放散阀（图 4.3-4 编号 3、8、14）。

图 4.3-4　CNG 拖车后仓主要部件示意

1—后仓（CNG）气动控制气快装接头；2—单注（回）油气动阀；3—单号油路放散阀；

4—单注（回）油路快装接头；5—单注（回）油路气管；6—单双号注回油放散阀；7—顶升快装接头；

8—CNG 气管放散阀；9—CNG 总气管；10—CNG 母站加气快装接头；11—双注（回）油路气动阀；

12—双注（回）油路快装接头；13—双注（回）油气管；14—双注（回）油放散阀；15—仓（CNG）气动控制气快装接头

（3）卸气前管路连接操作

1）液压油管路连接

确认单、双油路接头，单注（回）油路接头与撬体连接管路上是公接头，与其对应的子站拖车上安装母接头，双注（回）油路接头与撬体连接管路上是母接头，与其对应的子站拖车上安装公接头。

连接单注（回）油路时，关闭单注（回）油路撬体上的注（回）油阀，打开单注（回）油路撬体上的放散阀，待单注（回）油路卸压完毕后关闭放散阀，打开拖车上母接头油块的放散阀，卸压后关闭放散阀，将撬体上的注液高压软管公接头对准专用半挂车上的母接头，逐渐用力向前推，听到"咔嗒"声音，高压软管公母接头即锁住，连接成功（用力向后拖拉接头，确认是否接牢）。

连接双注（回）油路时，操作同单注（回）油路。

脱开单注（回）油路时，将半挂车上快装母接头上活动锁套向前推开到要求的位置后，注液高压软管公母接头即脱开；脱开双注（回）油路时，将撬体侧快装母接头上活动锁套向后拉开到要求的位置后，注液高压软管公母接头即脱开，如图 4.3-5 所示。

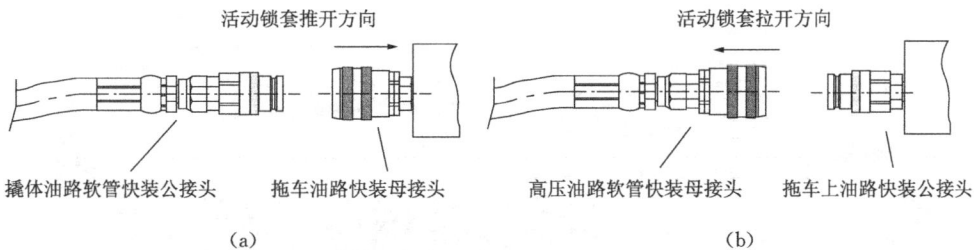

图 4.3-5　液压油管路接头示意
（a）单注（回）油路脱开示意；（b）双注（回）油路脱开示意

2）高压天然气管路连接

关闭撬体上 CNG 总阀门，打开撬体高压天然气管路放散阀，等高压天然气管路卸压完毕后，关闭撬体高压天然气管路放散阀。

打开拖车上 CNG 管路气块的放散阀（图 4.3-4 编号 8），待卸压完毕后，关闭放散阀，将天然气软管母接头上的活动锁套向后拉开，对准公接头插到要求的位置后把活动锁套松开并复位，即可将接头锁住。

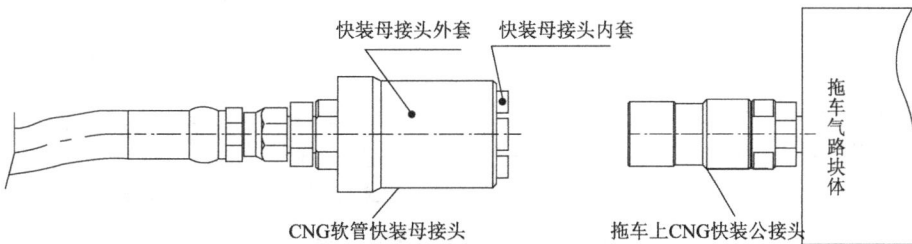

图 4.3-6　高压气体管路接头示意

3）气动控制系统管路连接

确认前仓（CNG）气动控制气快装接头（图 4.3-4 编号 1）、后仓（液压油）气动控制气快装接头（图 4.3-4 编号 15）和钢瓶回油控制气接头。

将母接头内靠近边缘的定位插脚对准公接头有缺口的部位，使插头和插座同轴，轻轻插入后拧紧锁母即为可靠连接，切忌暴力操作，如图 4.3-6 所示。

脱开时，先将锁母拧开，再拔下插头即可。

连接好钢瓶的气动接头。

4）拖车顶升装置液压管线连接

将撬体上蓝色的胶管与拖车底盘上的接头接牢（图 4.3-4 编号 7）。

（4）拖车框架顶升操作

1）关闭拖车及子站系统中的放散阀门。

2）对正支好垫板，摇下辅助支腿，销轴插入到位。

3）调整支腿使辅助支腿接触对应垫板，确认各腿稳定对称受力均匀后，启动液压系统，打开顶升操作装置下部的注油阀、关闭回油阀，将顶升操作装置上部黑色扳手扳至升车状态，观察压力表的压力，当压力达 16MPa 时扳动换向阀手柄将钢瓶框架顶起，仰角为 10°，然后关闭顶升操作装置下部的注油阀，如图 4.3-7 所示。

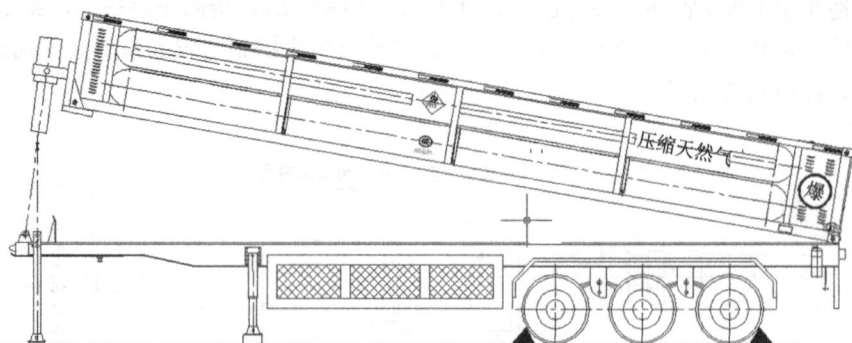

图 4.3-7　CNG 拖车侧面示意

（5）液压系统启动操作

1）关闭拖车后仓的气动球阀、CNG 管路放散阀及单、双注（回）油路放散阀，打开拖车上的卸气总阀（图 4.3-4 编号 10）及前、后仓各钢瓶口手动球阀。

2）关闭撬体上的单、双回油管路上的手动回油阀、CNG 管路上的放散阀，打开撬体上的单、双供（回）油路总阀、CNG 管路总阀。

3）系统送电，此时软启动器显示（见控制柜操作系统）控制面板显示当前工作状态、参数等信息。

4）打开空气压缩机气泵和脱水装置，开启压缩气源设备，使气体储罐压力达到设定值（0.4～0.7MPa）。

5）启动液压系统，系统开始升压，升压合格后，开始给汽车加气。

（6）更换拖车操作

1）当前一辆拖车的天然气卸完气后，PLC 控制程序自动提示换车，将顶升系统（图4.3-8）的液压油管快装接头与第二辆拖车接好（此时停止加气）；

图 4.3-8 CNG 拖车顶升接口示意

1—顶升压力表；2—顶升系统阀块；3—顶升注油回油操作手柄；4—顶升油管；
5—油管气管余液回流管；6—油管气管余液回流阀；7—顶升注油回油阀；8—卸气手动阀

2）关闭撬体和拖车上的卸气手动阀，打开拖车上单注油放散阀和天然气放散阀，使软管内无压力，再关上两个放散阀。

3）依次将单注油软管、高压气管、前后仓控制气快装接头、拖车信号线调换至第二辆车，留下双注油软管和钢瓶的回油阀控制气管、拖车顶升装置液压管线。

4）此时可以启动第二辆车的钢瓶开始加气，以保证加气持续进行。

5）待第一辆车钢瓶回油完毕后，打开顶升装置的阀门把拖车降下来，立即把双注油软管、钢瓶的回油控制气快装接头调换至第二辆拖车上（此时换车整个过程结束，大约为15min）。

（7）卸气后拖车移走操作

1）一辆车加气结束后，当钢瓶内的液压油全部返回储罐时，将钢瓶气动控制快装接头转接至下一辆车。

2）关闭拖车的卸气阀门，关闭子站拖车加气总阀门，打开拖车卸气管路放散阀，排出气压块的压力，关闭放散阀，断开 CNG 供气管（如果换车过程已完成此操作，这里可省去此操作)。

3)打开拖车上的双注油管的放散阀门,排出油压块的压力,关闭放散阀门,断开双注油软管并接至下一辆车上。

4)拖车仰角降下来后,确认到位,收起辅助支腿,插好销轴及保险销,连接车头移走子站拖车的支撑底座,移走子站拖车车轮楔块。

5)收起静电接地线,关好拖车操作仓门。

6)用摇把将两面支撑腿摇起,插好销轴及保险销,检查子站拖车连接情况,收起垫车木块,松开子站拖车安全闸,移走子站拖车。

5. 作业记录、总结

正常卸气期间每半小时对设备运行状况和工艺指标进行巡视、检查一次,一小时记录一次,见表 4.3-1。

CNG 卸车作业流程　　　　　　　　　　　　　　　表 4.3-1

接车检查	(1) 卸车人员检查、确认 CNG 槽车排气管安装灭火器;	是□否□
	(2) 检查气瓶压力及温度正常;	是□否□
	(3) 检查槽车无漏气;	是□否□
	(4) CNG 气瓶、阀门及 CNG 拖车车况无异常;	是□否□
	(5) 核实 CNG 车货运单无误后做好记录;	是□否□
	(6) 督促槽车驾驶员、押运员留下手机、火种	是□否□
泊车	(1) 卸车人员在 CNG 槽车首尾各一人指挥引导槽车进入卸车区;	是□否□
	(2) 车速不得大于 5km/h,并按指定位置停好,熄火、拉起手刹;	是□否□
	(3) 押运员安装好固定车墩,两侧车轮前后分别放置好三角垫木;	是□否□
	(4) 现场设立"正在卸车,请勿靠近"警示牌	是□否□
卸前准备	(1) 卸车前观察 CNG 车天然气压力、温度,做好记录;	是□否□
	(2) (首次卸车时)检查撬装设备各阀门,使其全部处于关闭状态;	是□否□
	(3) 检查确认液压撬、CNG 管束的压力表、安全阀处于开启状态;	是□否□
	(4) 检查卸车接头确认完好;	是□否□
	(5) 确认高压液压油、顶升液压油油质和油位正常;	是□否□
	(6) 连好接地线;	是□否□
	(7) 检查、确认高压软管无异常	是□否□
卸车连接	(1) 连接卸车高压气管;	是□否□
	(2) 连接卸车高压进油管和回油管;	是□否□
	(3) 连接卸车顶升进油管和回油管;	是□否□
	(4) 安装卸车安全装置、静电接地;	是□否□
	(5) 打开有气路的手动阀;	是□否□
	(6) 开启液压撬系统,进行卸车作业	是□否□

卸车作业	(1) 打开液压撬上放散阀;	是□否□
	(2) 打开 CNG 车厢门,将高压软管接头与 CNG 车主阀相接;	是□否□
	(3) 安装好卸车软管安全固定装置,连接卸车高压进油管和回油管;连接卸车顶升进油管和回油管;	是□否□
		是□否□
	(4) 检查、打开 CNG 车各气瓶前阀门,使各气瓶压力相互平衡;	是□否□
	(5) 微开 CNG 车卸车主控阀,对高压软管进行置换;	是□否□
	(6) 关闭卸车柱上放散阀;	是□否□
	(7) 缓慢打开 CNG 车卸车主控阀,确认无气流声后将主控阀全开;	是□否□
	(8) 打开有气路的手动阀;	是□否□
	(9) 开启液压撬系统,进行卸车作业;	是□否□
	(10) 观察压力表和 PLC 显示压力;	是□否□
	(11) 观察 PLC 显示屏的其他参数;	是□否□
	(12) 当所有钢瓶回完液时,关闭手动阀,打开放散阀门,将高压软管内天然气放完;	是□否□
	(13) 拆卸安全固定装置,卸下高压软管、高低压油管和接地线,锁好车厢门;	是□否□
	(14) 签单并填写卸车台账	是□否□
送车	(1) 收回固定车墩,拆除三角垫木;	是□否□
	(2) 卸车人员指挥槽车出站	是□否□

要求交接班人员进行现场交接,核对无误后方可接班。

4.4 CNG 加气站主要设备的操作及管理维护

4.4.1 CNG 储气瓶组

1. CNG 储气瓶组介绍

从压缩系统排出的压缩天然气经过进一步净化和干燥处理后,就可以直接供给天然气汽车使用。但是,如果采用直接方式售气的话,必将导致压缩机的频繁启动和停机,严重影响机组使用寿命;同时,可能使得充气时间过长,效率不高。因此,在加气站中应配置储气瓶组。压缩机工作时,首先向储气瓶组充气,当储气瓶组中的压力达到设定的最高压力后,压缩机自动停机;此时若有汽车充气,则按顺序充气程序,首先使用的是储气瓶组中的压缩天然气,当储气瓶组中的天然气压力降到设定的最低压力时,压缩机会自动开机,向储气瓶组再次充气。CNG 储存的方式有储气瓶、储气罐和储气井,见表 4.4-1。

CNG 储气方式对比　　　　　　　　　　　　　　　表 4.4-1

序　号	项　　目	储气瓶	储气罐	储气井
1	单个容量规格	50L 或 80L/瓶	2～6m³	2～3m³
2	单个布置数量	80～230 瓶	3～6 罐	3～8 井
3	储气系统的总水容积（m³）	6～12	6～12	6～12
4	标准储气量（Nm³）	1500～3000	1500～3000	1500～3000

序　号	项　目	储气瓶	储气罐	储气井
5	占地面积（m²）	30	60	10
6	建设投资概算（万元/年）	66.0	94.0	96.5
7	检验维护费用（万元/年）	1.25	0.75	—
8	使用时期	20世纪80～90年代中期	20世纪90年代后期	目前广泛使用
9	优点	经济、灵活、建设成本低	管阀联结点少，泄漏因素降低，具有较好的安全性	安全牢固、减少占地、爆炸事故发生时减少地面冲击波范围和强度
10	缺点	供气阻力大、管阀漏点多，增加了不安全因素；每年支付的维护费用多，增加了后期的工期成本	爆炸事故发生时，地面冲击波的辐射范围大、强度大	耐压试验无法检验强度和密封性、制造缺陷不能及时发现、排污不彻底容易对套管造成应力腐蚀

加气站储气系统可分为两类：大批储存和分级储存如图4.4-1所示。两种储存方式之间的差异表现为向汽车充装压缩天然气的方式不同。

(a)

(b)

图 4.4-1　CNG 储气瓶组
(a) 大批储存；(b) 分级储存

大批储存可采用一个大型储气罐或一些较小的储气瓶（用管道连接起来）。加气时，所有气瓶中的压力下降速度相同。这种储气方式下气罐的高压气体利用率为20%，这样导致加气时间逐渐延长。

分级储存是为了提高气体利用率设计的，采用高、中、低三组储气瓶组，由顺序控制盘进行充气和售气的自动控制，储存气体的利用率提30%以上，有的达到58%。

加气站储气瓶组的设计储存压力表和压缩机排气压力表相同，均为25MPa，总的储气容积依加气站的规模和标准而定，各个加气站设计容积也有差别，但其原则是保证加气站的高效和建站的经济性。

储气瓶组分为立放式和卧放式两种，是专门为 CNG 加气站而设计的。作为 CNG 储存系统，气瓶组有单组式和多组式之分如图 4.4-2 所示。单组式为容积较大的气瓶，如 500、1000、1750L 的大型压力容器，钢瓶数量有三罐、六罐、九罐组合。多组式气瓶组为容积较小的气瓶，如 45、50、80L（水容积）等，气瓶数量为 80～200 只。

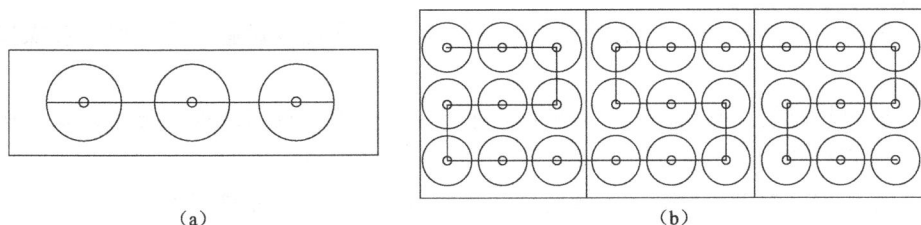

图 4.4-2　CNG 储气瓶组不同布置方式

(a) 单组式；(b) 多组式

关于单组式和多组式的使用对比简述如下：

(1) 地面储存一般为单组式气罐，（有三罐、六罐、九罐之分，根据加气站大小而定）适用于任何地面安装，气瓶制造按照 ASME 标准。气瓶壁厚比多组式的小气瓶壁厚 39％左右。每个气瓶之间连接接头和阀门比多瓶式少（如三罐组则三个接头），气罐数少，接头少，输气直径大，结构紧凑，有良好的抗冲击和抗振能力。气瓶上设有排水孔，每只气罐的容积大，如三罐组合的 3000L（水容积）单组式气罐，一般可相当于每只 46L（水容积）的气瓶 60 只，没有定期检查和试验的强检要求。

(2) 多组式气瓶组按加气站设计充气量的大小，一般由 80～200 只小气瓶组成。无论采用立式或卧式瓶组装置，都必须用管线将钢瓶联结成一个单独的储气装置，而每一个气瓶都要装截断阀，因而气瓶组的组装接头多于单组式（相比而言，增加了管道泄漏的潜在可能性）。输气管直径较小（相比于单组式，充气时流动阻力较大），气瓶定期检查和试验周期的标准要求为 5 年。

(3) 以上两种 CNG 的储存系统相比而言，各有利弊。单瓶组一次性投入大，但维修费用低；多瓶组初期投入费用小，但使用维修费用高。如何确定选用 CNG 的储存系统形式，还得依据加气站的情况酌情选择。

合理的储气瓶组的容量，不但能提高气瓶组的利用率和加气速度，而且可以减少压缩机的启动次数，延长使用寿命。根据经验，通过编组方法，可提高加气效率，即将储气组分为高、中、低压三组，瓶数比例以 1：2：3 较好，当压缩机向储气瓶组充气时，应按高、中、低压的顺序进行，当储气瓶组向汽车加气时，则恰恰相反，按低、中、高压的顺序进行。

通过大气瓶和小气瓶相比较可知，大气瓶一次性投资较高，而小气瓶相对较小；当储气容积相同，大气瓶所用的数量很少，年维护量小，费用较低，而小气瓶所用数量很大，年维护量很大，费用也高；大气瓶一般都设有排污孔，便于定期排出瓶内油污，小气瓶组没有排污孔，清除油污较困难；大气瓶上的气阀和管件很少，可靠性较高，而小气瓶数量多，气阀和管件很多，不安全因素大大增加。这需要我们在建站时综合考虑。

2. CNG 储气瓶组操作及管理维护

（1）一般操作规定

1）储气设施应严格遵守《固定式压力容器安全技术监察规程》TSG 21—2016 中使用、管理的规定，根据储气设施的技术性能和生产工艺说明要求进行安全操作。

2）储气设施应按国家有关规定，经有关部门检验合格，领取压力容器使用证后方可投入使用。

3）操作人员应经培训并考核合格后持证上岗，掌握储气设施结构、原理和操作应有的技能。

4）储气设施运行中严禁超温、超压运行，在运行中一旦出现如下异常现象，操作人员应停止运行采取紧急措施：

①工作压力、温度或壁温超过规定值，采取各种措施后仍不能降低。

②重要受压元件发生裂缝、鼓泡、变形、泄漏等缺陷危及安全。

③安全附件失效，紧固件损坏难以保证安全运行。

④超压充装。

⑤压力失去控制。

⑥储气设施容器与管道发生严重振动，危及安全运行。

5）储气设施内部有压力时，不得对容器进行任何修理和紧固工作。

6）储气设施的使用应严格按操作规程进行，应"平稳操作，防止超载"，当压力超过最高许用压力，应立即采取紧急措施，按规定程序切断上流气源，并打开外泄压装置，使压力下降至规定范围内。

7）操作人员应"定时、定员、定线"进行巡回检查，及时发现问题，及时处理并上报职能部门。检查时应重点检查：

①各连接部位有无泄漏、渗漏现象。

②安全装置及附件是否完好。

③检查操作条件。如压力、温度、液位等。

8）储气设施应加强维护保养，保证安全，可靠运行，其内容包括：

①保持安全附件、阀门等零部件的完整、清洁、灵敏、可靠有效工作。

②对泄漏点应及时修复或采取相应的安全措施。

③紧固件应保持齐全、完整。

④保持绝热、保温层的完好。

⑤表面应保持整洁，如发现裂纹、鼓泡或基础倾斜、下沉应立即采取有效措施。

⑥发现有振动应及时分析原因并采取有效措施，使之消除或减轻。

⑦储气设施应按规定定期检验，检验时需由有资质的单位进行。

（2）储气井操作规程

1）2～3 月内排一次污水，具体操作是：将常闭球阀打开，另把常闭针阀微微打开，排出气体 3 分钟后还未见水分流出，说明气井是干净的。若有水分，将水分排尽为止。

2）若高压系统出现紧急问题，关闭常开球阀；若常开球阀有问题，则关闭常开检修球阀。

3）储气井区禁止接、打手机，禁止烟火。

4）储气井区禁止任何人敲打、震动。

5）若压力表需更换，要先关闭两个常开球阀，再把压力表卸下进行更换。

6）储气井阀门的开或闭应派专人管理，悬挂阀门开关指示牌，不准任何非工作人员开关。

（3）储气设施安全附件的管理

储气设施的安全附件包括：安全阀、爆破片、压力表、测温仪表。

1）安全阀

①安全阀应垂直安装。

②储气设施正常运行时，储气设施与安全阀之间阀门必须保持全开。

③安全阀应定期校验但必须加装铅封，铅封不全者不得使用。

2）压力表

①压力表精度的选用应按容器的压力要求进行选择，中压容器不低于1.5级，高压容器不低于1.0级（宜选耐震压力表）。

②压力表盘量程上限值应为容器最高工作压力的1.5～2倍，刻度盘上宜画有红线，指示容器设计规定的最高工作压力，表盘直径不小于150mm。

③压力表应定期检定，每年一次，检定合格的压力表应有检验合格报告，不合格者不得使用。

3）测温仪表

容器上测试温度的仪器、仪表应定期检查、检定，并做好记录。检定周期应符合国家相关规程的规定。

（4）储气瓶组的检查维护

1）检查气瓶组外观有无漆皮脱落，瓶组间连接处的卡套、手阀有无锈迹。

2）检查气瓶组手阀开启是否灵活，有无泄漏现象，定时查漏，若开启不灵活，及时更换。

3）检查连接管道处有无泄漏、卡套是否松动，泄漏，泄压后方可重新紧固。

4）每月开启和关闭气瓶阀门一次。

5）正常工作时，应每周定期排污一次，排污时按如下操作步骤进行：

①关闭旋塞阀后，打开排污球阀。

②再缓慢打开旋塞阀，进行排污，防止油污外溅。

③排污过程中要监护周围，保证安全，不得有火源。

④排污结束，先关闭排污球阀，再关闭旋塞阀。

⑤排除的油污要集中回收，妥善保管，保证安全和环保。

6）储气瓶组放散操作指引：

①需放散时，首先考虑周围环境有无隐患，是否适合放散，然后疏散周围非工作人员，围好警戒线，放置警示标志。

②操作人员必须穿防静电服装。

③关闭储气瓶上游进气阀门，逐步加大放散阀门开度。

④放散每隔3min停1～2min，再继续进行，反复直到放散完全才可进行后面的工作。阴天或雨天间隔可适当延长2～3min，大雾天气严禁对气瓶实施放散。

⑤球阀或手阀放散时，操作人员应处于与放散气流方向大于90°夹角的位置，角阀应先打开一圈，到放散最后时，再完全打开，冬天放散时，严禁强行开启阀门。

⑥放散时宜先进行排污，放散完全后须等待15min，再进行其他的操作。

⑦储气井检验周期按照《高压气地下储气井》SY/T 6535－2002的行业标准执行。

⑧定期检测井口装置有无损坏、泄漏及严重锈蚀，平时保持清洁干燥。

⑨严禁带压操作，储气井泄压时应注意因压差引起的冰堵，防止伤人。

⑩储气井区要有良好的通风条件，井区不能堆放杂物。

4.4.2 CNG管束车

1.CNG管束车介绍

CNG管束车利用天然气的可压缩性，通过加气柱将CNG储存于拖车容器组中，将CNG从CNG母站运输到各个使用场所，并作为使用场所的气源使用，其主要连接控制部件如图4.4-3所示。

图4.4-3 CNG槽车主要连接控制部件

1—单注回油手动控制阀；2—双注回油手动控制阀；3—CNG总高压排气手动控制阀；4—顶升回油控制阀；
5—顶升注油控制阀；6—单注回油阀块；7—拖车CNG总排气手动控制阀；8—CNG总排气阀块；
9—双注回油阀块；10—顶升快装接口；11—前仓气路快装接口；12—单注回油排放阀；
13—双注回油排气阀；14—后仓气路快装接口；15—排气管路放散阀；16—静电接地线；17—顶升阀块操作手柄

2.CNG管束车操作及管理维护

（1）高压储气管管理维护

1）瓶式压力容器的端塞密封泄漏、爆破片爆破或者泄漏，应立即停止系统运行，关闭各手动球阀，打开放散阀、摘除快装接头与子站高压软管的连接，将车拖至安全通风无明火的开阔地带，尽快通知厂家。

2）压力表、管件接头、快装接头、阀门、高压软管等如发生泄漏，立即停止系统运行，关闭相关各手动球阀，放散油路和气路的压力，并及时维修。

3）U 形螺栓与管件间的胶管、垫片如发生松脱、老化或遗失，请及时紧固、更换。

4）快装接头的连接如不灵活，请及时更换。

5）高压软管如出现凹凸、破裂、褶皱及折痕，请及时更换。

6）由于拖车在运输过程中的颠簸，会使钢瓶根部与球阀之间的活节产生松动，因此对该部位每周应进行一次检查。检查泄漏方法：采用稀释的洗洁精水或者肥皂水，或者天然气泄漏检测仪检查连接密封处，无泄漏为合格。

7）瓶式压力容器应到符合国家标准《气瓶定期检验站技术条件》GB 12135—1999 的具有省级以上质量技术监督行政部门锅炉压力容器安全监察机构核准资格的检验站定期检验。

8）瓶式压力容器及安全附件的定期检验按国家有关规定执行。

（2）车身管理维护

1）首先应检查板簧中心螺栓是否断裂，板簧是否串位和断裂，如有断裂应及时更换。

2）松开前后轴对角可调拉杆的锁紧螺栓。

3）每月检查牵引销有无损伤，裂纹和过早磨损。

4）检查牵引销紧固螺栓是否有松动，若有松动，及时紧固。

5）测量牵引销直径，若直径小于极限尺寸时，应修复或更换。

6）检查固定摩擦板有无伤痕，扭曲及异物，必要时进行修理。

7）牵引销与鞍座出现间隙时，应调整鞍座左边的调整螺栓，向外旋转约 10mm，拉出并猛松鞍座手柄，行驶车辆感觉无松动冲击块时，锁紧调整螺丝。

8）保养鞍座：当提车一周后，应摘下车头用柴油清洗鞍座表面，然后擦净油污和铁锈，涂上润滑脂，以后每月清洗并加油一次（这时鞍座摩擦表面与牵引板会出现沟槽，这属于正常现象，一年以后就会磨成一个平面）。

9）脱离牵引车时，根据地势，必要时支腿下部应垫垫木块，防止超过行程而损坏支腿或支腿下陷。

10）检查各车灯，若有破裂或断丝，均应更换。

（3）CNG 槽车的排污

1）正常运行状态下，各瓶口处的排污阀门和汇总后的阀门是关闭的，为保证槽车的良好使用状况，要求每二个月对槽车进行一次排污。

2）槽车排污时应严格按下列步骤进行：

容器内残留气压应在 0.4～0.6MPa，严禁在满车状态下排污。

连接好排污管路，引至安全地点。

打开各瓶口排污阀，打开排污汇总阀，进行排污。

当瓶内压力降至 0.3MPa（压力表只测排污瓶体内压力）时，关闭各瓶口排污阀和排污汇总阀。

排污作业禁止在夜间进行。

（4）CNG槽车安全操作要点

1）CNG槽车的管理人员、司机、押运员应对槽车的安全运行负责。

2）司机和押运员必须充分了解CNG槽车的性能和各个装置附件的操作并须掌握所运输介质的基本特性，熟知公路运输安全规定、防火知识及所配灭火工具的正确使用方法等，严格执行《气瓶安全技术监察规程》TSG R0006—2014，能果断处理应急情况和各种事故。司机和操作员必须经过培训并经考试合格后，持证上岗。

3）CNG槽车的装卸气单位应有省级质量技术监督行政部门锅炉压力容器安全监察机构的注册登记。

4）CNG槽车必须专用，不得混装其他介质。

5）CNG槽车装卸气单位必须在每只容器上粘贴符合国家标准《气瓶警示标签》GB/T 16804—2011的警示标签和充装标签。

6）CNG槽车严禁与助燃气体进行混装。

7）CNG槽车必须严格按照所购车辆的公称压力（20MPa）进行充装。

8）严禁敲击、碰撞瓶式压力容器。

9）凡属下列情况之一的，应先进行处理，否则不允许进行充装作业。

①钢印标记、颜色标记不符合规定，对瓶内介质未确认的。

②附件损坏，不全或不符合规定的。

③瓶内无剩余压力的。

④超过检验期限的。

⑤经外观检查，存在明显损伤，须进一步检验的。

⑥首次充装或定期检验后的首次充装，未经置换或抽真空处理的。

10）严禁在瓶体上用火焰、等离子切割挖补或焊接修理。

11）瓶式压力容器的气体不得排尽，容器内剩余压力不应小于0.2MPa。

12）在进行充装作业时，充装人员不得离开现场，司机不得启动车辆；在公路上停车时至少应留一人看守。

13）充卸现场及槽车附近严禁烟火，并不得使用易产生火花的工具和物品，照明时只许使用有橡胶防爆外壳的照明用具。

14）管束检修时，必须是空车，不得装有介质且必须停放在无明火、通风良好的地方，必须动火时，应彻底清除残余的介质，并报告有关安全技术部门，经许可后方可进行。

15）CNG槽车在充装介质后，不得在阳光下暴晒，避免升温过快，压力过高，必要时用水降温。

16）禁止采用直接给瓶体进行加热的方法卸气。

17）CNG槽车最高行驶速度普通公路不能超过60km/h，高速公路不能超过70km/h。

4.4.3 天然气压缩机

1. 天然气压缩机介绍

压缩机主机是整个加气站的心脏，压缩机性能的好坏直接影响到整个加气站运行的可靠性和经济性。标准站压缩机的入口压力一般为0.5MPa以下，压缩机通常为四级压缩结构如图 4.4-4 所示。

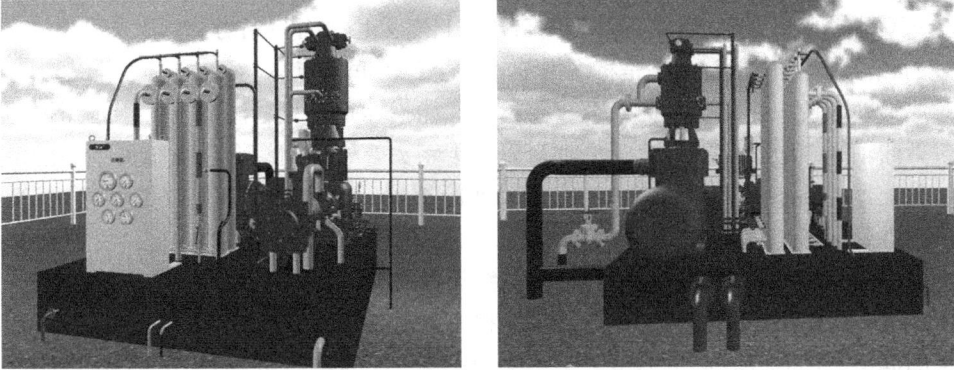

图 4.4-4　CNG 压缩机

（1）压缩机分类

压缩机按压缩方式不同，可分为两大类：

1）动力式：透干式、离心式等；

2）容积式：往复活塞式、螺杆式、滑片式、隔膜式等。

CNG 加气站用的压缩机，排气压力高，排气量小，一般采用往复活塞式压缩机。若采用其他种类的压缩机，难以达到加气站所要求的高压，且机组庞大，造价昂贵。

往复活塞压缩机按气缸润滑方式分为无油润滑和有油润滑；按冷却方式分为水冷和风冷；按密封方式分为填料密封和带压曲轴箱密封；按结构形式可分为 V 形、W 形、L 形、Z 形、D 形、M 形、H 形和 P 形，部分形式见表 4.4-2。

常见压缩机对比　　　　　　　　　　　　　　　　　　　表 4.4-2

形式	震动	占地	管线布置	维修	基础要求	变形
V/W/M	小	小	易	易	低	难
L	小	较小	难	难	较高	易
D	小	较小	易	易	较低	易
Z	较大	较小	较难	较难	低	难

（2）压缩机工作原理

曲轴经联轴器（飞轮）直接由防爆电机驱动，由此带动与曲轴曲柄销连接的两根连杆运动，连杆与十字头销连接，将其作用力传递给活塞，并将曲轴的旋转运动转换为活塞的往复运动。本机各级气缸均为单位作用，每级压缩完毕后经级间冷却和油水分离器分离后，逐级进入下一级压缩，直到达到额定压力后排出。

（3）压缩机主要有三大系统：气路系统、润滑系统及冷却系统。

1）气路系统的作用，主要是将气体引向压缩机，经压缩机各级压缩之后，再引向使用场所。

加气站用压缩机的排气压力一般设计 25MPa。也有的稍高一些，达到 27.8MPa，进气压力范围很广，最小可为 0.035MPa，最大可达 9MPa。

其排气量可根据不同加气站规模进行选择。小型站如家用 CNG 站排气量可低至 16m³/h，大型站快充站排气量可达 2000m³/h。但应用最广的是排气量适中的压缩机，比如 200～300m³/h。一般加气站设计为两台压缩机，采用一开一备方式。

2）润滑系统的作用：主要是将润滑油输送至各个润滑点。

对加气站来说，压缩机的另一个重要技术性能指标是其气缸润滑方式。压缩机润滑系统，包括曲轴、气缸、活塞杆、连杆轴套以及十字头等处的润滑。该系统由预润滑泵、扞环泵、分配器、油压表、油温表、传感器、油冷却器、过滤器、油箱（曲轴箱）、废油收集器等部件组成。

压缩机是一种作高速旋转运动和往复直线运动的机器，在运动部件之间必须进行良好的润滑才能保证机器的正常运行，以减少磨损，延长使用寿命。压缩机润滑系统包括曲轴主轴承的润滑、曲轴连杆间的润滑、十字头的润滑、活塞与气缸之间的润滑等。

从气缸润滑方式看，主要有有油润滑和无油润滑两种。

所谓压缩机的有油润滑方式，是指气缸与活塞间润滑，只有这部分润滑油才能被带入压缩介质里（如天然气）。无油润滑压缩机是为了保证介质的洁净而设计的压缩机类型。

CNG 压缩机一般均采用强制润滑方式。使用润滑油泵将集油池中的润滑油强制输送到各润滑点，润滑油经循环油路进行过滤、冷却后返回集油池（有时是以曲轴箱代替），如此循环往复。

强制润滑一般在各润滑点设置，可以保证润滑的可靠性。

天然气压缩机润滑油的性能要求比空气压缩机润滑油高，这是因为天然气更容易与润滑油混合，以致将润滑油稀释，另外天然气中所含的少量杂质会加快润滑油的变质，所以要求天然气压缩机润滑油具有更好的性能。

对有油润滑的压缩机必须设置油气分离器。

3）冷却系统主要是冷却各级排气、润滑油，保证压缩机热力循环，使高温零件得以降温，润滑油温不致过高而降低润滑性能等。

从冷却方式看，有气缸水冷的，也有气缸上设置散热翅片进行风冷的。

压缩机的排气温度经过冷却后一般要求在 40℃ 以下，排气压力一般取 25MPa，这是目前最为合适的配置，而加气站技术的发展趋势表明以 25MPa 较为经济、可靠和安全。

2. 天然气压缩机的操作及维护

（1）压缩机启动前的准备工作

1）检查压缩机曲轴箱和注油器油位是否在规定范围之内。

2）检查循环水池内水量是否充足。

3）检查空气压缩机是否启动，压力是否正常。

4）检查压缩机进气压力是否处于 0.45～1.08MPa 之间，若进气压力低于 0.45MPa，则不允许启动；若进气压力高于 1.08MPa，则需在计量调压装置上进行调压，使其压力低于 1.08MPa。

5）如果上述检查参数一切正常，可手动盘车 2～3 圈，确认各运动机构应轻巧无卡阻。

完成上述工作后方可启动压缩机。

（2）压缩机的启动运行步骤

1）合上压缩机控制柜内系统总电源开关，电压正常值应为（380±10%）V。

2）通电后触摸屏进入初始画面，点击"操作员界面"按钮，进入操作界面（如图4.4-5所示），可以选择系统手动运行或自动运行。

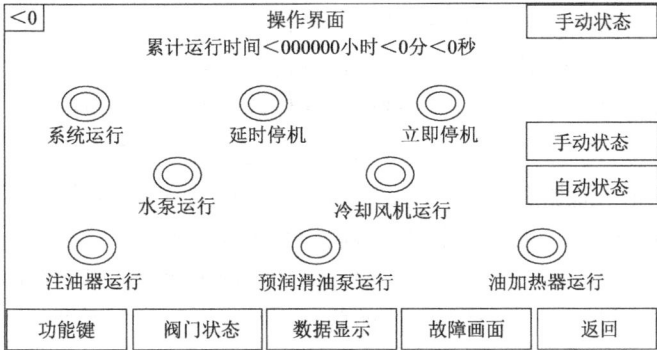

图 4.4-5　CNG 压缩机触摸屏操作界面示意

3）先点击"自动状态"按钮，再按下压缩机控制柜如图4.4-6所示上的"主机启动"按钮，延时1min，软启动开启，启动完成后自动切换至旁路运行，系统进入正常运行状态。润滑油压力、冷却水压力、进气压力、各级排气压力及温度等参数信号传入PLC控制装置，监控系统的运行。如有异常会自动报警直至停机。实施紧急停机再开机时，急停开关必须先复位。

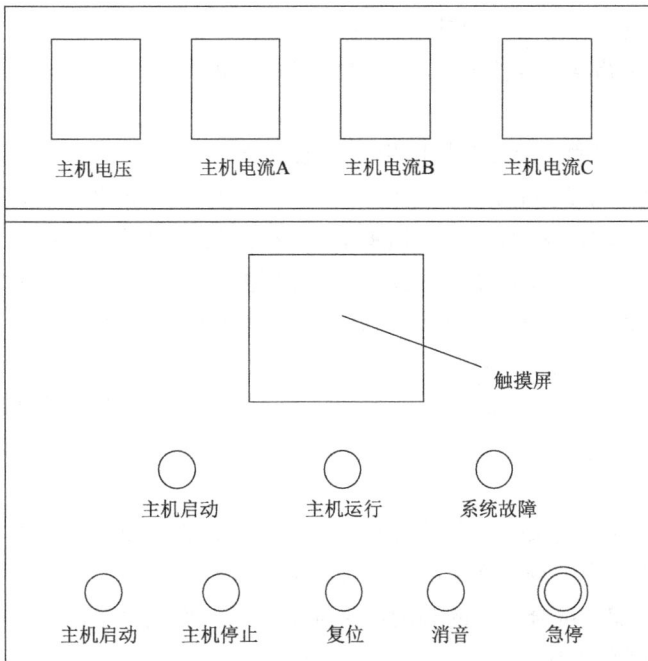

图 4.4-6　CNG 压缩机控制柜示意

4）压缩机运行中，操作人员应巡回检查系统的运行情况，察看运行参数，检查阀门、管路接头等有无泄漏，并作好巡检记录。

（3）压缩机的控制系统

系统分手动和自动控制，可在操作员界面选择控制方式。

1）压缩机的手动控制

①在触摸屏"操作界面"按"手动状态"键，则系统处于手动状态。

②操作界面中的"水泵运行"键可单独控制水泵启停。

③操作界面中的"冷却风机运行"键可单独控制冷却风机的启停。

④操作界面中的"注油器运行"键可单独控制注油器的启停。

⑤操作界面中的"油加热器运行"键可单独控制油加热器的启停，当油温大于70℃时，加热器自动停止加热，此时"油加热器运行"按键无效。

⑥操作界面中的"预润滑油泵运行"键可单独控制预润滑油泵的启停。

⑦主机手动启动前，先启动水泵、注油器、冷却风机、预润滑油泵，且运转参数符合压缩机运行工艺参数的要求时，按下控制柜上"主机启动"按钮，延时1min后，预润滑油泵停止工作，主机软启动开始运行，启动正常后切换到旁路。

⑧"主机停止"键可单独停止主机。水泵、注油器和冷却风机在主机停机后延时停机。主机运行时如果按下"水泵停止"或"注油器停止"或"冷却风机停止"任意一键时，主机立即停机。

⑨手动控制只能用于维修及调试，手动运行时，无数据比较限制过程和数据比较报警功能，只对外部故障或过载起保护作用。

2）压缩机的自动控制

在操作员界面选择自动运行方式，系统处于自动状态。

①合上各电源断路器，检查软启动、触摸屏显示正常，将功能键"自动"按钮按下，指示灯显示"自动状态"。

②自动状态下，润滑油温度开始监控。油温低于5℃时，油加热器自动加热，当油温大于25℃时，加热器自动停止加热。当油温高于5℃时，按下"主机启动"按钮，此时，水泵电机和风机先启动，延时30s后注油器、预润滑油泵启动，再延时1min，回路阀打开、预润滑油泵停止，软启动开启，完成后自动切换至旁路运行，随后延时1min，进气阀打开，回路阀关闭，系统进入正常运行直至加气完毕系统自动停机。

（4）更换压缩机润滑油的操作

1）压缩机正常停机，待冷却后，取掉呼吸器盖板，打开机身的排污阀，放出润滑油。

2）向机体内加入等量柴油，启动压缩机运转2~3min，清洗润滑管路，随后打开排污阀，放出柴油。

3）观察吸油过滤器及精过滤器的脏污程度，判断是否需要清洗或更换。

4）将吸油过滤器注满符合规定的润滑油，并安装到位。

5）向压缩机内加注符合规定的润滑油至标准范围，换油完毕。

（5）压缩机的排污操作

1）压缩机Ⅰ~Ⅳ级分离器排污方式为自动排污，进出口缓冲器则是手动排污。压缩机各级分离器排出的油液混合物经RL04及RL05管线汇集到RL03管线进入排污罐，经排污阀F401及RL02管线进入隔油池。进口缓冲器每4h排污一次，出口缓冲器每8h排污一次。

2）压缩机集油罐的排污

压缩机填料磨损严重时会产生漏气，使油液混合物排入压缩机集油罐，同时填料漏气回收管有发热现象，集油罐的排污需手动操作，打开排污阀直至没有油污流出然后关闭排污阀，要求每天排污一次。

3）压缩机安全阀放空总管的排污

压缩机安全阀放空总管的底部有一根排污管，填料磨损泄漏的气体经集油罐可以进入放空总管，放空总管的排污为手动排污，每天排污一次。

4.4.4 顺序控制盘

顺序控制盘是 CNG 加气站中不可缺少的设备，如图 4.4-7 所示通过顺序控制盘可实现对加气站的储气瓶组进气和出气的自动控制。

储气瓶组通常设计成具有三种不同设定气压力的三级储气瓶组，分别称为高压组、中压组、低压组，每组有一个或若干个储气瓶（根据所设计的容积及单个气瓶容积而定），其储气容积比一般为 1：2：3。

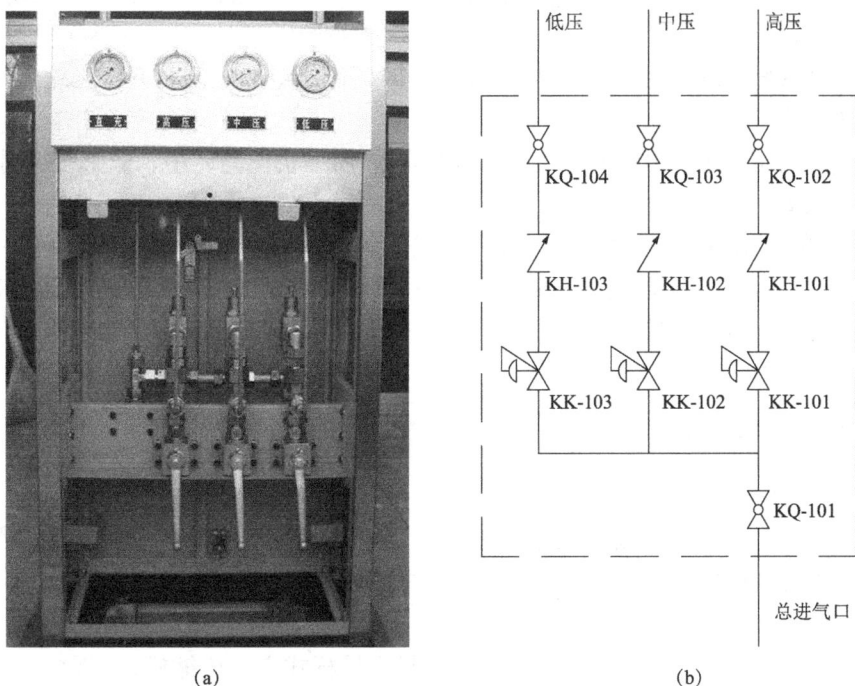

图 4.4-7　CNG 顺序控制盘
(a) 实物；(b) 原理示意

压缩机启动工作，达到一定压力后，按顺序阀对每一级（端）储气瓶加气。首先对高端气瓶组充气，达到设定压力（22MPa）后，停止对高压瓶组充气；自动切换到中压瓶组充气，达到中压瓶组设定最高压力（22MPa）后停止对中压瓶组充气；切换到低压瓶组充气；低压瓶组达到设定压力（22MPa）后，对三端组同时充气的方法使得每一组气缸内的气都能得到冷却，从而使气缸能达到可能的最高压力。对气瓶组的充气完成，压缩机自动停机。此加气顺序称为加气优先。

当加气站为汽车进行加气时，储气瓶组中的气体压力会降低。加气时先用低压组气瓶的 CNG，其次是中压组，最后是高压组。高、中、低压三组气瓶均设定了最低压力（20MPa），气瓶中的压力降到设定的最低值时（20MPa），压缩机不经过分级燃料储气瓶，而直接给车辆充气（慢充）。加气完成后，压缩机将自动对储气瓶组进行充气补偿，直到达到各自的最高设定压力时停机。按优先顺序给分级 CNG 储气瓶补充气源，仍为高压组-中压组的气动控制阀共同完成。

顺序控制盘通过顺序阀自动实现对几组储气瓶（罐）的顺序充气和控制压缩机直接对汽车储气瓶加气。

高压储气瓶（罐）组充气管线的压力受一个顺序阀的控制。充气时，如果给汽车气瓶直接加气的管线压力低于 20MPa，则顺序阀关闭，压缩天然气通过程序控制盘连接至加气机对汽车气瓶加气。

如果给汽车气瓶直接加气的管线压力高于 20MPa，则该顺序阀打开，使压缩天然气流入高压组储气瓶（罐）。

当高压储气瓶（罐）组的压力达到 22MPa 时，中压组顺序阀打开，压缩天然气充入中压储气瓶（罐）组。

当中压储气瓶（罐）组的压力达到 22MPa 时，低压组顺序阀打开，压缩天然气充入低压储气瓶（罐）组。

当低压储气瓶（罐）组的压力达到 22MPa 时，压缩机向高、中、低压三组同时充气，直至压力达到 25MPa。

顺序控制盘还附有慢充设施，当快充管线的压力达到 25MPa 时，慢充顺序阀打开，压缩天然气通过压力限制调节阀（截止压力出厂调节为汽车气瓶充入的最大压力 20MPa），供停驶在工棚中的汽车直接加气。当慢充管汇的压力达到 20MPa 时，调节阀关闭。压缩机停止工作。

4.4.5 空气压缩机

1. 空气压缩机介绍

空气压缩机是加气站中仪表风系统气源装置中的主体，它是将原动机（通常是电动机）的机械能转换成气体内能的装置，是压缩空气的气压发生装置，按工作原理可分为容积式压缩机和速度式压缩机。

现在常用的空气压缩机有活塞式空气压缩机、螺杆式空气压缩机、（螺杆空气压缩机又分为双螺杆空气压缩机和单螺杆空气压缩机）、离心式压缩机、滑片式空气压缩机、涡旋式空气压缩机。

2. 空气压缩机操作

（1）运行开始前：

1）检查确认各部位的阀门是否在正确位置。

2）检查一切防护装置和安全附件是否处于完好状态。

3）检查润滑油面是否合乎标准，安全阀是否在使用有效期内，电源是否已连通，是

图 4.4-8　CNG 压缩机

否有漏气和漏油现象。

4）已符合要求，启动开机按钮后检查空气压缩机声音是否正常，排气压力是否在正确范围之内（4～7MPa），可根据面板显示和储气罐的压力表指示作对比。随时注意压缩机排气温度是否正常（不超过 85℃），如果有异常，及时按紧急停机按钮，并查清原因后启动空气压缩机。

（2）操作步骤（第一次启动时，应先将储气罐的水排除干净）：

1）首先按下空气干燥机"ON"按钮，然后让空气干燥机运行 5min 以上。观察干燥机是否运行正常平稳。

2）按下空气压缩机"启动"按钮（或"＊"键）。

3）缓慢打开排气阀门至完全开启。

（3）关机：

1）按下空气压缩机"停止"按钮（或"O"键）。

2）按下空气干燥机"OFF"按钮。

3）关闭排气阀门。

3. 空气压缩机的管理维护

（1）安全及注意事项：

1）当环境温度接近或超过 30℃时，应采取方法降温。

2）当室内噪声大于 90dB 时，应戴防护耳罩。

（2）各主要部件的定期保养和维护：

为了使空气压缩机能够正常可靠地运行，保证机组的使用寿命，须制定详细的维护计划，执行定人操作、定期维护、定期检查保养，使空压机组保持清洁、无油、无污垢。

注意：

1）按上表维修及更换各部件时必须确定：空气压缩机系统内的压力都已释放，与压力源已隔开，主电路上的开关已经断开，且已做好禁止合闸的安全标识。

2）压缩机冷却润滑油的更换时间取决于使用环境、湿度、尘埃和空气中是否有酸碱性气体。新购置的空气压缩机首次运行 500h 须更换新油，以后按正常换油周期每 4000h

更换一次，年运行不足 4000h 的机器应每年更换一次

3）油过滤器在第一次开机运行 300～500h 必须更换，第二次在使用 2000h 更换，以后则按正常时间每 2000h 更换。

4）维修及更换空气过滤器或进气阀时切记防止任何杂物落入压缩机主机腔内。操作时将主机入口封闭，操作完毕后，要用手按主机转动方向旋转数圈，确定无任何阻碍，才能开机。

5）在机器每运行 2000h 左右须检查皮带的松紧度，如果皮带偏松，须调整，直至皮带张紧为止；为了保护皮带，在整个过程中需防止皮带因受油污染而报废。

6）每次换油时，须同时更换油过滤器。

7）清洁冷却器

空气压缩机每运行 2000h 左右，为清除散热表面灰尘，需将风扇支架上的冷却器吹扫孔盖打开，用吹尘气枪对冷却器进行吹扫，直至散热表面灰尘吹扫干净。倘若散热表面污垢严重，难以吹扫干净，可将冷却器卸下，倒出冷却器内的油并将四个进出口封闭以防止污物进入，然后用压缩空气吹除两面的灰尘或用水冲洗，最后吹干表面的水渍，装回原位。

切记勿用铁刷等硬物刮除污物，以免损坏散热器表面。

8）排放冷凝水

空气中的水分可能会在油气分离罐中凝结，特别是在潮湿天气，当排气温度低于空气的压力露点或停机冷却时，会有更多的冷凝水析出。油中含有过多的水分将会造成润滑油的乳化，影响机器的安全运行，如造成压缩机主机润滑不良、油气分离效果变差、油气分离器压差变大、引起机件锈蚀等。因此，应根据湿度情况制定冷凝水排放时间表。

9）冷凝水的排放方法：

应在机器停机，油气分离罐内无压力且充分冷却，冷凝水得到充分沉淀后进行，如早上开机前。

①拧出油气分离罐底部的球阀前螺堵。

②缓慢打开球阀排水，直到有油流出，关闭球阀。

③拧上球阀前螺堵。

10）维护工作记录

①每周：

A. 检查机组有无异常声响和泄漏；

B. 检查仪表读数是否正确；

C. 检查温度显示是否正常。

②每月：

A. 检查机内是否有锈蚀、松动之处，如有锈蚀则去锈上油或涂漆，松动处上紧；

B. 排放冷凝水。

4.4.6　CNG 加气机

1. CNG 加气机介绍

加气机是加气站售气系统的主要组成，它具有充装和计量的功能如图 4.4-9 所示。并

具备安全可靠、计量准确、密闭充装、显示清晰、操作简便的特点。

当向 CNG 汽车上的气瓶充气时，来自加气站储气系统的高压天然气流经售气系统的计量装置，计量装置传感器产生脉冲信号，经变送器（检测器）传送给电子装置（微电脑装置），再由电脑识别传送来的脉冲信号进行计量、计价和显示。

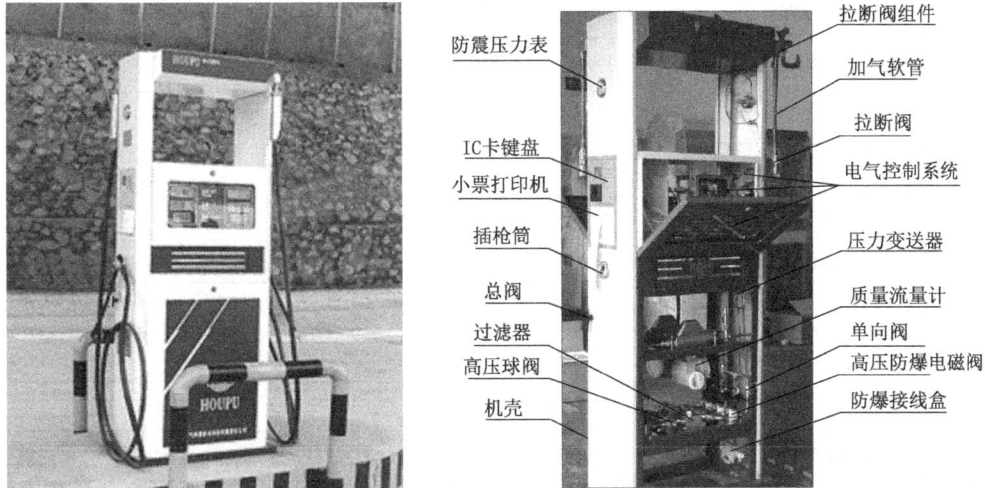

图 4.4-9 CNG 加气机

本书以成都华气厚普机电科技有限责任公司生产的加气机为例来介绍加气机的各种性能参数要求及功能，见表 4.4-3。

HQHP-JQJ 加气机技术参数   表 4.4-3

序号	项　目	技术指标	备　注
1	产品标记（型号）	HQHP-JQJ、HQHP-JQJ-IC/TS	—
2	产品执行标准	—	—
3	适用介质	压缩天然气	应符合：《车用压缩天然气》GB 18047—2000 标准
4	质量流量计	罗斯蒙特、德国 E＋H 和安迪生质量流量计，均带温度（传感器）补偿	由用户选择
5	计量准确度	0.5 级、1.0 级	—
6	计量重复性	±0.25%、±0.50%	—
7	设计压力（MPa）	27.5	—
8	工作压力（MPa）	最大工作压力：25；额定工作压力：20	—
9	耐压强度（MPa）	37.5	—
10	加气速度（kg/min）	a. 1～25（参考体积流量：2～30m³/min）； b. 1～28（参考体积流量：2～40m³/min）； c. 2～80（参考最大体积流量：5000m³/h）	适用不同类型的加气机（加气柱）

序号	项　目		技术指标	备　注
11	工作环境		温度－25～55℃　相对湿度不超过90％	－
12	电源		AC 220V±15％　50Hz±1Hz	－
13	整机用电（kW）		－0.2	不同机型用电有所变化
14	单次计数范围	金额（元）	0.00～9999.99	－
		体积（m³）	0.00～9999.99	－
		单价元（m³）	0.01～99.99	－
15	累计计数范围	金额（元）	0.00～99999999.99	－
		体积（m³）	0.00～99999999.99	－
16	读数最小分度值		体积：0.01m³；金额：0.01元	境外以最小货币为单位
17	密度预制范围（kg/Nm³）		0.0001～0.9999	－
18	预制定量范围（m³/元）		1.00～9999.99	－
19	整机防爆等级		Exdemib II AT4，编号：CNEx06.0786	单项防爆见公司资质
20	拉断阀		拉断力400～600N（20MPa工作状态下）	－
21	显示屏、触摸屏		显示屏8″；触摸屏17″	触摸屏用于：HQHP－JQJ－IC/TS
22	几何尺寸（长×宽×高）（mm）		845×480×2140	不同的机型几何尺寸有所变化
23	整机重量（kg）		280	不同的机型重量有所变化

（1）主要功能介绍

1）非定量加气和定量、定金额预置加气功能

非定量加气允许加气枪控制加气到任意量，或汽车储气瓶里的压力达到规定的额定工作压力20MPa时加气机自动关闭。

定量和定金额预置加气是允许加气用户通过键盘分别对加气体积、金额进行定量预置，然后打开加气枪加气，当加气到定量预置值时，电脑自动停止加气。

2）信息输入、保存及查询功能

通过键盘或触摸屏界面可输入车辆类型、车辆路数、车辆编号等信息，小票打印将打出车辆加气数据；在停止加气且消费完成的状态下，将射频卡靠近读卡模块感应区即能在键盘上显示卡上的余额和上次交易量；能按班组、员工卡号、车型、消费方式、公司名、车牌号等多种方式进行加气明细查询，如使用了非接触式IC卡的，还可以用卡号、卡型等进行全面查询，并可打印等。

（2）加气机结构，如图4.4-10所示

2.CNG加气机操作

（1）操作规程

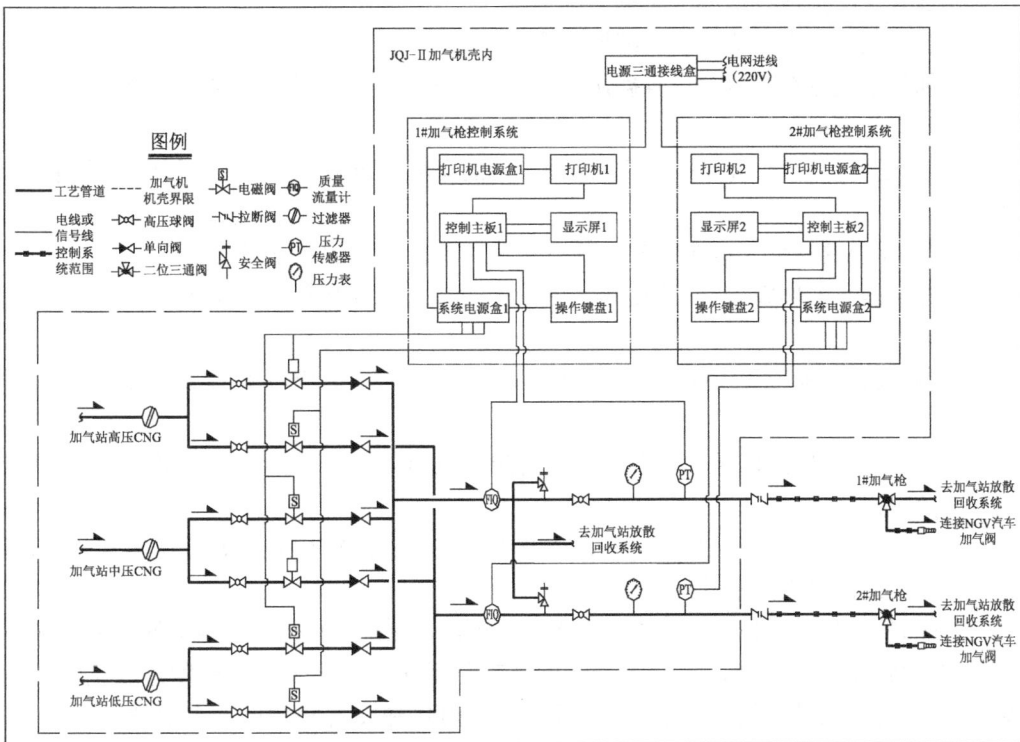

图 4.4-10　CNG 加气机结构工艺示意

1）要求车辆按指定停车线停车，关闭汽车发动机，拉上紧急刹车，杜绝一切明火，打开加气孔，拿下防尘罩。

2）加气工进行充装前的必要检查，检查系统各部位是否正常，是否符合加气要求。

3）加气工将接地线与加气车辆连接。

4）检查汽车加气接口处阀芯是否按动，如果按动，则可操作，否则检查加气车辆出口处阀门。

5）将加气嘴从加气机上取下，将其插入加气车辆的加气接口，听到"咔嚓"的声音确认连接牢靠锁住为止。

6）将加气嘴的阀门手柄从"放空"位置逆时针旋转到"加气"位置。

7）打开加气车辆的总阀。

8）按下加气机上的控制按钮，加气机发出三秒钟的蜂鸣声，表示加气过程开始，此时加气机显示屏上的加气量和总金额显示为零，然后开始计数。

9）加气完成后，加气机再次发出三秒钟的蜂鸣声提示加气完成。

10）再次按下加气机上的控制按钮复位。

11）将加气嘴的阀门手柄从"加气"位置顺时针旋转到"放空"位置，并听到气体放散声（加气机旁配有紧急手动切断按钮，充装中如有意外时，可手动按下此按钮。）

12）关闭加气车辆上的总阀。

13）加气工一只手握住加气嘴组件，另一只手往回拉加气嘴套管，将软管从汽车接气口上摘下并将加气嘴组件放进加气架。

14）加气工将接地线从加气车辆上摘下。

15）由司机将防尘罩盖上，关闭加气孔。

16）加气工进行充装后的检查确认加气完毕，指示司机启动发动机方可驶离气区。

（2）安全注意事项：

1）车辆进站后限速 5km/h，停在站内车内的车辆，司机不能远离，不准在站内试车、修车。

2）进入站内的操作人员应穿着导静电鞋、防静电工作服和防静电手套，不准穿着化纤衣服；若无静电工作服，可以用纯棉工作服代替。进入站内管理人员也不得穿着钉鞋和化纤衣服．

3）如因设备故障或管道阀门泄漏等原因不能马上供气，应马上通知有关人员，组织力量抓紧抢修。

4）严格执行各项操作规程，发现火险隐患应及时处理，听到泄漏警报，必须尽快查出漏点并及时进行维修。

5）与安全阀串联的阀门必须常开，所有仪表应经常进行检查，如发现异常现象，停机及时处理，确保仪表显示的准确性。

6）站内的消防器材必须每日进行一次检查维修，以确保消防器材经常处于良好状态。

7）熟悉各项规章制度，安全管理制度，工艺操作规程，天然气的物理、化学性能，学会各种消防器材的使用和灭火技术，掌握门站内各种设备和阀门的主要技术参数、性能、工作原理以及操作规程，设备小修和保养知识。

8）要养成对设备管道和阀门勤检查、勤保养、勤打扫的好习惯，美化周围工作环境，消除站内垃圾及脏物等。

9）加气机在工作状态下的加气流量应大于 $0.25m^3/min$ 的要求。加气机的计量要求精度不应低于 1.0 级，计量应以立方米（m^3）为单位，最小分度值为 $0.1m^3$。

10）加气计量应进行压力、温度补偿并换成标准状态（压力为 101.325kPa，温度为 293.15K）下的数值。

11）在寒冷地区应选择适合当地环境温度条件的加气机，确保正常运转和计量的准确。

12）加气机的进气管上应设防撞事故自动切断阀，确保加气的安全。加气机的加气软管上应设拉断阀，拉断阀在外力的作用下分开后，两端应自行密封。

13）加气软管及软管接头应选用具有耐腐蚀性能的材料。

14）每天对加气机各部件应进行检查和维护保养，发现问题及时处理，随时保持整台加气设备整洁、灵敏、性能良好，处于最佳运行状态。

4.5 CNG 汽车介绍

CNG 汽车是以天然气为燃料的一种气体燃料汽车，如图 4.5-1 所示它是清洁燃料汽车，具有低排放、低污染、低成本、高安全性、结构简单等优点。

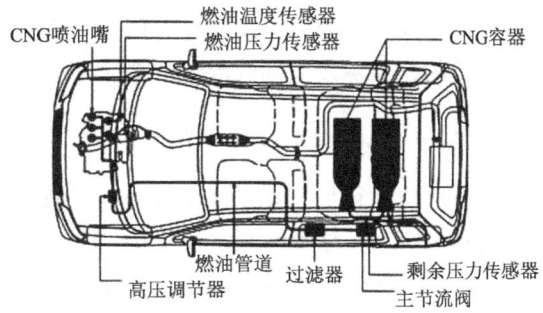

图 4.5-1　CNG 汽车

4.5.1　CNG 汽车介绍

CNG 汽车燃料供应系统分为天然气气路、汽油油路和控制电路三大部分，如图 4.5-2 所示，其工作原理如下：

加气站将压缩天然气，通过充气阀充入储气瓶至 20MPa。当使用天然气作燃料时，手动截止阀打开，将安装在驾驶室内的油气燃料转换电开关扳到"气"的位置，此时天然气电磁阀打开，汽油电磁阀关闭，储气瓶内的 20MPa 高压天然气通过高压管路进入减压调节器减压，再通过低压管路、动力阀进入混合器，并与经空气滤清器进入的空气混合，经化油器通道进入发动机气缸燃烧。减压调节器与混合器相匹配，根据发动机的各种不同工况产生不同的真空度，自动调节减压调节器的供气量，并使天然气与空气均匀混合，满足发动机不同工况的使用要求。动力阀是一个调节天然气管道截面积的装置，可调节混合气的空燃比，使空燃比达到最佳状态。

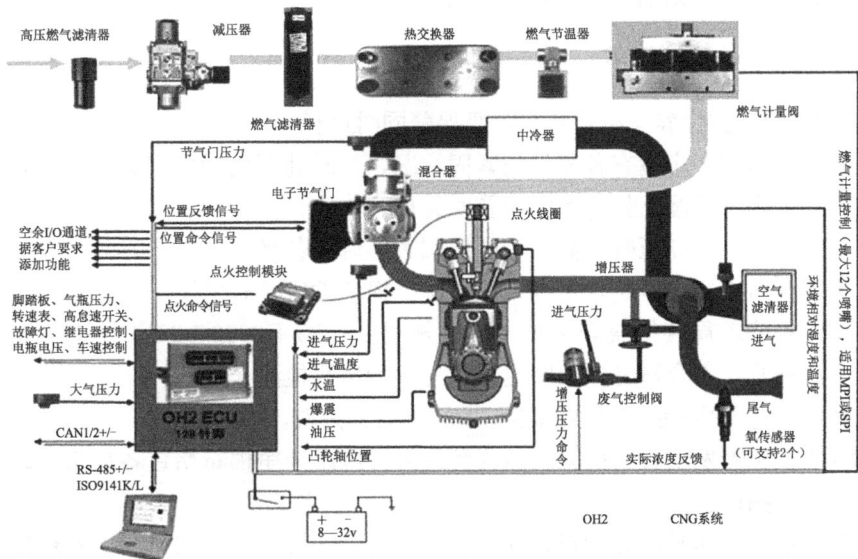

图 4.5-2　CNG 汽车发动机工作原理

油路中安装一个汽油电磁阀，其余部件均保留不变。当使用汽油作燃料时，司机将油气燃料转换开关扳到"油"的位置，此时天然气电磁阀关闭，汽油电磁阀打开，汽油通过汽油电磁阀进入化油器、并吸入气缸燃烧。燃料转换开关有三个位置，当拨到中位时，油、气电磁阀均关闭，该功能是专门用来由汽油转换到天然气时，烧完化油器室里残存汽油而设置的，以免发生油气混烧现象。

4.5.2　CNG 汽车安全使用规则

（1）严格执行加气安全操作规程。气瓶加气压力不得高于 20MPa。使用的天然气应作净化处理，符合车用天然气气质标准。

（2）严禁在装置有故障和系统存在漏气的情况下燃气运行。

（3）在拆装有关高压零部件时，应避免不安全操作。开启瓶阀，人不得站在气瓶阀口的正面，截止阀应缓慢开启，通气后逐渐开大，防止冲击表阀及其他零件。

（4）严禁用火检查漏气。

（5）驾驶室及车辆附近，不得使用明火，应随时检查是否有天然气泄漏，驾驶室内严禁全封闭状态吸烟。

（6）行车时避免气瓶及管线与障碍物撞击，发现供气系统有漏气现象应及时排除，并换用汽油燃料。

（7）车辆停止行驶时，应停放在阴凉处，防止日光暴晒。

（8）保养车辆时，气瓶、减压阀、管线等严禁敲击、碰撞。充气气瓶与明火距离不得小于 10m。

（9）汽车长期用压缩天然气，应定期改燃汽油 1h，运转发动机，防止供油系统失效。

（10）意外事故处理：

1）交通事故处理：应断开总电源，关闭所有气阀等；

2）火险事故处理：应断开总电源，关闭所有气阀隔离现场，用灭火器、砂子、覆盖物等灭火，并视情况通知消防部门，打电话 119 报警。

4.5.3　CNG 汽车的维护保养

CNG 装置的维护保养应结合汽车各级保养同时进行。

（1）每次出车前，应检查各零件的紧固情况，及时处理松动的固紧件，检查气质、管线及各连接处是否有泄漏，如有泄漏应及时处理。

（2）每月检查一次高压管线滤芯、电磁阀芯、调整各级减压阀压力。

（3）半年全面检修减压阀及供气系统一次，损坏件应及时更换。

（4）按国家劳动局《气瓶安全技术监察规程》TSG R0006—2014 规定，天然气钢瓶两年进行一次检测，不合格者应及时更换，检验后填写检测卡。

（5）经常保持 CNG 系统及空滤器芯子的清洁、完整。

（6）因维护保养发动机需拆卸天然气管线时，应用干净棉布堵住各接头，以免异物进入，损坏减压器阀口。

（7）车辆维护保养时，应检查充气阀、减压器、管线卡箍紧固情况。发现松动，卡箍掉缺、无效应及时处理。

（8）车辆维护保养时，应用扭力扳手测量，检查钢瓶安装紧固情况是否符合要求。

（9）随时清除钢瓶表面上的污泥，以免影响钢瓶阀门、安全防爆阀的技术性能。

（10）只有在放出系统中的气体并关闭气瓶所有阀门之后，才能对燃气装置进行维修。

（11）凡高压系统发生故障，驾驶员不得自行拆卸、改动、修理、调整减压器等。

（12）按有关规定和要求认真填写、保管压缩天然气（CNG）汽车的有关技术资料。

4.6　CNG 加气站常见问题及处理方法

4.6.1　操作故障处理

（1）控制柜显示屏、子站和拖车各气压表显示压力均正常，但加气机不能加气，确认加气机进气手动阀是否已开启，检查加气机进气过滤网是否堵塞。

（2）控制柜显示屏、子站和拖车各气压表显示压力均正常，刚刚加气但加气机气压表立刻下降，确认子站和拖车加气手动阀是否已开启。

（3）系统不能启动，确认是否有报警存在，单元是否全部被锁定，释放并重新启动。

（4）系统启动后电机空载运行，控制柜显示屏显示进入操作单元，液压泵没有给系统升压，确认自动控制汽源空压机是否已开启，启动空压机后重新启动系统。

（5）拖车在 CNG 母站不能加气，确认是否连接好 CNG 母站加气气动控制管并打开了前仓气动阀，连接并重新加气，确认 CNG 母站加气气动控气源压力是否较低，气动阀没有打开，提高压力后进行加气。

4.6.2　设备故障与处理

（1）子站运行中发现 CNG 拖车前仓连接接头漏气，按急停按钮使系统停止运行，关闭漏气接口所在管路的手动控制阀，将系统处理合格后由专业维修人员进行修理。

警告：不得带压紧固泄漏接口。

（2）液压泵升压达不到设定值，加气速度受到影响，检查溢流阀调节旋钮是否松动，确认后调整压力到设定值，然后锁紧螺母。

（3）液压泵升压能达到设定值，但升压非常慢加气速度受到影响，检查油泵卸油管是否有回流油，确认后停机检修泵出口组合块体上的气动换向阀，清洗锈蚀和污物使之换向灵活。

（4）液压泵升压能达到设定值，但升压非常慢，加气速度受到影响，检查油泵入口过滤器差压计是否超出范围，确认后停机更换或者清洗油过滤器滤芯。

（5）液压泵升压能达到设定值，升压速度没有减慢但加气速度非常慢，检查撬体前仓精过滤器是否堵塞，确认后停机更换或者清洗过滤器滤芯。

（6）液压泵升压能达到设定值，升压速度没有减慢但加气速度非常慢，检查加气机过滤器是否堵塞，确认后停机更换子站燃气过滤器滤芯。

（7）系统运行中，忽然出现不能加气的现象，确认钢瓶出气气动阀（或子站出气气动阀）是否非正常关闭，如是则检查气动管接头密封情况并处理泄漏。

（8）系统运行中出现不能回油的现象，确认钢瓶回油气动阀（或子站回油气动阀）是否非正常关闭，如是则检查气动管接头密封情况并处理泄漏。

（9）控制柜显示油泵出口压力与现场压力表相差很多，检查压力传感器接线端子是否松动，并将其紧固。

（10）当设备无法启动又无报警，应检查液位是否在换瓶信号位置，手动回油后再重新启动。

4.6.3 PLC 控制柜界面报警系统故障处理

见表 4.6-1。

PLC 控制柜界面报警系统故障处理　　　　　　　　　　　　　　　　表 4.6-1

序号	屏幕显示	报警原因及处理方法
1	急停按钮动作	急停按钮常闭触点断开，需释放控制柜急停按钮，并按下复位按钮，才能解除报警
2	液位低报警	液体达到液位最低限，导致继续注液，检查低液位干簧管是否有问题
3	压力传感器故障	检查压力传感器接线是否有松动，消除故障后，按下复位按钮，即可解除报警
4	电机软启动器故障	检查电机是否存在过载、缺相等故障，或者三相电流不平衡等，解除故障后，需按下软启动器复位按钮，再按下控制柜复位按钮，可解除报警
5	电机内部温度过高	可能由于电机轴承损坏，或电机过载等，导致电机温度升高，致使温度开关动作。消除故障后，且电机温度开关自动复位，按下控制柜复位按钮，即可解除报警
6	注液时间短	此时可能出现回液时间短，压力开关被激活等多种报警
7	回液时间短	由于回液过程中瓶内余压高，或其他瓶，回液球阀内漏，造成油气混合，造成回液停止，但又低于参数设定的回液报警时间，故产生此报警。按下控制柜复位按钮，重新启动系统后，继续回液
8	液位已到最高限	可能回液时余压过高造成，检查介质液面高度是否正常，按下复位按钮，即可解除报警；也有可能和其他站拖车混用，带回来其他站的油，应把多余的放出来

4.6.4 CNG 加气机控制系统

见表 4.6-2。

CNG 加气机控制系统故障处理　　　　　　　　　　　　　　　　表 4.6-2

序号	故障现象	排除方法
1	IC 卡键盘不显示	a. 检查电源；b. 检查排线；c. 检查主板；d. 检查键盘；e. 更换芯片
2	显示器不显示、乱码	a. 检查电源；b. 检查排线和接插件；c. 检查主板；d. 检查显示器和液晶；e. 更换显示器或键盘；f. 重新初始化主板
3	加气压力不足或超高	a. 检查电源 12V（压力变送器的电源）供电是否正常；b. 检查主板跳线，一般跳线、IC 卡为 5V，普通为 3V；c. 检查压力变送器接线是否正确和牢固；d. 清理压力变送器内的污物；e. 更换压力变送器
4	按键失灵	a. 检查电源及排线；b. 检查主板及插件；c. 更换键盘；d. 若是 IC 卡键盘请重新初始化

序 号	故障现象	排 除 方 法
5	计数偏差或不计数	a. 检查加气机和流量计的供电电源；b. 检查主板工作情况；c. 检查流量计是否工作正常；d. 将流量计零点校正；e. 更换主板或流量计；f. 调整流量计计量单位和计量范围
6	加气过程中自动重启	a. 检查电源插件是否有松动；b. 检查启动按钮；c. 更换主板、电源和键盘
7	加气压力超压	a. 检查主板跳线；b. 检查压力变送器；c. 更换主板或压力变送器
8	收费系统不传数据	a. 重装收费软件；b. 检查加气机枪号；c. 检查网线是否接牢固；d. 检查键盘 MAX489 是否有短路；e. 检查软件通信端口是否设置正确；f. 检查 232-485 转接板是否损坏，或电源未插上
9	打印机不打印	a. 检查是否还有打印纸；b. 更换打印头；c. 更换打印机；d. 检查电源及主板输出线
10	不能定量或定量后还有气流出	a. 重新操作定量；b. 更换键盘或主板；c. 清理电磁阀；d. 更换所有排线
11	加气或待机时突然断电或重新自检	a. 重新操作定量；b. 更换键盘或主板；c. 清理电磁阀；d. 更换所有排线
12	加气数位走数较长	a. 流量计清零；b. 重新调试主板
13	加气机不累计	a. 检查主板工作情况；b. 更换主板
14	加气机不能回查	更换键盘或主板
15	打印票据不清晰	更换同型号打印头
16	按键膜损坏	更换按键膜
17	显示器显示"F7"，不能工作	重新初始化，输入原始数据
18	显示器无背光	a. 检查背光块；b. 检查插件；c. 更换键盘
19	不能上班或下班	a. 重新刷卡上下班；b. 重新初始化 IC 卡、按键盘；c. 更换刷卡天线；d. 更换键盘；e. 重新更换程序
20	刷卡无效	a. 重新刷卡；b. 更换卡座；c. 更换刷卡程序
21	显示器显示"8"	a. 重新上电；b. 更换排线和显示器
22	打印机乱打或重复多次打印或打印不全	a. 程序没设定；b. 程序设置错误，更换程序；c. 更换打印机
23	加气机停电后不能复显	a. 检查主板是否损坏；b. 键盘电池是否损坏或电量不足

序　号	故障现象	排　除　方　法
24	扣费失败	a. 检查所使用的卡是否为非法卡或卡已被锁；b. 检查卡是否过期；c. 检查卡是否余额不足；d. 检查钢瓶是否过期；e. 将卡重新靠近刷卡器进行消费，直到消费成功（最长不超过30s）；f. 打开电控箱检查刷卡板上的红灯是否一个闪烁一个长亮；g. 断电后再上电；h. 检查是否是主板或者键盘损坏
25	键盘显示"下载数据"，按任何键不起作用，不能进行加气	控制主板断电，重新启动即可
26	频繁出现："气量乱码"、"日期乱码"、"枪号错误"、"状态错误"、不能加气或加一点就停止	a. 检查主板：时钟12c887、存储器28SF040、7130是否损坏或接触不良，导致与主板的通信故障；b. 检查7130与键盘之间的连接是否有故障
27	按F2启动键，显示"加气数据存储失败"，不能开始加气或键盘显示"总累计存储失败"、"读序列号错误"、"写序列号错误"、"交易流水号错误"等	键盘45DB041损坏，或者与键盘芯片的通信线路出现断路以及接触不好
28	通电后，系统不能正常运行	a. 检查电源电压是否正常；b. 检查跳线X11（不插或者插在其中一个脚）、X12（在默认脚）是否正确；c. 检查参数是否设置正确
29	系统时间异常	a. 检查网络是否接通；b. 检查电池BT2和跳线X0
30	小屏幕花屏	花屏的现象为显示的字错位。这是由于干扰导致，可检查系统接地，并将系统断电后重新通电
31	不能通信	a. 检查拨码开关第三、四位是否接好；b. 检查加密板是否设置为正常工作模式；c. 检查跳线X8、X9；d. 检查芯片U23
32	参数显示异常，并且设置不能保存	参数具有防更改功能和旧的系统参数不能兼容。对参数初始化后进行格式设置，系统参数就能保存

4.6.5　液压故障

（1）液压系统失压的处理方法

1）溢流阀引起的失压及处理方法

溢流阀是液压系统调整压力的关键元件，其发生故障会使压力降低或者完全失压。

先导式溢流阀由先导阀和主阀两部分组成，先导阀的调压阀芯与阀座如果密封不好，油液从该处泄漏，原来调定的压力将下降；调压阀芯和阀座如果加工精度不够高，热处理不够硬，因长期频繁振动磨损，或者油液清洁度不过关等原因，都可能造成溢流阀调不上压力；溢流阀的调压弹簧质量不好，会随使用时间变长而逐步变软，也会使压力下降；在使用过程中，杂质被冲入系统，卡在密封面上也会出现压力下降现象。另外，主阀里有主阀芯和弹簧，若主阀芯不灵活或者卡死，或者主阀芯的阻力孔被堵塞，均会导致系统无压。

2）柱塞泵故障引起的失压及处理方法

此种情况多数为油泵磨损严重引起内漏，从压力表观察指针左右剧烈晃动不稳定，油泵噪声大。

3）二位四通气动换向阀引起的失压及处理方法

当二位四通气动换向阀阀芯因卡住不换向，始终与回油相通，溢流阀将无法调压；当阀芯磨损引起内漏严重，溢流阀也无法调压，只能更换新的来解决。

（2）油温高产生的原因及处理方法

1）溢流阀高压溢流产生油温高。此种情况通常为溢流阀调定压力接近系统工作压力，导致工作过程中部分液压油通过溢流阀产生高压溢流，从而使机械能转换成热能。此种情况需要将溢流阀压力适当调高，通过减少溢流阀的溢流量来解决。

2）柱塞泵内泄漏严重引起油温高。此种情况通常为柱塞泵磨损以后内泄漏加大，高压泄漏产生的高温液压油通过泄油管回到油箱，油箱里的油温随即升高，高温油液又被吸入油泵，使油液再一次升高直到热平衡为止。此种情况必须及时修理或者更换油泵来解决。

3）环境温度对油温的影响。在南方炎热的夏季，当液压子站在阳光下暴晒，环境温度接近50℃时，液压系统散热受到影响，此时油温会随之升高。因此，建议在南方城市给液压撬体加盖遮阳篷避免阳光直晒。

（3）液压系统异常噪声的处理方法

1）因油泵吸入含气体的油液引起的噪声升高，应从消除油中含气量来解决，有效的方法是保持油温在20℃以上，使油中的气体能尽快逸出。

2）泵和电机连接的同轴度在出厂前已经保证，若噪声加大，需检查联轴器橡胶减震垫是否磨损，因泵的使用时间过长轴承磨损后间隙易变大，必要时给予更换。

3）管道、支架等机械连接部分是否松动、脱焊，及时给予紧固或者焊接牢固。

（4）液压油污染的原因及处理方法

1）液压油进水引起的污染。若CNG母站的CNG含水量较大，则容易引起液压油进水污染甚至乳化。当偶尔出现这种情况时，必须严格控制CNG母站CNG的含水量，或者换一个CNG母站加气。加气量小的站，可将油箱中的油静置一定时间后，将水从油箱下部排油口排出；若加气量较大设备停止不下来，可以将油温提高到50℃以上使水蒸发成水蒸气，在非回油时间段，打开安全盖逐步排除。应注意此种方法必须由生产厂商工作人员操作。

2）液压油混入粉尘引起的污染。当出现此种情况时，必须及时对油进行过滤，保持油液清洁。

（5）系统双回油的原因处理方法

1）双回油产生的原因：

①注油速度大于回油速度会引起双回油报警；

②液位计变形或者油液不干净导致浮球上下浮动不灵活。

2）双回油的控制及处理方法

①保持合适的回油余压，确保回油压力正常，保证回油速度在正常范围内；

②如果液位计变形，必须及时更换液位计，如果是液压油不干净导致浮球上下滑动不灵活，对液压油及时过滤，清洗液位计。

液压系统故障处理见表4.6-3。

液压系统故障处理   表4.6-3

故　障	产生原因	排除方法
液压泵噪声过大	（1）液压泵各转动、滑动配合零件已严重磨损； （2）油液黏度过大； （3）油中含气量高，油泵吸空	（1）更换合格液压泵； （2）更换合格的液压油、更换通径大的滤芯； （3）提高油温，加速油中气体逸出速度
油压达不到调定值	（1）液压泵内泄漏严重； （2）溢流阀工作不正常； （3）二位四通气动换向阀工作不正常； （4）压力传感器损坏	（1）检修液压泵，必要时给予更换； （2）清洗或者更换合格的溢流阀； （3）清洗或者更换二位四通气动换向阀； （4）更换压力变送器
压力不稳定	（1）压力变送器输出信号不稳； （2）外部线路干扰； （3）压力传感器损坏	（1）传感器接线不牢，紧固或更换； （2）检查并排除干扰源； （3）更换压力传感器
压力上不去	（1）检查压力变送器输出接口是否漏气、漏油或者被堵住； （2）检查导线有无断路或短路； （3）压力传感器损坏，无信号输出	（1）重新安装压力变送器，消除漏气、漏油和被堵住现象； （2）更换导线； （3）更换压力变送器
电机无法启动	（1）软启动器故障； （2）电机内部接线柱松动或损坏； （3）电机绕组烧坏	（1）按报警故障代码参照《软启动器手册》进行排除； （2）紧固或更换电机内部接线； （3）更换电机
电磁阀不工作	（1）接线是否松动； （2）阀芯卡死导致电磁阀线圈被烧毁	（1）检查并紧固接线； （2）更换电磁阀
软启动器故障	（1）电机缺相； （2）电机过载导致过流； （3）软启动器可控硅被击穿	（1）检查电机接线； （2）检查二位四通阀是否损坏导致设备带压； （3）更换软启动器
系统油温高	（1）环境温度高； （2）溢流阀工作不正常； （3）传感器损坏	（1）打开撬体门，启动排气风扇； （2）清洗或者更换溢流阀； （3）更换传感器

故　障	产 生 原 因	排 除 方 法
电机温度高	(1) 电机长时间过载； (2) 电机轴承损坏； (3) 传感器损坏	(1) 查明并排除过载原因； (2) 更换电机轴承； (3) 更换传感器
回油不能自动结束	差压开关未动作	调整压差开关设定值，必要时予以更换
拖车充气量降低	(1) 取气率不够，余压较高； (2) 钢瓶内存在过多液压介质	(1) 适当补充液压油； (2) 手动回油排尽介质
球阀内漏	(1) 油液或者气体不干净； (2) 油液温度过高； (3) 达到使用寿命	(1) 过滤液体介质； (2) 降低油温； (3) 更换密封圈
压力表不归零	(1) 压力表连接管道有压力； (2) 压力表已经损坏	(1) 放散释放压力； (2) 更换
爆破片起爆	(1) 压力过高； (2) 夹持松动	(1) 更换； (2) 拧紧
管路接头漏气	(1) 松动； (2) O 形密封圈失效	(1) 重新紧固； (2) 更换密封圈
支腿手柄摇动沉重	(1) 缺润滑油； (2) 齿轮轴弯曲变形； (3) 内外方形筒变形； (4) 轴承损坏	(1) 加注润滑油； (2) 更换齿轮轴； (3) 矫正或者更换； (4) 更换轴承
快换接头不易连接	(1) 较脏； (2) 内有余压； (3) 快换接头损坏	(1) 清洁后连接； (2) 放散后连接； (3) 维修或者更换
拖车不能解除制动	(1) 后舱们未关好； (2) 后舱连锁阀位压住； (3) 气压不够或者气管损坏	(1) 检查消除； (2) 维修； (3) 检查消除
售气机无法加气	(1) 检查各种阀门是否打开； (2) 检查各仪表压力是否正常； (3) 过滤网堵塞； (4) 气体中水分超标，电磁阀冰堵； (5) 气体中水分超标，管路凝冻冰堵	(1) 检查； (2) 检查； (3) 疏通过滤网； (4) 停气等待解冻； (5) 停气等待解冻
视水器积水排不尽	(1) 视水器下连接钢管凝冻； (2) 油箱底部杂质、油垢过多，堵塞视水器下部进入油箱入口	(1) 热水解冻疏通连接管； (2) 清洗油箱

4.6.6 CNG 加气机机体及管路故障处理

见表 4.6-4。

CNG 加气机机体及管路故障处理   表 4.6-4

序　号	不正常现象	排除方法
1	加气枪阀漏气	a. 更换密封端面；b. 更换球面；c. 压紧紧固螺母
2	电磁阀关闭不严	a. 清理电磁阀；b. 更换主阀芯；c. 更换胶圈；d. 更换或清理副阀芯
3	电磁阀打不开	a. 检查电源；b. 检查控制主板工作情况；c. 检查电源电路板；d. 检查电磁阀保险；e. 检查电磁阀线包；f. 检查主、副阀芯以及更换主阀芯胶圈；g. 清洗电磁阀
4	加气完毕后压力表往下降	a. 检查压力表；b. 检查管路是否有漏气现象；c. 检查二位三通和软管是否漏气；d. 检查单向阀是否有漏气
5	总阀漏气	a. 更换或清理密封面；b. 更换总阀、并清理过滤器
6	加气软管漏气	更换加气软管
7	枪头组件接头漏气	更换接头
8	加气过程中声音大	a. 检查电磁阀主阀芯；b. 检查电磁阀弹簧或更换；c. 检查单向阀或更换
9	排气软管漏气或损坏	更换排气软管
10	未加气时流量计显示有变化	a. 校准流量计零点；b. 更换流量计
11	加气机不加气	a. 检查所有阀门是否打开；b. 检查进气源；c. 检查过滤器、清洗过滤器；d. 检查电磁阀和电磁阀供电电源；e. 检查单向阀
12	加气机拉断阀漏气或被拉断	a. 更换拉断阀密封圈；b. 更换拉断阀
13	过滤器漏气	a. 更换过滤器胶圈；b. 清理针形阀或球阀；c. 更换针形阀或球阀；d. 滤芯堵塞或损坏、更换、清洗
14	压力表不回零、漏液、漏气、显示不准	更换压力表
15	电磁阀接头漏气	更换密封圈
16	加气机没有加满自动停机	根据停机状态判断停止原因，并正确设置相应参数
17	加气过程不限压或者限压不准确	a. 检查压力传感器测量值是否正确；b. 检查压力传感器、压力传感器电源和压力传感器的设置；c. 调整限压值；d. 调整压力系数

5   L-CNG 加气站

L-CNG 加气站本质上是 LNG 加气站与 CNG 加气站的合建站，既能为 LNG 汽车加气，也可以为 CNG 汽车加气，只是 CNG 的气源是通过 LNG 汽化提供的，如图 5.1-1 所示。

图 5.1-1   L-CNG 加气站

5.1   L-CNG 加气站的组成

L-CNG 加气站主要由 LNG 储罐、L-CNG 泵撬（含柱塞泵）、L-CNG 汽化撬（含水浴式电加热器、高压 EAG 加热器、顺序控制盘）、空温式高压气化器、CNG 加气机、CNG 储气设备（储气井或钢瓶组）、LNG 潜液泵、LNG 加气机、PLC 控制系统等组成。

5.2   L-CNG 加气站基本工艺

LNG 储罐内的 LNG 通过低温高压泵加压后送入高压空温式气化器，汽化后的出口温度应超过 5℃以上，出口压力为 20MPa，经顺序控制盘进行压力分配，依次进入高、中、低三个储气井，CNG 加气机则分别由低到高从储气瓶中取气给汽车加气；同时，LNG 可通过潜液泵进入 LNG 加气机，为 LNG 汽车加气，如图 5.2-1 所示。

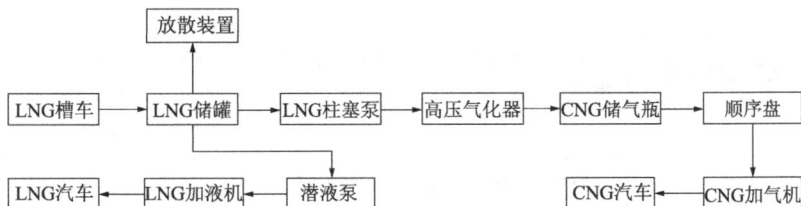

图 5.2-1   L-CNG 加气站工艺示意

5.3 L-CNG加气站设备

由L-CNG加气站基本工艺可知，该站与LNG加气站、CNG加气站的多数设备都是重叠的，仅多了LNG柱塞泵和高压气化器两个设备，所以在本节只介绍LNG柱塞泵和高压气化器，其他设备的操作及维护参照LNG加气站和CNG加气站相关内容，见表5.3-1。

某L-CNG加气站设备表　　　　　　　　　　　　　　　　表5.3-1

项 目	主要设备	主要构成部件	主要技术指标	数 量
1	LNG储罐（卧式）	LNG液体储罐、液位指示装置、安全泄放装置	有效容积60m³ 最大充装率：95% 工作压力：1.0MPa	1台
2	增压气化器	大直径铝质换热管	汽化能力300Nm³/h 工作压力：1.6MPa	1台
3	低温高压柱塞泵	1-X9，1.97×1.38泵、防挠曲底座、皮带驱动系统及防护、高压安全阀、防爆电机、入口过滤器、低温传感器等	流量25L/min 功率30kW 380V/50Hz/3-Phase	2台
4	高压空温式气化器	受压管为0Cr18Ni9不锈钢无缝钢管，换热管为防锈铝翅片管	汽化能力：1000Nm³/h 工作压力：25MPa	2台
5	防爆水浴式 电加热复热器	天然气管路材质为0Cr18Ni9	处理能力：1000Nm³/h 工作压力：25MPa	2台
6	顺序控制盘	一进四出	最大流量：1800Nm³/h 工作压力：25MPa	1台
7	储气瓶组	排列方式：3×1	总水容积：3.39m³ 充装总容积：800Nm³ 工作压力：25MPa	1套
8	CNG加气机	三线双枪加气机（带小票打印，IC卡读卡器）	计量精度：±0.5% 流量范围：2~40m³/min	4台
9	EAG低压气化器	铝质换热管	汽化能力100Nm³/h 工作压力：25MPa	1台
10	仪表风气源设备	活塞式压缩机、深度脱水设备、精密油过滤器	压缩空气供气压力：0.65~0.8MPa；含水露点不超过-40℃；含尘粒径不超过1μm；含油不超过1mg/m³	1台
11	控制系统	控制柜、PLC、变频器、图形用户界面操作控制系统，报警系统	满足控制需要	1套

项 目	主要设备	主要构成部件	主要技术指标	数 量
12	L-CNG 撬块（把柱塞泵等集成在撬块上，包括低温管道及阀门，仪表电气电缆等）	低温管道、LNG 专用低温截止阀、气动紧急切断阀、低温止回阀、手动高压球阀、安全阀等；压力变送器，温度传感器、电缆、两位五通防爆电磁阀，防爆接线盒，防爆接线箱、撬块地盘等	管道冷损率不超过 0.5W/m	1 套
13	其他	含卸车软管、接储罐真空软管、不含建站工艺材料	——	——

5.3.1 LNG 柱塞泵

1. LNG 柱塞泵介绍

LNG 高压柱塞泵是 L-CNG 加气站的核心设备，工作压力高达 25MPa，能够为高压气化器提供高压气源，如图 5.3-1 所示。

LNG 柱塞泵的主要技术指标（以美国 ACD 泵为例）：

生产厂家：	美国 ACD 低温高压柱塞泵
型号：	1-X9，1.97×1.38
介质：	LNG
设计流量：	1500L/H
进口压力：	0.5~0.6MPa（G）
出口压力：	25.0MPa（G）
所需进口净正压头：	5PSI（约合 0.35kg/cm²）
设定转速：	427RPM
电机功率：	29.82kW
电源：	3 相，380V，50Hz

图 5.3-1 L-CNG 泵撬与 LNG 柱塞泵

2. 柱塞泵操作

（1）开机前检查

检查所有的管路、配件、螺栓和电接点是否准备就绪，检查所有管路接头部位的密封情况是否达到要求。

（2）启动

为冷却泵，全开贮槽上的气体回流阀及液体吸入阀，泵的吸入压力必须大于0.02MPa，否则不可能建立起有效的净正吸入压头（NPSH），从而导致无法启动。低温液体必须处于一个饱和状态或一定的过冷状态，如果液体过于接近气相点，则在泵的吸入阀工作中产生的阻力损失使泵抽空，这种情况称为气蚀，它可能引起泵的损坏，当泵冷却完毕（冷却时间约10min），泵即可开机，这时气体回流阀，液体吸入阀仍处于全开状态。

正常的启动工作，在启动后将有以下现象：

1）泵的排出管路开始结霜；

2）可听到轻微的震动声，证明泵的进、排出阀正在工作；

3）排出管路上的压力表将显示逐渐增加的压力。

（3）停泵

正常工作完成后，应首先使泵停止工作再关闭泵的进液阀和泵的回气阀，然后再切断泵的电机电源，打开系统放空阀，放掉残液。

如果系统出现故障，则应首先切断泵的电机电源，停止泵的工作，待故障排除后，再重新启动。

（4）注意事项

1）因工作压力过高，所以要防止可能因为密封失效或超压泄漏而产生危险。

2）LNG高压柱塞泵后置有压力变送器，当压力超过工艺设定值时，自动切断泵的运行。

3）如果气化器最后一排翅片发生结霜现象或气化器通往顺序控制盘的管路发生结霜现象，表明系统的流量已超出气化器的汽化能力，应马上停泵。

4）如果泵发出异常的声音，显示在压力管路中形成了过高的压力，应立即停泵。

（5）常见故障分析处理

柱塞泵常见故障分析处理　　　　　　　　　　　　　　　　　　表5.3-2

序　号	故　障	原　因	补救措施
1	没有排压	（1）进、出口阀门卡死； （2）泵未冷透或吸入压力不够，即NPSH不足； （3）回气管路关闭； （4）液体太接近汽相点； （5）零件磨损	（1）如果是由于潮湿结冰的原因，则需要加温吹除干燥再启动；如果是杂质，则拆卸后清除并干燥再启动； （2）继续预冷或增加吸入压力； （3）打开回气管路； （4）将贮槽放空阀打开，放掉一部分气体； （5）重新装配冷端，更换相应零件
2	流量不足	进、出口阀门密封不严	拆检或更换相应零件
3	密封器泄漏	（1）填料没有压紧； （2）密封件磨损	（1）适当旋紧密封器的开槽螺母； （2）更换密封件

5.3.2 L-CNG 高压气化器

1. 高压气化器介绍

高压空温式气化器如图 5.3-2 所示，与普通空温式气化器的区别在于材质的不同，高压空温式气化器可以承受 25MPa 的压力。

图 5.3-2 L-CNG 高压空温式气化器

高压空温式气化器一用一备共两台，两组空温式气化器的入口处均设有切换的气动阀，正常工作时两组空温式气化器通过气动阀自动进行切换，切换周期时间根据环境温度和用气量的不同而不同，单台气化器的连续使用时间不能超过 8h。当温度出口低于 5℃时，低温报警，自动切换空温式气化器，同时除掉气化器上的结霜，保证使用的气化器达到换热的最佳效果，当空温式气化器出口的温度达不到 5℃以上时，通过水浴式复热器使其温度达到 5℃以上。

空温式气化器后设置有温度传感器，当出口温度达不到设定值时，自动切换运行另一组气化器以达到工艺需求。

气化器的气化能力根据高峰小时用气量确定，并留有一定裕量。设计上配置两组，互相切换使用。加气站按每天工作 15h 计算，选用 2 台 1500Nm³/h 空温式气化器和 1 台 1500Nm³/h 水浴式气化器，互相切换。当环境温度较低，空温式气化器出口温度低于 5℃时，切换成水浴式气化器，对 LNG 进行加热强制气化。

2. 高压空温式气化器主要工艺参数：

工作压力：25MPa

设计压力：27.5MPa

工作温度：－162℃

设计温度：－196℃

立式。

主体材质：管道 1Cr18Ni9Ti 铝翅片

气化能力：1500Nm³/h

出口温度：不低于环境温度－10℃

在高压空温式气化器不能满足出口温度要求时，可以配备水浴式气化器进行复热，其主要工艺参数如下：

工作压力：25MPa

设计压力：27.5MPa

出气温度：5～10℃

加热能力：1500Nm³/h

加热用热水由站内自建的锅炉房或外来蒸汽供应。

3. 高压气化器操作

（1）操作规程

1）检查确认安全阀、气动阀正常，有问题及时处理；

2）检查阀门、管道、法兰没有内、外漏情况，发现漏点及时维修，不能处理随时上报；

3）确认气化器无质量缺陷，如有应与厂家联系处理；

4）确认气化器及附件正常，确认气化器后端出液管网打通；

5）开启气化器后端安全直通阀，使安全阀正常工作；

6）开启气化器前端气动阀，使气动阀正常工作；

7）缓慢开启气化器后端球阀、气化器前端低温截止阀，空温式气化器操作完成；

8）根据实际需要的汽化量，选择打开相应组数的气化器；

9）缓慢开启储罐出液阀，供气系统打通；

10）关闭供气系统应反向操作，以免超压。

（2）安全注意事项和应急措施：

1）保证紧急切断系统、安全放散系统正常；

2）开启阀门要缓慢、平稳；

3）定期检漏，发现漏点及时处理，不能自行处理及时上报；

4）根据瞬时汽化量、环境温度等指标决定打开气化器组数；

5）及时恰当地给气化器化霜，保证气化器的正常汽化能力。

6 LPG加气站

LPG加气站是高危易燃、易爆场站，加气站的选址应符合城市规划、区域交通规划、环境保护和防火安全的要求，并应选在交通便利的地方。在城市建成区内不应建设一级LPG加气站。在城市建成区内的加气站，宜靠近城市道路，不宜选在城市干道的交叉路口附近。在加气站的日常运营管理中，需要对加气站的一些基础情况有所了解，才能更好地做好加气站的日常维护及管理，本章对LPG加气站的一些基本情况进行介绍。

6.1 LPG加气站基本工艺及操作规程

6.1.1 LPG加气站基本工艺

按照其不同的使用功能LPG加气站分为存储区、经营区、管理区。

LPG加气站基本工艺主要包括：卸车工艺、倒罐工艺、加气工艺、排残工艺等。其工艺流程简图如图6.1-1所示。

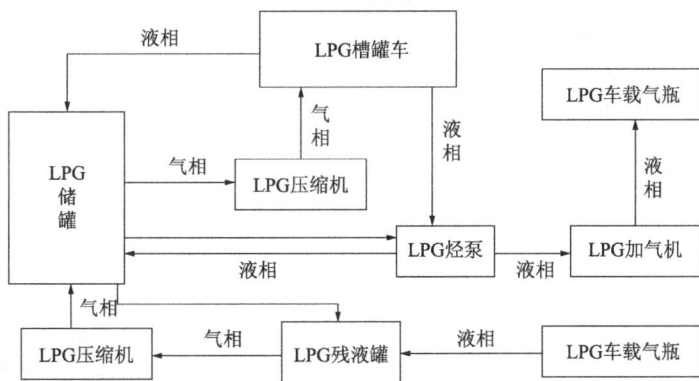

图6.1-1 LPG加气站工艺

6.1.2 LPG加气站卸车工艺及操作规程

1.LPG加气站卸车工艺

（1）利用压缩机卸槽车的原理，如图6.1-2所示。

压缩机卸槽车的主要运行设备包括：LPG槽车、压缩机和储罐。

压缩机卸槽车的原理：压缩机抽出储罐的气相，压入槽车，使槽车与储罐液面形成压力差，连通液相管，液态LPG从槽车经卸车台流入储罐。

如图6.1-2所示，卸车时，依次打开阀门8、1、3、7，启动压缩机，将储罐中的气态

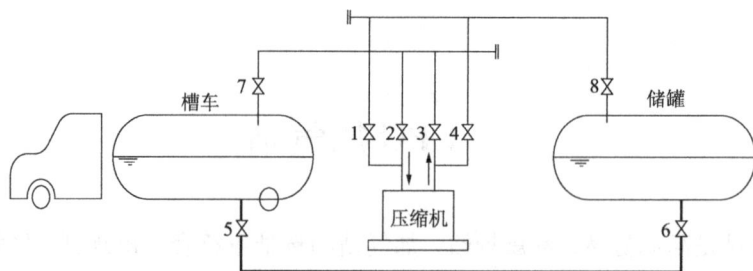

图 6.1-2　LPG 压缩机卸槽车工艺

1、2—压缩机进气阀；3、4—压缩机出气阀；5—槽车出液阀；

6—储罐进液阀；7—槽车气相阀；8—储罐气相阀

LPG 抽出，压送到槽车中，使槽车与储罐液面形成 0.2～0.3MPa 的压力差。然后打开阀门 5、6，液态 LPG 从槽车液相管流入储罐。

对于任何一个 LPG 场站的运行工艺，要想正确开关管线上的阀门，首要是建立正确的 LPG 场站的气相和液相的流动路线思路。

如压缩机卸槽车的气、液相流经路线如下：

气相：储罐→气相管→压缩机→卸车台→槽车

液相：槽车→卸车台→液相管→储罐

根据上述思路和工艺管线的连接规律，可正确地开关相应工艺的管线阀门。

压缩机卸槽车的特点是流程简单，可同时装卸几辆槽车，生产能力高，可完全倒空，没有液化石油气损失。但耗电量大，过程管理复杂，在系统形成了一定压差才能开始装卸作业，并受气候环境的影响。

（2）利用烃泵卸槽车的原理

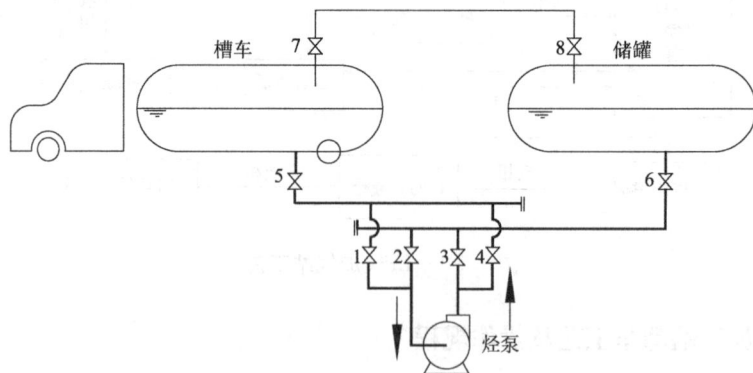

图 6.1-3　LPG 烃泵卸槽车工艺

1、2—烃泵进液阀；3、4—烃泵出液阀；5—槽车出液阀；

6—储罐进液阀；7—槽车气相阀；8—储罐气相阀

烃泵卸槽车的原理如图 6.1-3 所示：烃泵从槽车吸出液态 LPG，加压送入储罐。如图 6.1-3 所示，卸车时，依次打开阀门 5、1、3、6，启动烃泵，烃泵从槽车吸出液态 LPG，加压送入储罐。打开阀门 8、7，连通气相，起平衡储罐和槽车的压力作用。

烃泵卸槽车的气、液相流经路线如下：

液相：槽车→装卸台→烃泵→储罐

气相：储罐→气相管→装卸台→槽车

利用烃泵卸槽车的特点是工艺简单、管理方便，直接给液体加压，能耗较利用压缩机装卸槽车少，但为了避免烃泵空转，使烃泵的冷却恶化，损坏烃泵，储罐或槽车内液态 LPG 不能抽空，即在储罐或槽车内应有剩余的液态 LPG，故烃泵一般用于装槽车，很少用于卸槽车。

利用烃泵卸车必须防止因烃泵吸入口压力低于液化石油气的饱和蒸汽压而造成的"气塞"或"气蚀"现象，更甚的是造成烃泵空转。防范的措施如下：

1）降低烃泵的安装高度，即烃泵的安装高度越低越好，以提高烃泵进口的进压力，但受安装条件的限制；

2）严格遵守操作规程，必须保证烃泵的入口管线上的所有阀门处于开启状态，不能用来调节流量；

3）避免储罐或槽车内液态 LPG 抽空。

2. LPG 槽车卸车操作规程

汽车槽车到站，在指定位置停稳，发动机熄火并拉紧手刹。槽车车轮加入防滑块（三角垫木），车匙交当班运行人员保管。槽车正前方槽车司机当眼位置放置作业警示牌。

（1）汽车槽车卸液前的检查

1）检查槽车的随车必带的文件和资料。

2）检查槽车的安全阀、液面计、压力表、温度计及紧急切断装置等安全附件是否齐全、可靠。

3）检查槽车罐体及安全附件有无跑、冒、滴、漏等现象。

4）查验提货单的供需单位、气种和装载量。记录槽车的压力、温度、液位等参数，司机确认签名。

（2）汽车槽车的卸液过程

1）将装卸台的静电接地线与槽车阀门箱内的接线柱接牢。

2）把装卸台气、液相装卸软管的快速接头与槽车阀门箱内气、液相接头连接，连接时应检查快速接头密封胶圈是否损坏或老化。

3）利用手摇油泵打开槽车罐底的紧急切断阀。

4）按具体的运行任务，打开相应沿线阀门，连通气、液两相。

5）按加压设备的安全操作规程，启动加压设备。

①用压缩机卸槽车时，开动压缩机抽储罐的气相，给槽车加压造成压差。

②烃泵卸槽车时，直接用泵吸液。连通气相，可加快卸槽车的速度。

6）卸车时，运行人员和槽车驾驶员不得离开现场，随时检查运行情况，记录运行参数，发现异常停止卸车，待排除故障后再继续卸车。

7）卸车过程，必须特别注意储罐和槽车的液位变化，储罐严禁超装。采用烃泵卸车时，要避免槽车内液体被抽空。

8）卸车完毕后，先关闭加压设备（压缩机或烃泵），再关闭装卸台和槽车气液相阀门。

9）将气、液相高压软管内 LPG 用阀门箱内的放散阀放散泄压。

10）拆下快速接头，松开静电接地线。

11）运行人员移走作业警示牌，抽出轮底三角垫木，槽车司机接回槽车车匙，发动槽车离开装卸台进行过磅；槽车司机全面检查一遍确认无误后，运行人员与押运员共同签字确认，填写运行记录本，槽车司机发动槽车离开场站。

（3）注意事项：

1）槽车在卸车过程中，驾驶员、押运员必须在场配合机泵、储罐操作人员共同做好卸车操作工作，同时应注意槽车的稳固情况和管路有无泄漏等异常现象。

2）作业时和软管泄压时，不许发动汽车和鸣电喇叭。

3）运行员操作时戴好手套，装卸软管时必须关好阀门，而且管口不许对人，以防被液化石油气冻伤。

4）碰到雷雨天气，四周有明火、火灾，卸车压力异常，压力差大而无液流或液面不降低，设备、软管发生故障及安全附件失灵时，应立即停止卸车作业。

5）槽车卸车后的余压应不低于 0.1MPa（一般为 0.2MPa 以上），且罐内余液量应不少于最大充装量的 5%。

6）司机必须检查槽车装卸操作箱内阀门已关好，且所有与槽车连接件彻底分离后方可驶离卸车台。

（4）异常情况紧急停车处理程序：

1）发现异常情况，必须立即停止卸车作业，立即关断槽车气、液相紧急切断阀和液化石油气储罐的有关阀门，切断气源。

2）假如发现大量泄漏液化石油气，应立即拨打"119"并切断一切火源、热源。

3）假如因泄漏液化石油气发生火灾，在保证人员安全的前提下，应设法切断液化石油气气源，用灭火器扑火，用消防水冷却槽车和储罐，控制事故进一步扩大。

6.1.3 LPG 储罐倒罐工艺

1. LPG 储罐倒罐工艺

储罐倒罐是指将储罐区的储罐中的液态 LPG 通过压缩机或烃泵倒入另一储罐的操作过程。要求 LPG 场站至少配备两台储罐，以备相互倒罐。

需要进行储罐倒罐操作的情况有：正常的生产需要、储罐检修的需要、事故状态的需要。

储罐倒罐的压送设备主要是压缩机或烃泵。利用压缩机倒罐的原理参考利用压缩机装卸车的原理；利用烃泵倒罐的原理参考利用烃泵装卸车的原理。

2. LPG 储罐倒罐操作规程

（1）利用压缩机倒罐的安全操作规程（液体倒灌）如图 6.1-4 所示：

1）打开沿线上的阀门，连通气液两相：

首先打开沿线上出液罐和入液罐的紧急切断阀，确保其处于开启状态，然后打开管道沿线上的阀门。

气体：2 号罐→气相管→压缩机→1 号罐

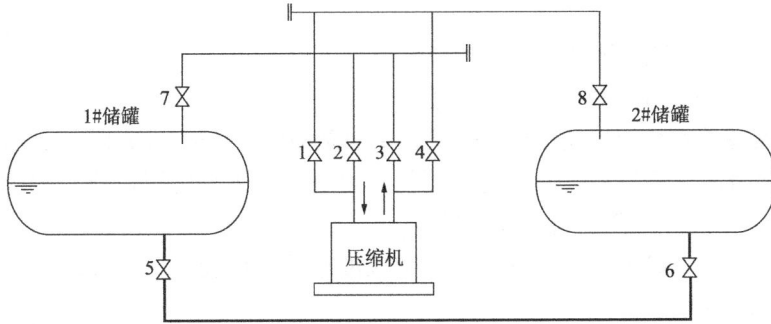

图 6.1-4　LPG 压缩机倒罐工艺

1、2—压缩机进气阀；3、4—压缩机出气阀；5—1 号储罐出液阀；

6—2 号储罐进液阀；7—1 号储罐气相阀；8—2 号储罐气相阀

液体：1 号罐→液相管→2 号罐

2）根据设备的安全操作规程启动压缩机：

用压缩机抽 2 号罐的气体，给 1 号罐加压造成压差倒罐。

3）倒罐过程时，运行人员不得离开现场，随时检查运行情况，填写运行参数，发现异常立即停机，待排除故障后再继续倒灌。

4）倒罐过程中，必须特别注意出液罐和入液罐的液位变化，2 号罐严禁超装，1 号罐严禁抽空。

5）倒罐完毕后，关闭压缩机。

6）关闭沿线阀门。

（2）利用烃泵倒罐的安全操作规程（液体倒罐）如图 6.1-5 所示：

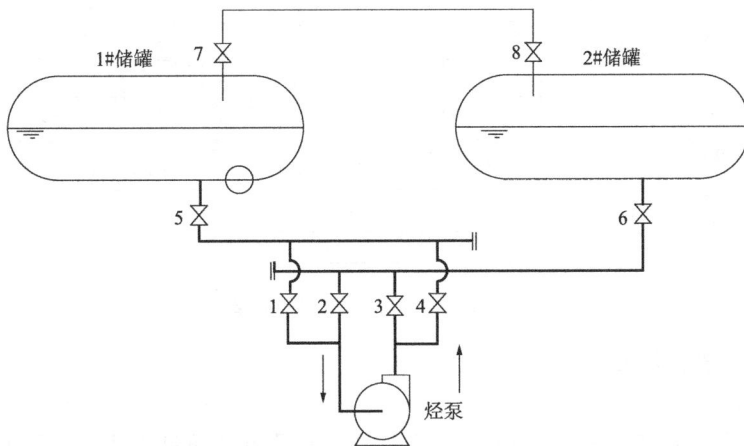

图 6.1-5　LPG 烃泵倒罐工艺

1、2—烃泵进液阀；3、4—烃泵出液阀；5—1 号储罐出液阀；

6—2 号储罐进液阀；7—1 号储罐气相阀；8—2 号储罐气相阀

1）打开沿线上的阀门，连通气液两相；

首先打开沿线上出液罐和入液罐的紧急切断阀，确保其处于开启状态，然后打开管道沿线上的阀门。

气体：2号罐→气相管→1号罐

液体：1号罐→液相管→烃泵→2号罐

2）根据设备的安全操作规程启动烃泵；用烃泵抽出1号罐的液体，压向2号罐。

3）倒罐过程时，运行人员不得离开现场，随时检查运行情况，填写运行参数，发现异常立即停机，待排除故障后再继续倒罐。

4）倒罐过程中，必须特别注意出液罐和入液罐的液位变化，入液罐严禁超装，避免出液罐内液体被抽空。

5）倒罐完毕后，关闭烃泵。

6）关闭沿线阀门。

6.1.4 LPG加气工艺及操作规程

1. LPG加气工艺

为LPG汽车加气，储罐的液化石油气通过烃泵加压后，输送到加气岛，用加气机进行加气。如图6.1-6所示：

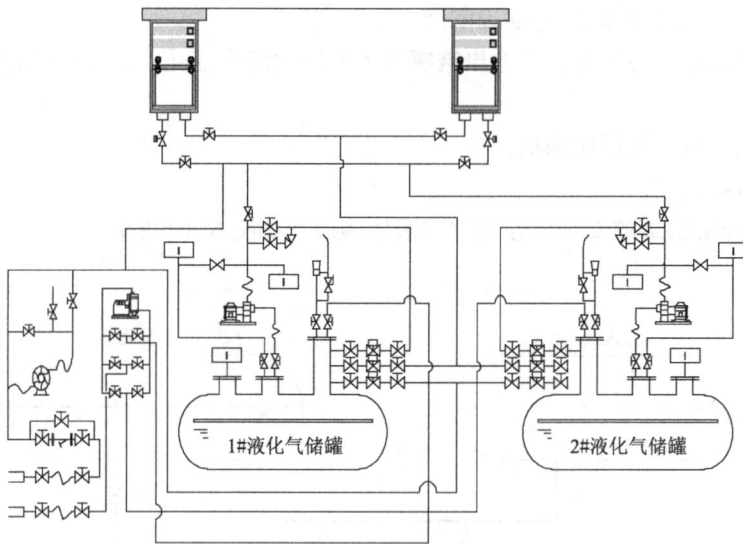

图6.1-6 LPG加气工艺流程

2. LPG加气操作规程

（1）安全操作要点

1）操作人员应正确穿戴劳动保护用具。加气人员应戴防静电手套，防止插枪、拔枪时，液化石油气喷溅到手上，出现冻伤事故；

2）检查车载气瓶是否安全可靠，对改装车辆操作员应检查车载气瓶是否在使用期内以及贴有规定的标签；

3）引导加气车辆到指定位置后，确认手刹制动，并熄灭引擎，驾驶员下车；

4）气瓶充装前应检查以下内容：

①气瓶原始钢印标记是否清晰、内容是否齐全；

②是否为自有产权气瓶以及是否建立气瓶档案；

③气瓶外表面的颜色标志是否与所装气体的规定标记相符；

④气瓶内无剩余压力，或剩余残液量；

⑤气瓶外表面有无裂纹、严重腐蚀、明显变形及其他严重外部损伤缺陷；

⑥是否有钢瓶底座脱落、护罩脱落，或严重损坏现象；

⑦气瓶是否在规定的检验期限和使用寿命期限内；

5）将加气枪连接车辆加气口，并确认牢固；加液过程中，加气枪流量不得大于 60L/min，车辆驾驶员和操作员均不得离开现场，并随时检查运行情况，发现异常应立即停止作业；

6）加气时随时观察流量及气瓶液位计，加气量最大不能超过容器的 80%；

7）加气中，禁止将加气枪交给顾客操作，禁止一人同时操作两把加气枪；

8）加气过程中，操作工应监督驾驶员不能使用毛刷清洁车辆或打开发动机前盖维修车辆；

9）加气过程中，发生气体严重泄漏时，应立即按下现场紧急关闭按钮，同时关闭车辆气瓶阀，把气体泄漏量控制在最小范围内；

10）加气结束后，应按要求卸下和放好加气枪和软管，防止车辆碾压，并让驾驶员确认加气数量和金额，方可结算收款；

11）加气必须分车进行，各车之间不能连码加气。

（2）潜在危险

1）车辆引导有误，车辆碰撞加气设施，造成液化气泄漏；

2）加气枪头密封圈不严，造成泄漏；

3）加气枪静电接地不当，造成静电积聚；

4）加气场地空气不流通，液化气浓度超标；

5）加液后，加气枪未拆下，车辆启动；

6）加气车辆自身电气故障，造成自燃。

（3）紧急情况下应暂停或停止加气程序

1）加气站附近有严重电闪雷击或发生有可能威胁加气站安全事故；

2）加气机计量器发生故障，不能正确计量；

3）加气站范围内发生安全故障情况或突发事件对加气站构成威胁时。

6.1.5 LPG 加气站排残工艺及操作规程

1. LPG 加气站排残工艺

应由充装站负责集中回收，在通常情况下，残液处理是利用倒空装置，将气瓶内的残液送入残液储罐内；由出租公司车辆维修单位处理。

残液回收是通过残液回收装置将残液回收到残液灌内。残液回收的方法目前多采用抽真空法。其工艺流程如图 6.1-7 所示：

2. LPG 加气站排残操作规程

（1）安全操作要点

1）操作人员应正确穿戴劳动保护用具；

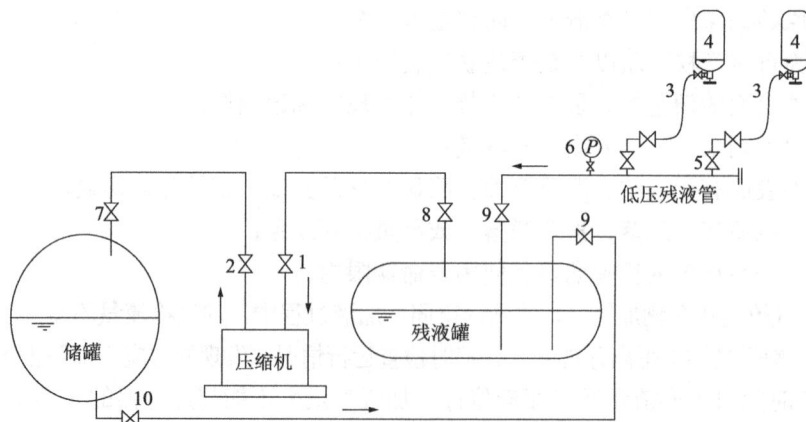

图 6.1-7　加气站排残工艺流程

1—压缩机进气阀；2—压缩机出气阀；3—残液软管操作阀；

4—LPG 车载瓶；5—低压残液管操作阀；6—压力表；7—储罐气相阀；

8—残液罐气相阀；9—残液罐液相阀；10—储罐液相阀

2）排残液时员工必须站立在阀门侧面，缓慢打开阀门，严禁正面直对阀门出口；

3）寒冷地区排完残液后，平衡罐内与排液管的气相压力，防止冻凝；

4）经过倒空的气瓶内残液剩余量应不超过 0.2kg；

5）抽空后的气瓶，其气相空间含氧量不应大于 4％，且液化石油气浓度应低于爆炸极限的下限，用真空表检验气瓶真空度必须在 82.7kPa（620mmHg）以上。

（2）主要风险

1）未正确佩戴防护用品，造成冻伤；

2）未按规程操作，导致大量液化气泄漏，引发冻伤或火灾爆炸事故。

6.2　LPG 加气站主要设备的操作及管理维护

6.2.1　LPG 储罐

1. LPG 储罐介绍

LPG 储罐是在常温下储存液化石油气的容器如图 6.2-1 所示，LPG 加气站储罐属于Ⅲ类中压容器。承受液化石油气的蒸汽压，一旦管理不慎，产生泄漏，极易造成火灾爆炸事故，不但场站遭殃，甚至波及场站周边工厂及居民。因此 LPG 储罐的安全技术管理要求高，LPG 储罐的材料、设计、制造、安装、改造、维修、使用管理和定期检查应符合且必须遵守 TSG 21—2016《固定式压力容器安全技术监察规程》及《压力管道安全技术监察规程——工业管道》TSG D0001—2009 和相应标准的规定以确保安全。

（1）LPG 储罐分类

储罐按照放置位置分类可分为地面罐以及埋地罐；埋地罐又可分为全埋式和人孔法兰外露式。

地面罐建设投资低，安装、检修方便，但安全间距要求大，高温时还需水喷淋降温，

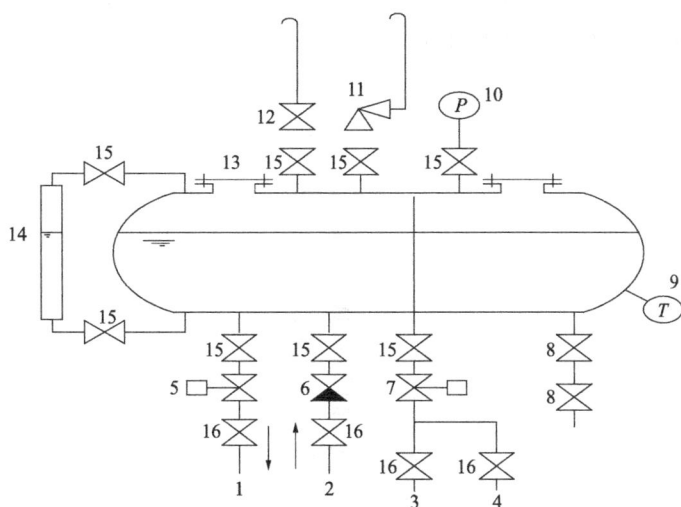

图 6.2-1 LPG 储罐工艺

1—出液管；2—进液管；3、4—气相管；5、7—气动式紧急切断阀；
6—止回阀；8—排污阀；9—温度表；10—压力表；11—安全阀；
12—人工放散阀；13—人孔；14—液位计；15—第一道阀门；16—操作阀

与埋地罐恰好相反。

LPG 加气站按储罐容量也可以进行分类。

1）对于单一 LPG 加气站可分为：

一级站：总容积为 40～60m³，单罐容积 V≤30m³；

二级站：总容积为 20～40m³，单罐容积 V≤30m³；

三级站：总容积 V≤20m³，单罐容积 V≤20m³。

2）对于油、气合建站可分为：

一级站：总容积为 100～180m³，单罐容积：汽、柴油 V≤30m³，LPGV≤30m³；

二级站：总容积为 50～100m³，单罐容积 V≤30m³；

三级站：总容积 V≤50m³，单罐容积 V≤20m³。

（2）LPG 储罐的安全附件

LPG 储罐主要安全附件有安全阀、压力表、液位计、温度计、紧急切断阀、过流阀、止回阀等。

1）安全阀

安全阀在系统中起安全保护作用。当系统压力超过规定值时，不借助任何外力，利用介质本身的压力使安全阀自动打开，排出一定量的流体，将系统中的一部分气体（流体）排入大气（管道）外，以防止系统内压力超过预定的安全值，当压力恢复到安全值后，阀门再自行关闭以阻止介质继续流出，从而保证系统不因压力过高而发生事故。

安全阀的设定压力是该管段或设备的最高工作压力的 1.05 倍；回座压力是起跳压力的 80%。

安全阀结构主要有两大类：弹簧式和杠杆式：

①弹簧式是指阀瓣与阀座的密封靠弹簧的作用力，如图 6.2-2 所示；

②杠杆式是靠杠杆和重锤的作用力。

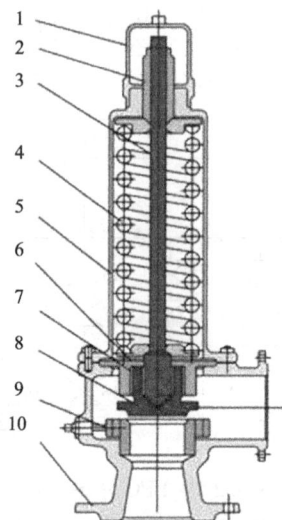

图 6.2-2　弹簧式安全阀结构

1—保护罩；2—调整螺杆；3—阀杆；4—弹簧；5—阀盖；6—导向套；7—阀瓣；
8—反冲盘；9—调节环；10—阀体

安全阀的维护、检查和校验要求如下：

①安全阀的维护：

A. 要经常保持安全阀清洁，防止阀体弹簧等被油垢脏物所沾满或被锈蚀，防止安全阀排入管被油垢或其他异物堵塞。设置在室外露天的安全阀，还要注意防冻。

B. 经常检查安全阀的铅封是否完好。检查杠杆式安全阀的重锤是否有松动、被移动以及另挂重物的现象。

C. 发现安全阀有泄漏迹象时，应及时修理或更换。禁止用增加载荷的方法（如加大弹簧的压缩量或移动重锤和加挂重物等）减除阀的泄漏。

②安全阀的检验期限：

A. 安全阀一般每年至少校验一次（拆卸进行校验有困难时应采用现场校验）；

B. 新安全阀在安装前应根据使用情况调试后，才可安装使用。

③安全阀有下列情况之一时，应停止使用并更换：

A. 安全阀的阀芯和阀座密封不严，且无法修复；

B. 安全阀的阀芯与阀座粘连且无法恢复或弹簧严重腐蚀、生锈；

C. 安全阀选型错误；

D. 无铅封或超过检验期。

2）紧急切断阀

紧急切断阀是自动化系统中执行机构的一种，由多弹簧气动薄膜执行机构或浮动式活塞执行机构与调节阀组成，接收调节仪表的信号，控制工艺管道内流体的切断、接通或切换。

储罐的气动式紧急切断阀结构原理如图 6.2-3 所示。压力不低于 0.5MPa 的氮气进入气缸，气缸活塞克服弹簧弹力作用，通过阀杆将阀门打开。当氮气管路放散阀或电磁阀打开，气缸内压力为零，阀门在弹簧力的作用下迅速关闭。当易熔合金周围的温度高于$70\pm5℃$时熔化，实现管路泄压作用，使阀门关闭。

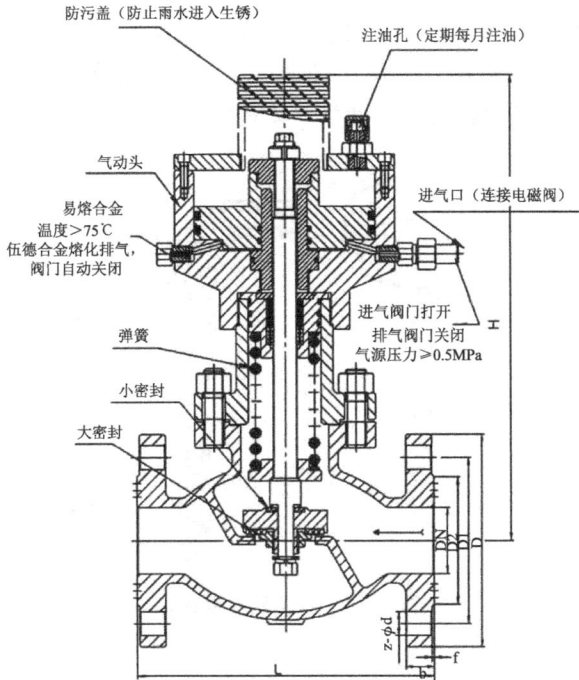

图 6.2-3　气动紧急切断阀结构

气动紧急切断装置维护检查：

①紧急切断阀每天开放 12～14h 后，在系统不工作时应及时将阀瓣关闭，避免弹簧长期压缩，降低阀门长期使用的可靠性。

②严密性检查。

A. 定期检查高压氮气管路的严密性。

B. 气动紧急切断阀开启后，定时检查记录高压氮气管路的压力。压力低于 0.5MPa，及时加压，确保其开启状态。

③有效性检查。

A. 气动紧急切断阀应能在高压氮气管路泄压后 10 秒内迅速关闭，以便在事故状态下能迅速切断气源。

B. 气动紧急切断阀在 0.5MPa 气压下全开，并保证 48h 内不自然关闭。

④紧急切断阀维护保养内容包括：

A. 外观检查是否有锈蚀现象；

B. 每月进行远程或就地压力测试转动是否灵敏可靠；

C. 每月进行检漏是否有漏气现象；

D. 每年打开切断阀及其执行机构清洗；

E. 每三年对紧急切断阀进行大修，将非金属件全部更换。

3）温度表

LPG 储罐温度计的感温元件安装于金属套管内，插入储罐液相，监测 LPG 液相温度。其测温范围在 $-40\sim60℃$ 之间，应在 40℃ 和 50℃ 处标示警戒温度红线，通常选用表盘式压力指示温度计或双金属温度计，如图 6.2-4 所示。表盘式压力指示温度计是通过气体温泡压力随温度变化而变化来测量温度。双金属温度计的测温元件是一端固定，另一端连接指针的螺旋形双金属片，螺旋形双金属片随温度变化带动指针转动一定角度，来测量温度。温度计应当经计量部门定期校验，通常一年校验一次，并应经常检查。

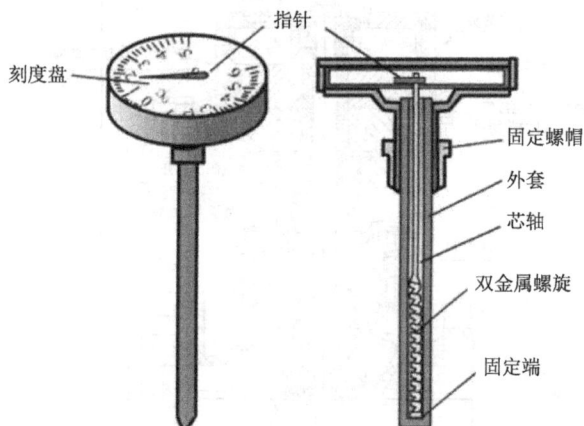

图 6.2-4　双金属温度计

4）液位计

液位计用于指示储罐液位的高度，反映储罐储存量。储罐上使用的液位计有双面玻璃板式液位计、机械传动浮子式液位计和磁性浮子式液位计。常用双面玻璃板式液位计，如图 6.2-5 所示。双面玻璃板式液位计是利用连通器的原理，透过玻璃观察得到储罐内的准确液位。

《固定式压力容器安全技术监察规程》TSG 21—2016 规定，液位计在安装前应当进行 1.5 倍液位计公称压力的液压试验。液位计应当安装在便于观察的位置。液位计上应当标示最高液位红线。LPG 场站运行操作人员应当加强对液位计的维护管理，保持完好和清晰。

5）止回阀

储罐的进液管、烃泵出液管和压缩机出气管应安装止回阀，防止液体回流。旋启式止回阀的结构如图 6.2-5 所示。旋启式止回阀是通过可绕转轴做旋转运动的阀瓣实现 LPG 只能向一个方向流动，以防止事故发生。

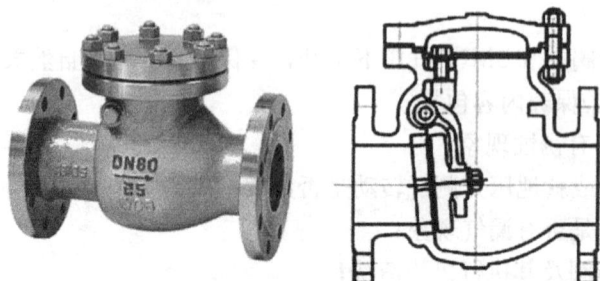

图 6.2-5　止回阀结构图

6）过流阀

过流阀也叫节流阀，是通过改变节流截面或节流长度以控制流体流量的阀门。将节流阀和单向阀并联则可组合成单向节流阀。节流阀和单向节流阀是简易的流量控制阀，在定量泵液压系统中，节流阀和溢流阀配合，可组成三种节流调速系统，即进油路节流调速系统、回油路节流调速系统和旁路节流调速系统。

特点：

①构造较简单，便于制造和维修，成本低；

②调节精度不高，不能作调节使用；

③密封面易冲蚀，不能作切断介质用；

④密封性较差。

2.LPG 储罐操作

（1）运行人员必须严格遵守各项安全操作规程。

（2）经检修储罐或新储罐投入使用必须进行置换。

（3）储罐必须严格控制灌装量，严禁超量灌装，储罐的体积充装系数为 85%。

（4）定期检查储罐上所有阀门的严密性及灵活性，经常检查管线的泄漏情况。

（5）每天定时对储罐进行检查，定时详细记录各储罐的压力、温度、液位和存储量。

（6）储罐压力表、温度表应标定最高度数红线，应定期校验。压力表半年校验一次，温度表每年校验一次，如有失灵应及时更换。

（7）储罐液位计应标定最高液位红线，定期清洗，保证液位清晰可见。

（8）储罐安全阀每年检验一次，开启压力应不大于储罐的设计压力。

（9）夏季期间，当储罐压力达到 1.3MPa，罐内液相管温度达 35℃，或室外气温超过 40℃时，必须启动喷淋降温。

（10）发现气体泄漏，应采取措施堵漏，不准使用黑色金属工具敲打储罐及附件。

（11）当储罐发生下列异常现象时，操作人员应立即采取紧急措施，并及时向主管领导报告：

1）储罐的压力、温度超过允许安全值，采取措施后仍不能得到有效控制。

2）超量灌装，采取措施后仍不能得到有效控制。

3）安全附件失效。

4）接管、紧固件损坏，难以保证安全运行。

5）储罐有裂缝、鼓包、变形、泄漏等危急安全的缺陷。

6）发生火灾直接威胁到储罐安全运行。

7）储罐与管道发生严重振动，危及安全运行。

3.LPG 储罐的管理维护

（1）在炎热夏季，保持储罐一定液位用液化气对泵进行降温。

（2）经常注意空气压力是否正常。

（3）人孔井及卸液盒内要保持干燥清洁，压力表、液位计表盘要时常擦干净。

（4）人孔井、卸液盒及加气机底座有泄漏时，要用氮气吹扫干净再进行维修或报检修公司处理。

（5）地下储罐集水井要定期抽水排放。

（6）静电接线是否完好，有无腐蚀、断裂。

6.2.2 LPG 槽车

1. LPG 槽车介绍

（1）LPG 槽车的类型

1）固定式槽车

固定式槽车的罐体永久性固定在载重汽车底盘大梁上，一般采用螺栓连接，罐体与汽车底盘组成一个整体，能够经受运输过程中的剧烈震动，再配备设置完善的装卸系统和安全附件，构成了一辆运输液化石油气的专用车辆。它具有牢固、美观、使用灵活、方便、稳定、安全等优点。如图 6.2-6 所示。

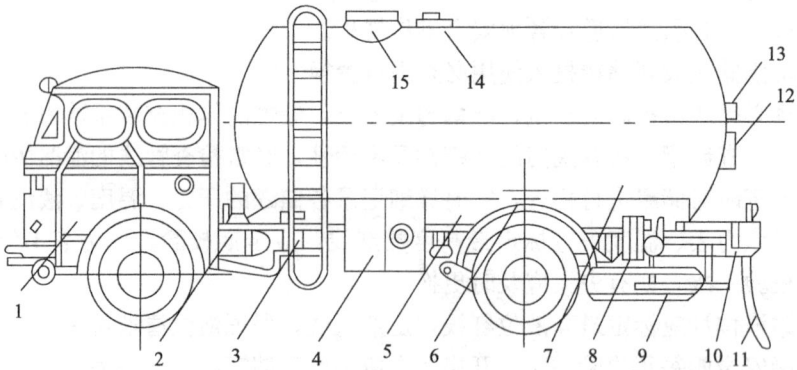

图 6.2-6　固定式槽车

1—驾驶室；2—气路系统；3—梯子；4—阀门箱；

5—支架；6—挡泥板；7—罐体；8—固定架；9—围栏；10—后保险尾灯；

11—接地带；12—旋转式液位计；13—名牌；14—内置式安全阀；15—人孔

2）半拖挂式汽车槽车

半拖挂式汽车槽车由牵引汽车拖动装有罐体的挂车。大多数半拖挂车只是有后轴一组轮胎，前部都是通过转盘与牵引车的后轴支点相连接。半拖挂式汽车槽车一般车身较长，运输量大，整体灵活性较差，对公路的通过性要求较高。如图 6.2-7 所示。

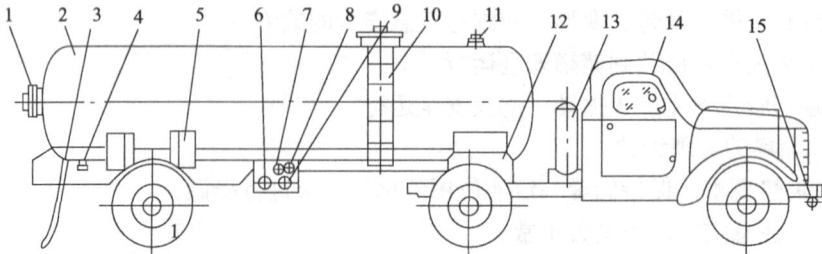

图 6.2-7　半拖挂式汽车槽车

1—人孔、液位计；2—罐体；3—接地带；4—排污管；5—后支座；6—液相管；

7—温度计；8—压力表；9—气相管；10—梯子；11—安全阀；12—前支座；

13—备用胎；14—驾驶室；15—消音器

（2）LPG 槽车的基本结构

LPG 槽车的基本结构包括底盘、罐体、装卸系统与安全附件等。

1）底盘

汽车底盘是液化石油气汽车槽车的行驶与承载部分，是结构的主体。汽车底盘的各项技术性能，如载重与牵引能力、制动和转弯性能、操纵与稳定性能、通过性、行驶的平顺性等，都直接影响到槽车的安全与经济性。

2）罐体

罐体的构成部件如图 6.2-8 所示。

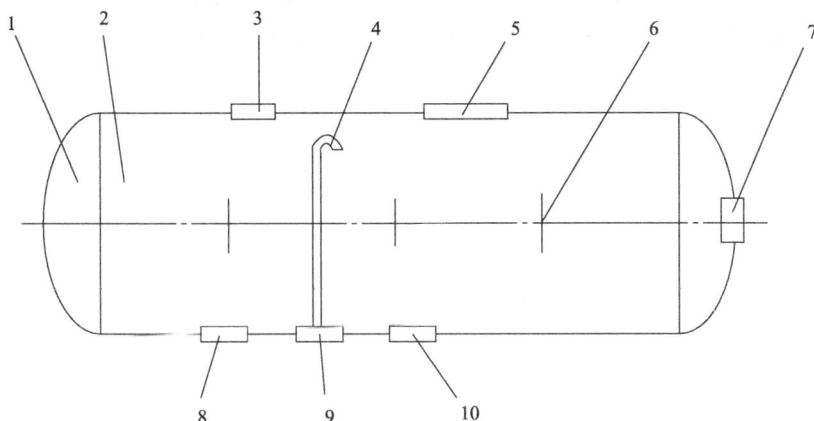

图 6.2-8　罐体的构成部件

1—封头；2—筒体；3—安全阀凸缘；4—气相管；5—人孔凸缘；
6—防波板；7—液位计凸缘；8—温度计凸缘；9—气相接管凸缘；10—液相接管凸缘

①筒体与封头

筒体为圆筒形，受力分布均匀，制造简单，加工方便。一般槽车筒体的厚度不超过 20mm，采用冷卷成形。封头多采用标准椭圆形封头，可以冲压成形，大直径的封头可以分瓣拼接。

②接缘

接缘的结构形式随需要附件的结构与要求而异，绝大多数都采用对接焊凸缘。

③人孔

为了便于罐体的制造、检验与修理，罐体上至少设置一个公称直径不小于 400mm 的人孔。

④防波板

为了减少槽车加速和制动时的液体对罐体的冲击，罐内应设置防冲板。

2.LPG 槽车操作

（1）槽车装卸系统（紧急切断装置）

为了使槽车进行正常的装卸作业，在槽车上设置了两套独立装卸系统。这里主要介绍系统中的紧急切断装置。

在 LPG 槽车罐体与液相管、气相管接口处必须装设一套内置式紧急切断装置，以便

125

在管道发生大量泄漏时进行紧急止漏。紧急切断装置应包括紧急切断阀、远程操纵系统和易熔合金自动切断装置三部分。其中槽车用紧急切断阀有机械式和油压式紧急切断阀两种。这里介绍带过流保护功能的油压式紧急切断阀。

LPG 槽车紧急切断装置系统如图 6.2-9 所示。LPG 槽车罐体的紧急切断阀是常关阀，当装卸车时，打开泄压阀 3，摇动手摇泵 1 手柄，向高压油路注入高压油，当油路油压升至 3MPa 以上，紧急切断阀打开，关闭泄压阀 3，保持油路油压在 3MPa 以上，使紧急切断阀保持打开的状态，直至装卸车作业结束，打开泄压阀 3，使高压油回流至油缸内，油路油压下降至零，紧急切断阀关闭。遇到以下情况，需紧急切断管路。

1）阀门箱内装卸球阀故障泄漏，无法止漏，应立即打开泄压阀 3，关闭紧急切断阀止漏。若无法靠近阀门箱打开泄压阀 3 时，可通过槽车尾部的事故泄压阀 8，远程关闭紧急切断阀。

2）当出现大面积火灾，无法靠近槽车时，位于手摇油泵的易熔合金塞被加热至 70 ± 5℃时熔化，油路泄压，使紧急切断阀关闭。

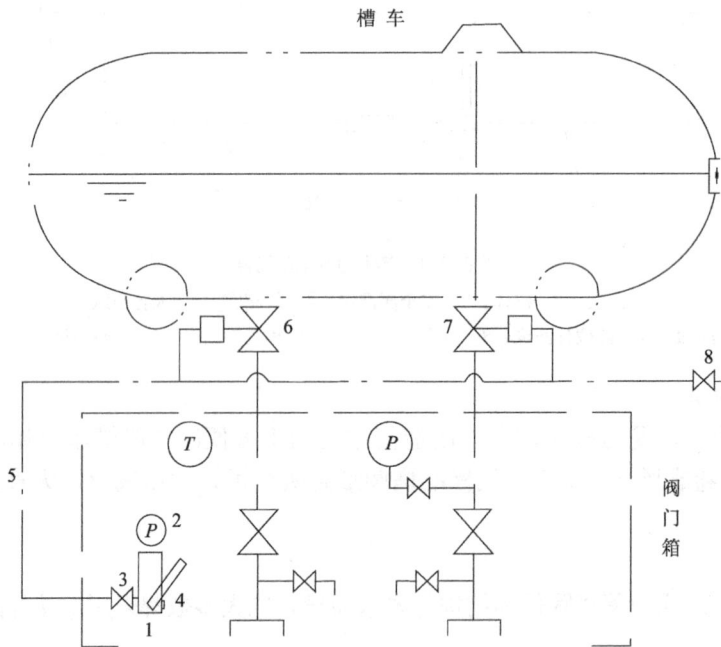

图 6.2-9　LPG 槽车紧急切断装置系统图

1—手摇油泵；2—油压表；3—泄压阀；

4—易熔合金塞；5—高压油路；6、7—紧急切断阀；8—事故泄压阀

3）因操作失误或管路破裂，瞬间造成大量 LPG 外泄，流过紧急切断阀的流体流速过高，紧急切断阀内的过流装置自动关闭，切断气源。

（2）《液化气体汽车罐车安全监察规程》对紧急切断阀有以下要求：

1）易熔塞的易熔合金熔融温度为 70 ± 5℃。

2）油压式或气压式紧急切断阀应保证在工作压力下全开，并持续放置 48h 不致引起自然闭止。

3）紧急切断阀自始闭起，应在 10s 内闭止。

4）紧急切断阀制成后必须经耐压试验和气密试验合格。

5）受液化气体直接作用的部件，其耐压试验压力应不低于罐体设计压力的 1.5 倍，保压时间应不少于 10min；耐压试验前、后，分别以 0.1MPa 和罐体设计压力进行气密性试验。

6）受油压或气压直接作用的部件，其耐压试验压力应不低于工作介质最高工作压力的 1.5 倍，保压时间应不少于 10min。

7）紧急切断阀在出厂前应根据有关规定和标准的要求进行振动试验和反复操作试验并合格。

（3）安全附件

1）安全阀

槽车上采用内置全启式弹簧安全阀，外露罐体高度不得超过 150mm。内置全启式弹簧安全阀有上导式和下导式两种。结构如图 6.2-10、图 6.2-11 所示。

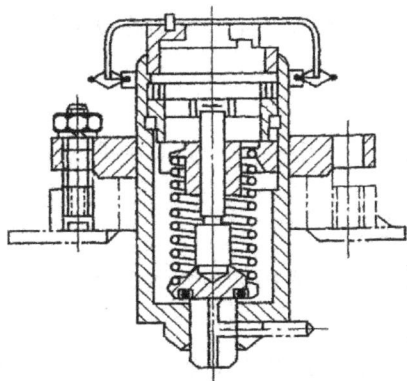

图 6.2-10　上导式弹簧安全阀　　　　图 6.2-11　下导式弹簧安全阀

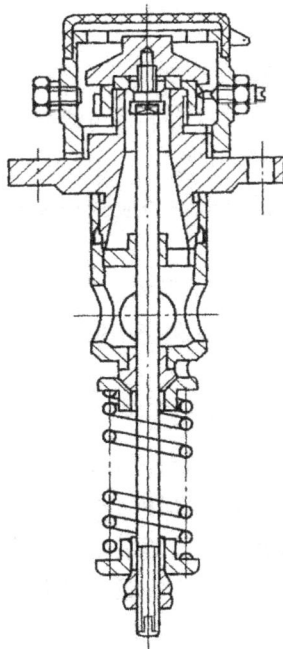

上导式弹簧安全阀的弹簧与液化气隔开，避免了液化气对弹簧的腐蚀作用，结构复杂。下导式弹簧安全阀弹簧与液化气相接触，结构简单，液化气对弹簧有腐蚀作用，弹簧需采取特殊的防腐措施。

2）液位计

槽车上采用旋转管式液位计或浮筒式液位计，如图 6.2-12、图 6.2-13 所示。旋转管式液位计是通过旋转弯管管口的高度至液面位置，使放散孔喷出白色气雾，从而通过随弯管旋转的指针指示相应的液位。旋转管式液位计观测液位时应先将弯管管口旋至最高液位，打开放散孔将放散管内液体排净，待喷出透明气体后，缓慢向下旋转弯管，当旋至放散孔喷出白色气雾，指针指示的液位就是槽车内的液位。观察到液位后应将弯管管口旋离液相至气相，关闭放散孔。浮筒式液位计是当槽车内液位变化时，浮筒随之上下运动，浮筒通过机械机构带动一块磁铁旋转，磁铁转动带动罐体外用磁化材料制成的指针指示出液位。

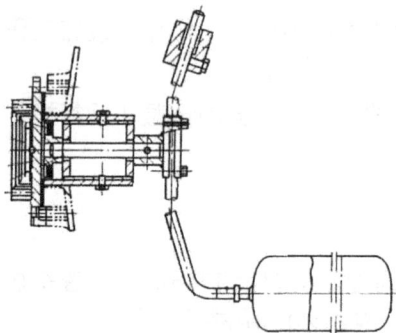

图 6.2-12　浮筒式液位计　　　　　　　图 6.2-13　旋转管式液位计

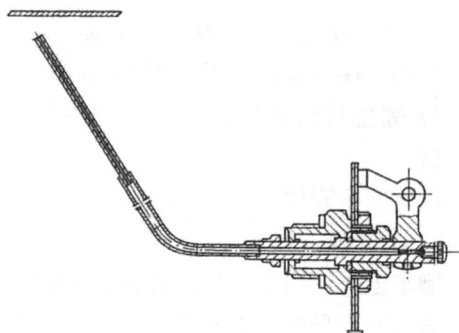

3）接地带

接地带要求自由下垂与地面接触，及时导走槽车行驶时产生的静电。

4）消防器材

槽车上的电气设备应采用防爆型的电气设备，槽车每侧应有一只 5kg 以上的干粉灭火器。

5）排气管灭火装置

防止汽车油料燃烧不完全，重新接触空气后燃烧，产生火星，必须在排气管装灭火装置。

6）压力表和温度计

为了监测槽车罐体内液化气的压力和温度，汽车槽车上必须装设压力表和温度计，压力表和温度计装设在阀门箱内。

按《液化气体汽车罐车安全监察规程》规定，罐体上必须装设至少一套压力测量装置，其精度不低于 1.5 级。最大量程为罐体设计压力的 2 倍左右。并应在液化气 5℃时的饱和蒸气压或最高工作压力处涂以红线标记。压力表应定期由计量部门进行校验，校验周期为 6 个月一次，失灵或损坏的不得使用。

温度计测量液化气液相温度，测量范围应为 −40～60℃，并应在 4℃和 5℃处涂以警戒红线。温度计应定期由计量部门校验，失灵和损坏不得使用。

3.LPG 槽车的管理维护

（1）LPG 槽车的定期检验

槽车的定期检验分为年度检验和全面检验，年度检验每年至少进行一次，全面检验每六年至少进行一次，罐体发生重大事故或停用时间超过一年的，使用前应进行全面检验。

罐体及其安全附件按劳动部颁发的《在用压力容器检验规程》和《液化气体汽车罐车安全监察规程》的要求进行清洗、置换和检验，并按要求出具检验报告。底盘的检查按汽车使用及保养说明书和车辆管理部门的有关规定进行。

（2）罐体年度检验的内容：

1）罐体技术档案资料审查；

2）罐体表面漆色、铭牌和标志检查；

3）罐体内外表面，有无裂纹、腐蚀、划痕、凹坑、泄漏、损伤等缺陷检查；

4）罐体对接焊缝内表面和角焊缝全部进行表面探伤检查；对有怀疑的对接焊缝进行射线或超声波探伤检查；

5）安全阀、爆破片装置、紧急切断装置、液面计、压力表、温度计、导静电装置、装卸软管和其他附件的检查和校验；

6）罐体与底盘的紧固装置检查和测量导静电带电阻；

7）气密性试验。

（3）罐体全面检验的内容：

1）罐体年度检验的全部内容；

2）罐体外表面除锈喷漆；

3）测定罐体壁厚；

4）耐压试验。

6.2.3 LPG 压缩机

1. LPG 压缩机介绍

（1）压缩机结构

LPG 压缩机主机是由机身部件、曲轴部件、连杆十字头部件、活塞部件、填料部件、油泵部件、气缸和缸盖部件等组成。如图 6.2-14 所示。

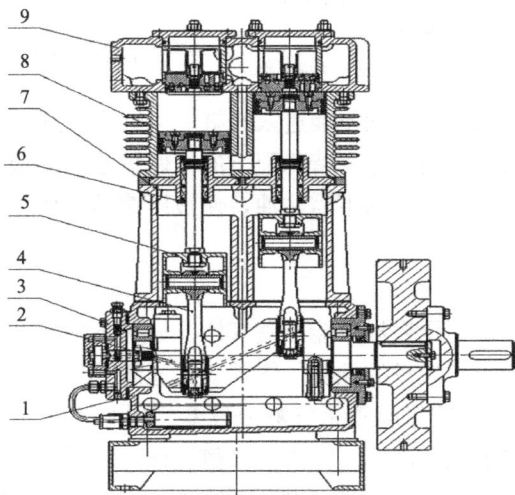

图 6.2-14 LPG 压缩机的主机结构

1—曲轴箱部件；2—曲轴部件；3—油泵部；4—连杆部件；5—十字头部件；
6—填料部件；7—中体部件；8—活塞部件；9—气缸及缸盖部件

（2）压缩机工作原理

压缩机工作原理如图 6.2-15 所示，压缩机运转时，通过曲轴、连杆及十字头，将回转运动变为活塞在气缸内的往复运动,并由此使工作容积作周期性变化,完成吸气、压缩、排气和膨胀四个工作过程。当活塞由上止点向下止点运动时,进气阀开启,气体介质进入气缸,吸气开始,当到达下止点时,吸气结束;当活塞由下止点向上止点运动时,气体介质被压缩,当气缸内压力超过其排气管中背压时,排气阀开启,即排气开始;活塞到达上止点时,排气结束;活塞再从上止点向下止点运动,气缸余隙中的高压气体膨胀,当吸气管中压力大于正在缸中膨胀的气体压力,并能克服进气阀弹簧力时,进气阀开启,在此瞬时,膨胀结束,压缩机就完成了一个工作循环。

(3)压缩机的润滑

压缩机机体内的润滑有两种方式:

1)采用压力润滑,它是由油泵将润滑油注入各运动部件的所有摩擦部位进行润滑的;

2)采用飞溅式润滑,它是由设置在连杆大头端的打油杆拍击曲轴箱底部的油面,使油滴飞溅,用以润滑曲轴两端滚动轴承、连杆大小头瓦、十字头滑道等摩擦部位。

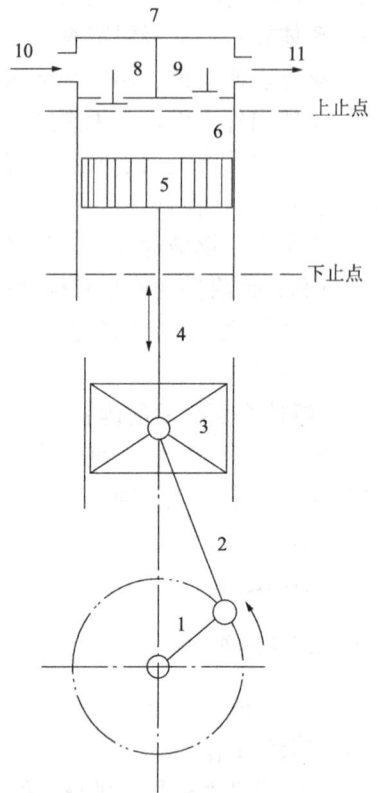

图6.2-15 压缩机工作原理
1—曲轴;2—连杆;3—十字头滑块;
4—活塞杆;5—活塞;6—气缸;7—气缸盖;
8—吸气阀;9—排气阀;10—进气管;11—排气管

无论是压力润滑还是飞溅式润滑,在机体的上部,由于填料的阻断,润滑油不能进入气缸。气缸与活塞环、活塞杆与填料的润滑则采用干润滑,它是由自润滑材料——特殊配方的聚四氟乙烯制成的填料环、活塞环、导向环来实现无油润滑的,故而气缸内不需注油,使被压缩的介质保持纯净。一般采用压力润滑。

(4)气液分离器

由于液体的不可压缩性,压缩机只能压缩气体。如果不慎使液体进入气缸,就会产生"液击",使压缩机严重损坏。大量的危险气体就会迅速泄漏出来,造成重大事故。为防止"液击"事故发生。本系列压缩机配置了气液分离器,杜绝了液体进入压缩机,确保压缩机的安全运行,同时免除了庞大的气液分离器和稳压罐,为用户省了投资。

气液分离器由筒体、浮子、切断阀、排液阀等组成,如图6.2-16所示。在正常情况下,气体经过进气过滤器进入筒体后,由于气体比重较小,浮子不会上升,气体顺利通过切断阀流进压缩机,压缩机正常运转。

若是液体进入筒体,液体的浮力就会把浮子托起,并关闭切断阀,使液体不能进入压缩机。

一旦发生"进液",应首先关闭气相管线上的进排气阀门,切断电动机的电源开关。

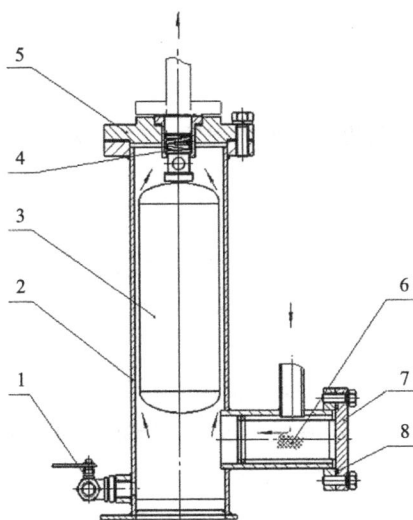

图 6.2-16 气液分离器
1—排污阀；2—分离器体；3—浮子；4—切断阀；
5—分离器上盖；6—过滤器；7—过滤器盖；8—O形密封圈

查找进液原因。解决办法是打开气液分离器下方的排液阀门，将筒内的液体排除，此刻压缩机的进气压力表仍在零位，即使气液分离器内存液已经排净，但浮子仍被吸住，为使浮子复位，应先关闭进气管线上的阀门，后打开排液阀，使1～9排气腔的高压气体回流到进气腔。此时可以听到一声沉闷的轻响，表明浮子已经下沉复位，浮子复位后，即可按规定程序继续启动压缩机运行。注意若此时气相管线内的液体没有排净，再次开车时，还会再次进液。因此，用户应完全地将气相管线内的液体排净。

（5）四通阀

正位时，两位四通阀的手柄垂直，气体由四通阀的下法兰口进入机组，经压缩后，由上法兰口排出，即低进高出；反位时，手柄水平向左，气体由上法兰口进入机组，压缩后由下法兰口排出，即高进低出。在任何情况下，四通阀的手柄都不允许处在倾斜的位置，否则将堵塞压缩机的进排气通道，如图6.2-17所示。

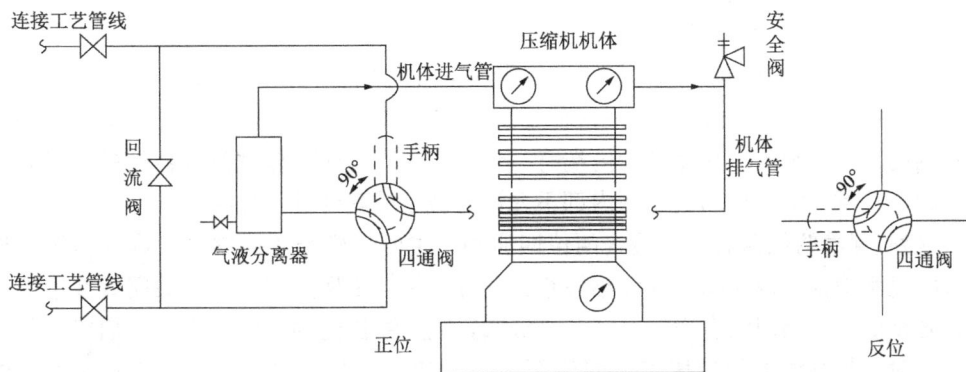

图 6.2-17 四通阀示意

2. LPG 压缩机操作

（1）准备工作

1）检查机体　地脚螺栓是否松动；

2）手动盘车 2～3 转，听无杂音、卡机现象；检查皮带是否松动，老化；

3）排除气液分离器内的残液；

4）检查润滑油油量是否足够；

5）检查管线阀门开启状态，确定进气管及出气管，确定四通阀的指向；打开进气阀、出气阀和回流（旁通）阀；

（2）启动运转

1）接通电源，使压缩机空转，待润滑油压力超过 0.15MPa 时，缓慢关闭旁通阀。

2）运转时，应经常检查是否有杂音、过热、漏油、漏气现象，压力表、温度表和油温表的指示值是否在额定范围内，如发现异常情况，应立即停机处理。

3）运行时的压力、温度要求：

①排气温度不应超过 100℃；

②润滑油温度不超过 60℃；

③润滑油压力不小于 0.15MPa；

④进气压力不超过 1.0MPa；

⑤排气压力不超过 1.5MPa；

⑥排气与进气压差低于 0.5MPa；

（3）停车

1）使用完毕，切断电源，使压缩机停转；

2）先开启旁通阀门，再关闭进气阀门、出气阀门和旁通阀。

3. LPG 压缩机的管理维护

（1）日常维护保养

1）每次开车前的检查内容：管线上阀门的开关位置是否正确；排液阀是否排放、关好；压缩机及管线有无泄漏；两位四通阀的位置是否正确；润滑油是否足够。

2）每次开车时的监护内容：进气温度；排气温度；进气压力；排气压力；压缩机运行时的声音是否正常；有无漏油、漏气现象。

3）每天保养内容：擦净机器表面上的灰尘，保持外表清洁。

（2）每月保养的检查方法

1）检查三角带的松紧：用拇指压按皮带，下沉约 20～30mm 为宜。

2）清洗过滤器内的滤网：卸下过滤器的端盖，取出滤芯，拆下滤网，用清洗剂反复清洗滤网的脏物，晾干。在滤芯的内端有一垫片，亦应清洗。擦洗过滤器体的内壁，然后原样装回。注意：清洗后的过滤网内部不允许有绒毛或其他脏物存在。

3）检查保养两位四通阀：检查两位四通阀，主要是检查四通阀有无内外泄漏，外泄漏可有肥皂水检查，内泄漏则要停车检查，其方法是：手柄处于正位，关闭管线上的进气阀门，必须确认此阀门没有内漏，打开排液阀，把压缩机内的余气排空，开启管上的排气阀门，此时气相管线上的带压气体回流至两位四通阀，若有泄漏，气体会从排液阀处流出。由此可以判断两位四通阀是否有内泄漏。如果两位四通阀有外泄漏，则需更换并盖上的 O 形密封圈。如果有内泄漏，应更换阀芯上的 O 形密封圈。

4）检查进、排气阀片及弹簧的方法：关闭管线上的进气阀门，压缩机短暂运行，此时进气压力表会立刻降至零位，若是不能降至零位，说明气阀片或弹簧有损伤，或者被脏物卡住，当然也有可能是压力表坏了。

5）检查填料泄漏将排气阀出口处的 φ7 塑料管外端插入油中，允许有连续泡形成，若是形成沸腾状，听到气流声音，则说明须更换新的填料，更换填料必须由经制造厂培训的合格的熟练检修工进行。一般情况下，冬季气温低时，由于填料冷缩，其泄漏量可能会多些。夏季或在运转时，因温度升高，其泄漏量会减少。这些都是正常现象，不需要更换填料和检修。

（3）定期维护保养

1）更换润滑油：新压缩机在最先工作 100h 后，应更换润滑油，换油时应以清洁的不带绒毛的棉布将曲轴箱内擦洗干净。然后再注入新的润滑油。以后每隔半年或工作 1000 小时换油一次。

2）每隔一年或每工作 2000h 时，拆卸检查压缩机的进、排气阀片及弹簧的完好情况。

3）原则规定每隔一年或每工作 2000h，拆卸检查活塞环的磨损情况，若是活塞环平放在气缸内，其开口尺寸达到 4mm 以上时，则应更换活塞环。同时检查活塞上的四个螺钉是否松动。

4）原则规定每隔一年或每工作 2000h，拆卸检查填料并予以更换，但若是由 φ7 塑料管泄漏出来的气量没有明显增加，则不需拆卸更换，反之则应提前拆卸更换。

5）每隔一年或每工作 2000h，打开曲轴箱侧盖和中体侧盖，检查连杆大头瓦与曲拐轴颈的间隙是否正常，检查连杆小头瓦与十字头销的间隙是否正常，检查十字头与滑轨的间隙是否正常，检查平衡铁螺钉锁紧垫片是否松动，检查活塞杆的锁紧垫片是否松动，检查连杆螺栓上的开口销是否完好。所有这些检查都不需要拆卸零件，只要目测和手感即可。

6.2.4 LPG 烃泵

1. LPG 烃泵介绍

（1）烃泵的分类（根据工作原理，分三类）

容积式泵：容积式泵在运转时，机械内部的工作容积不断发生变化，从而吸入或排出液体，如叶片泵、齿轮泵、螺杆泵等。

速度式泵：通过叶轮的旋转运动，对液体做功，从而使液体获得能量，提高压力。如离心泵、轴流泵等。

其他类型的泵：如旋涡泵、真空泵等。

加气泵是加气站的心脏，由于加气泵长期在频繁间歇状态下工作，因此泵的质量和维修是否便利是首要考虑的问题。用于加气站的泵大致分为 3 类：潜液泵、螺杆泵、叶片泵。潜液泵用于全埋式储罐；双螺杆泵可用于储罐离泵较远、泵入口阻力较大的地上罐或埋下式储罐；叶片泵用于储罐离泵较近、泵入口阻力较小的地上储罐，且有一定的高差。

（2）叶片泵

常用的叶片泵型号有 YQ15-5、YQ35-5、YB5-5，其结构简单、体积小、价格便宜、安装方便、便于运行和维修，密封性能好，性能稳定。

1）YQ 叶片泵的结构

叶片泵是由外壳、气缸及部件、吸入口、排出口、安全回流阀组成。工作原理如图 6.2-18 所示。

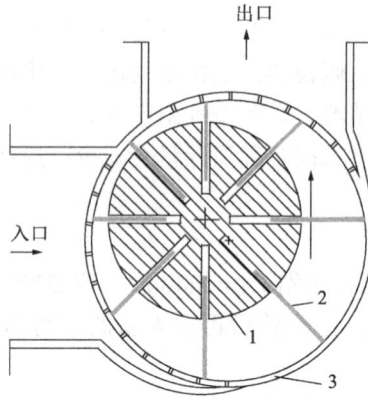

图 6.2-18　叶片泵结构原理
1—转子；2—叶片；3—定子与外壳

2）YQ 叶片泵工作原理

叶片泵是利用旋转的物体具有离心力这一原理工作的，当泵轴带动转子旋转时，叶片在离心力作用下，向外滑出紧贴定子的复合曲面，随定子复合曲面的变化使泵的进液腔体容积逐渐增大，并形成一定负压将液体吸入。当转子旋转一定角度后，由该滑片组成的工作容积由逐步扩大变成减小，液体随泵工作容积的缩小而被压缩，液体压力不断升高。在吸入腔与压出腔之间有一封油块将两腔隔开，压出的液体沿压出腔经泵的出口排出。

（3）离心泵

离心泵是依靠泵的叶轮旋转时产生的离心力输送液体，所以称离心泵。

Y 型离心泵是输送液态液化石油气和油品的专用泵。该型泵的流量大，扬程高，工作比较平稳，故适用于流量较大的长距离管道输送。

离心泵由泵壳、叶轮、吸入口、排出口组成，如图 6.2-19 所示。

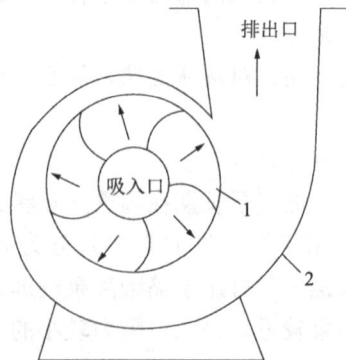

图 6.2-19　离心泵结构
1—叶轮；2—外壳

当离心泵泵室和吸入管充满液体时，叶轮高速旋转产生很大的离心力，使液体获得能量，沿着叶轮通道甩向四周，并从叶片之间的开口处以很高的速度流出，挤入截面逐渐扩大的泵壳内，液体的流速逐渐降低，速度降低的这部分动能转换为机械能，使液体既获得一定的流速，又获得一定的压力。液体被叶轮甩向四周的同时，叶轮中心区压力降低形成低压区，低于泵吸入口的压力，液体从泵吸入口自动地流入叶轮中心区。因此，随着叶轮的旋转，液体连续不断地被吸入和压出，达到被加压输送的目的。如果是两级离心泵，则经第 1 级叶轮压出的液体又被吸入第 2 级，通过第 2 级叶轮液体又一次获得能量，提高压力。三级离心泵、四级离心泵以此类推。

2. LPG 烃泵操作

（1）准备工作

1）检查地脚螺栓是否松动；

2）手动盘车 2～3 转，听无杂音、卡机现象；检查皮带是否松动、老化（叶片泵）；

3）确定沿线阀门处于开启状态（特别注意出液罐至泵入口的一切阀门）；

4）打开进液阀、出液阀和旁通阀；

5）利用排空阀排清泵体内的液化石油气气体。

（2）启动运行

1）接通电源，进行点动操作，检查有无杂音、卡机、漏油等现象；正常后使烃泵空载启动；当烃泵运转平稳后，缓慢关闭旁通阀，提高烃泵出口压力。

2）烃泵运转时，观察烃泵有无杂音、过热、漏气、漏液等异常现象；当烃泵噪声较大时，打开排空阀放气；当烃泵发出异常响声时，是因为出口压力过大引起的，可以开大回流阀，使部分液体回流，降低出口压力。

3）烃泵运转时，操作者不得擅自离岗，每 15min 检查一次运转情况；当压力表急剧波动、压差大于工艺要求、安全阀起跳或泵压突然上升，应紧急停机处理。

4）烃泵进出口压差不得超过 0.5MPa；

5）烃泵入口管线上的阀门要全开，不能用作调节流量。

（3）停机

打开回流阀，切断电源，使烃泵停转，关闭进液阀、出液阀和回流阀。

3. LPG 烃泵的管理维护

（1）定期清洗泵前过滤器，清除杂物。

（2）检查前，必须检查烃泵的进出口阀门是否已经关闭，并打开泵体上的放散阀进行排气（处于常开状态）。

（3）每年一次，检查泵体内壁的腐蚀情况、滑动片的磨损程度，并作好登记，清洗泵体内腔的污垢，并重新装配好；不得有阻滞卡住现象，不得有异常声音。

（4）检查泵的轴承磨损情况、机械密封性能及机体上各紧固件、地脚螺栓等部位，及时紧固、牢靠；清除机身及周围环境的水污、油污和灰尘。

（5）定期对安全回流阀、压力表和防爆接地进行校验测试。安全阀每年至少校验一次，压力表、接地防爆设施每半年至少校验一次。

（6）对采用皮带传动的烃泵，当发现皮带打滑老化时，应及时更换。

（7）轴承箱润滑油每月至少加注 1 次，每次必须加足。

6.2.5 LPG 加气机

1. LPG 加气机介绍

LPG 加气机是加气站的重要设备之一，如图 6.2-20 所示，主要用于对 LPG 汽车进行计量加注和贸易结算。

图 6.2-20　加气机主要结构

加气机主要由 LPG 液相管路和气相管路、阀门、流量计、温度传感器电子计控装置、气液分离器、加气机壳体及回液口等部分组成。加气机原理如图 6.2-21 所示：贮气罐中的 LPG 由泵送到加气机，加气机中的气液分离器将液体中的气体分离，气体返回到贮气罐，液体送到流量计中进行计量，经流量计计量后的液体经软管和拉断阀送到加气枪，再送到被加注的汽车。流量计计量后所得到的流量电信号和温度传感器的温度电信号送到加气机的电子计控装置中进行计算、显示并按预置值实现控制。

过滤器：液相 LPG 经加压后首先进入过滤器，通过高密度（300 目）滤网将液体中杂质滤掉，保证了流量计和电磁阀的可靠运行，从而也保证了整机的使用寿命。

气液分离器：容积式分离原理，能够有效地将 LPG 中气泡分离出去，保证加注的 LPG 为液态 LPG，确保计量准确度。气液分离器分离出来的气相 LPG 通过气相管道流回储罐。

安全阀：工艺保护，防止意外高压对设备造成损坏或对操作造成影响。开启压力通常设定在 2.0MPa.

流量计：有椭圆齿轮（YHLC-15）和四活塞（YHL-02）两种形式流量计。LPG 进入流量计后，推动双轮啮合运动或使四个活塞往复运动，使它们的中心轴旋转，带动齿盘周期性改变电磁感应系统中的磁阻值，使通过线圈的磁通量周期性地变化而产生电脉冲信号，经放大器放大后传至电脑（电子计控）系统，进行流量测量或计算。

止回阀：阻止液态 LPG 反向流动。

电磁阀：控制液态 LPG。由电脑控制，在加气机不工作时，电磁阀处于关闭状态，当按动加气键，电脑发出信号，打开电磁阀。根据用户要求，可加装小流量电磁阀，实现大小流量分别控制。

压差阀：与活塞式流量计配用。该阀在进口与背压（气相压力）之间存在一定压差时开启，一般设定在 0.25MPa。压差阀的设置，保证流量计腔体内的液体只有在升高到一定压力时才能向燃气汽车加注，很好地消除和阻止了汽化现象，进一步确保计量准确度。

限流阀：安全保护用，安装于加气软管之前。在软管或加气枪发生泄漏时，且流量超过 75L/min 时即可关闭。

拉断阀：安全保护用，安装于加气软管中间。司机加完气后，若忘记摘枪开动车辆时，会使拉断阀拉开并自动封闭，使 LPG 不能泄漏，也避免了汽车拖动加气机主体。

加气枪：用于与燃气汽车加气口连接加气，有卡口式和螺旋式两种类型。对于世界各国不同的加气口，公司备有各种转换接头，用户可另行购买。加气枪的设计充分考虑到操作的安全性，若不将加气枪与加气口连接，即使扣动扳机也不会放出气体，只有连接好后，加气枪才能正常加气，这种功能可以防止误操作。

脱扣器：吊挂加气软管用。当对加气软管的拖拉程度超出正常情况时，脱扣器自动脱开，使软管脱离加气机。

2. LPG 加气机操作

（1）每天上班前打开加气机机盖检查管路、阀门等确认无漏气隐患，定期清理加气机灰尘，保持机器干净整洁，加气机过滤器每个季度清理一次；

（2）加气工穿戴防静电劳动防护用品上岗，加气前检查加气胶管、拉断阀、加气枪等有无安全隐患；

（3）加气站内严禁烟火，禁止客户在加气站内接打电话；

（4）加气工正确引导加气车辆停入安检区，确认车辆停稳熄火，车上无停留人员后打开车辆后备厢，检查车载钢瓶确认无安全隐患，将加气枪和车辆 LPG 加气口对接牢靠，垫上木塞，严禁非工作人员私自操作加气机；

（5）用手持机扫描车载钢瓶电子标签，将加气卡插入加气机卡槽内，按动手持机"OK"键，在加气机面板上轻触按键输入加气密码，按"确认"键后开始加气，如果扫描电子标签时发现钢瓶超期未检或是钢瓶没有电子标签将不予加气；

（6）加气时如发生加气枪、加气胶管或拉断阀泄漏应立即按下"停止"键或直接拔出加气卡，严禁周围加气车辆启动，启动应急抢险预案并立即报告班组长和设备管理人员；

（7）加气自动结束后拔下加气枪，移走木塞，将加气枪放入加气机枪仓内，等待加气卡显示余额后再拔出加气卡；

（8）加气站内严禁烟火，禁止客户在加气站内接打电话。

3. LPG 加气机的管理维护

（1）应具有充装和计量功能；

（2）压力表、流量计准确灵敏，并在有效检验期内；

（3）阀门开关灵活，无卡、堵现象；

（4）加气软管应满足强度和气密检验标准，并加保护套，防止磨损，软管和保护套应具有导静电功能；

（5）防静电接地连线符合相关规范；

（6）加气软管上的拉断阀完好；

（7）加气机的防撞事故自动切断阀完好；

（8）加气枪阀及枪头完好；枪头应保持接地连通；

（9）根据实际使用情况确定最大流速保护值，一旦超过流速保护值时，系统将关闭电磁阀，停止加气，用户应分析超值原因；

（10）在任何状态下，按按钮，系统将无条件关闭电磁阀和电机，切断气路。

6.3 LPG汽车介绍

1. LPG汽车结构原理及设备

如图6.3-1所示。

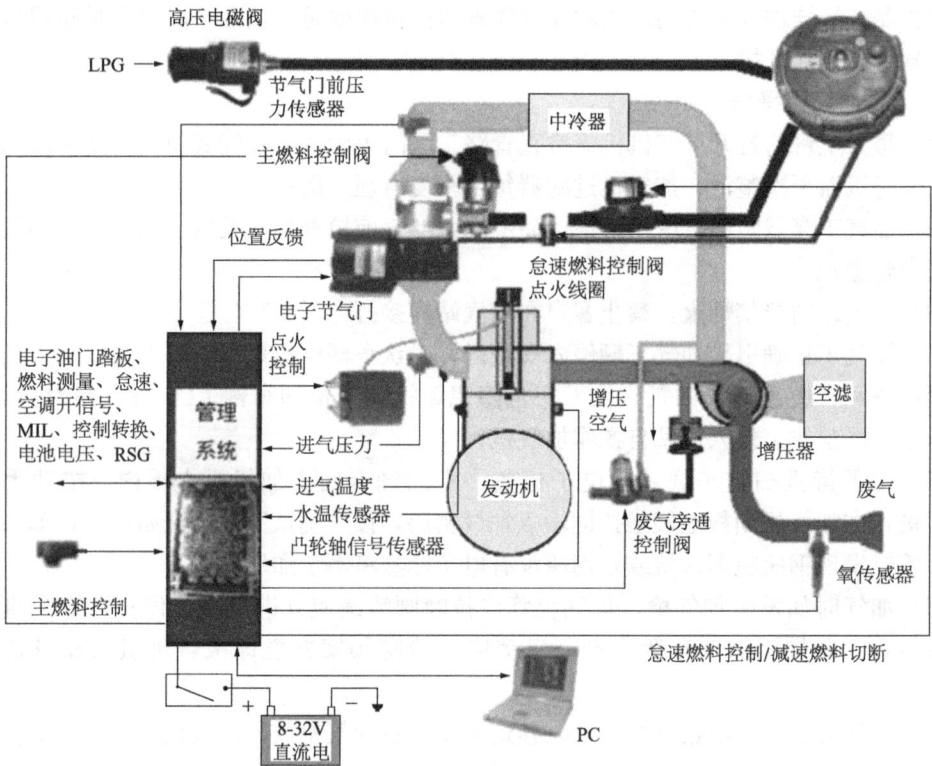

图6.3-1 LPG单燃料发动机系统原理

2. LPG汽车主要设备

（1）蒸发调压器（气化器）：如图6.3-2所示通过与汽车冷却水的热交换，使液态LPG汽化成气态，并进行适当调压送出。

（2）车后厢控制键：熄火、启动、照明，如图6.3-3所示。

（3）发动机机舱，如图6.3-4所示。

图 6.3-2　蒸发调压器（气化器）

图 6.3-3　车后厢控制键

图 6.3-4　发动机机舱

（4）LPG气瓶及阀件，如图6.3-5所示。

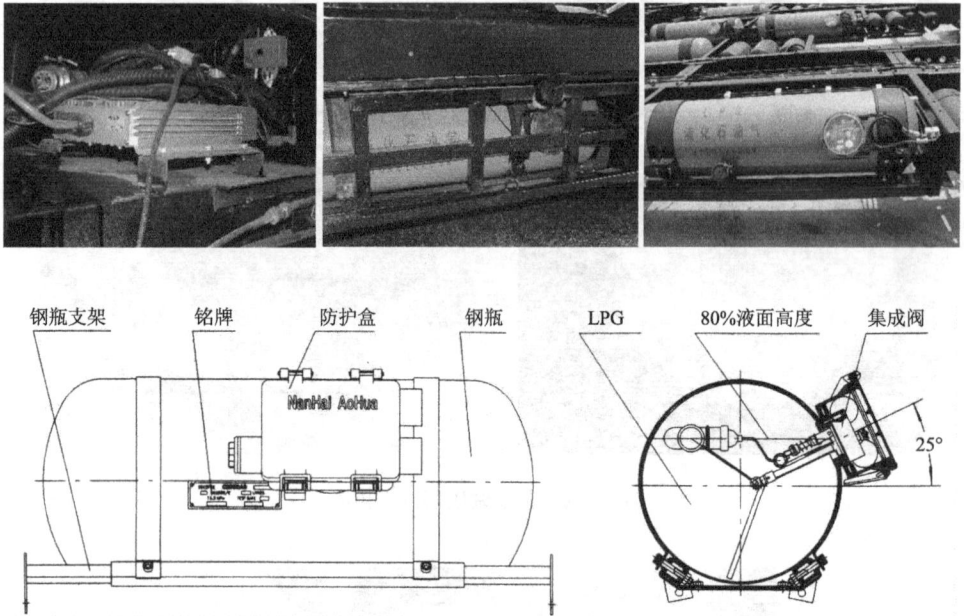

图 6.3-5　LPG气瓶及阀件

车用LPG气瓶主要技术参数：

1）额定压力为2.2MPa（表压）；

2）爆破压力为8.8MPa；

3）工作环境温度-40～60℃；

4）安全阀开启压力2.50MPa±0.2MPa；

5）设计壁厚为4.0mm；

6）最大充装量为80%；

7）50～120L，每4年复查一次；小于50L的每5年复查一次，设计寿命为15年。

（5）钢瓶组合阀：组合阀安装在LPG气钢瓶上，如图6.3-6所示。

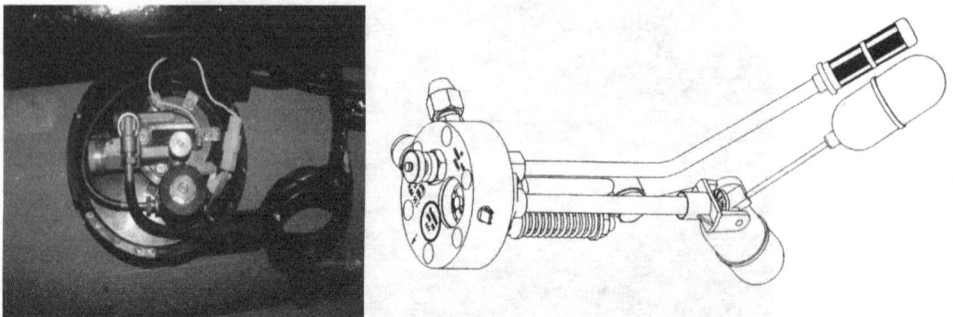

图 6.3-6　钢瓶组合阀

组合阀（集成阀）的功能：

①限量充装阀：当加气量达到钢瓶水容积的 80% 时，限充阀应自动截止充装，防止充装过量。

②液位显示器：浮子式液位显示机构。

③单向阀：防止加气通道向外漏气。

④安全阀：当钢瓶内压力超过 2.5MPa 时，安全阀应开启，向外界排出气体；当压力回落至安全限度以内时，安全阀自动关闭。

⑤限流阀：过流保护作用。当供气管路意外破裂、液化石油气大量泄露，流速超出正常范围时，限流阀切断供气通道，防止燃料大量泄漏。

⑥手动开关：为了便于维护保养，手动控制出气通道的开启和关闭。

⑦自动安全电磁阀：采用 12V 电磁线圈控制，当车辆熄火时，自动关闭出气通道。

3. LPG 汽车安全使用规范

（1）组合阀的安全使用

1）初次使用液化气时，请检查液化气钢瓶上的手动关闭阀是否打开；

2）为保护气瓶组合阀的浮子，应使钢瓶内经常存有至少 1/4 瓶的液化气，当指示燃气气量的红灯亮时，即尽快加气；

3）在发动机熄火时自动安全电磁阀自动关闭，完全切断组合阀的出气，所以通常情况下，手动开关可保持开启状态，无须经常关闭。当车辆停放于封闭车库或长期停用时，以及在车辆维修保养时，应将手动开关关闭；

4）在车辆运行时发生液化气泄漏，应先立即熄灭发动机，并及时关闭手动开关，为确保安全，平时组合阀密封盒盖应盖严，需要检查时再打开，检查完毕后应及时盖回去；

5）组合阀手动开关的关闭：用手顺时针旋转手动开关的手柄到头；

6）组合阀手动开关的开启：用手逆时针旋转手动开关的手柄，从完全关闭位置旋转 3～3.5 圈即可。在开启手动开关时应尽量避免将手柄拧到头；

7）平时严禁用扳手或钳子拧动手动开关。

（2）出车前的安全规程

1）检查组合阀上的手动关闭阀是否打开；

2）检查 LPG 系统燃气是否泄漏，如有泄漏时一般可闻到异味；

3）检查液位指示灯所指示的 LPG 存量，接通汽车电源，打开点火开关，确认转换开关处于燃气档。

（3）收车时的安全规程：

1）烧完配气管内的燃气；

2）选择不受日光直晒，远离火源，通风良好的场所停稳车辆。

（4）加气及进入加气站时安全规程：

1）必须到指定 LPG 加气站充气，以防劣质燃料进入系统；

2）不得载客进入加气站充气；

3）进站要服从加气站工作人员指挥，慢进慢出将车停放在指定的位置，关闭车上所有电器设备，拔下电门钥匙，实施驻车制动后，方可离车；

4）旋下充气口防尘塞，并保持防尘塞不受污染；

5）不得在加气站内吸烟或使用 BP 机、手机；

6）严禁有故障的车辆进入加气站，不准在车站内检修车辆；

7）在充装 LPG 时，注意监视液位显示仪表，注意指针工作是否正常，若显示器指针不动作，应及时通知加气站人员停止充气，关闭组合阀的手动开关，并通知专业维修部门的人员进行处理；

8）严格按规定充装 80％的液化气，以留出 20％空间，以防液体膨胀，不得超量加气；

9）注意加气枪的加气情况，发现泄漏，要立即停止加气，并报告有关工作人员。

加气完毕后，检查确认与计量的连接已分离后，旋上充气口防尘塞，听从加气站工作人员的指挥，发动汽车出站。

（5）行驶中发生异常事故

当 LPG 发生泄漏时（液化气泄漏时一般可根据出现有异味来判断）

1）立即靠边停车，关闭发动机，关闭 LPG 瓶的手动阀门；

2）请乘客立即下车，并远离；

3）不要开关任何能产生电流及火花的工具；

4）检查装置各单元及固紧件的管件接头是否有松漏，肥皂水检漏，并及时处理，故障排除前禁止使用液化气；

5）向公司报告，按有关技术人员指示进行必要的检查，待处理完毕确认无 LPG 泄漏后再重新发动汽车。

（6）安全注意事项：

1）严禁用火烧烤钢瓶、输气管线及减压阀；

2）严禁用明火检查有无液化气泄漏，只能用发泡液（肥皂液）或气体检漏仪检查有无泄漏；

3）严禁在通风不好的车库、厂房内拆卸、维修液化气系统；

4）LPG 汽车不宜存放在有凹坑及易积聚 LPG 气体的地方；

5）LPG 泄漏时，不可触摸 LPG 气体，需操作时要配备防冻手套，以免冻伤皮肤。

6）临时气瓶应存放于指定房间；

7）车辆维修，进行电焊作业时必须将钢瓶拆下；

8）燃气供气系统零件不得随意拆卸调整；

9）车辆停放一周以上应关闭组合手动阀；

10）每日检查钢瓶、电磁阀、管路安装支架的完好紧固情况，紧固已松动的紧固件，检查供气系统管路、接头组件等是否泄漏；

11）燃料系统的定期维护与修理应由有资质认证的专业厂（场）进行，燃料系统维护和修理人员须持培训合格证，禁止非专业修理人员调整 LPG 汽车的燃料系统；

12）汽车高速行驶时不能空挡滑行，否则易造成发动机熄火；

13）检漏时应使用肥皂液（清洁液），禁止使用火柴或打火机；

14）LPG 能够溶解油脂、天然橡胶、油漆等，所以 LPG 燃气装置上的橡胶（橡胶软管、气化器阀附件等）要采用耐 LPG 的合成橡胶，不允许随意代用；

15）将车停放于封闭车库时，应将液化气钢瓶上的手动阀关闭好，再次启动时必须确认没有液化气泄漏。停放气体燃料汽车的车库必须保持良好的通风；

16）液化石油气中加有臭味剂，如有泄露，会闻到臭鸡蛋的气味。

（7）车用燃气系统维护的注意事项：

1）燃料系统的定期维护与修理应在经有关部门资质论证取得合格的专业的维修厂（场）进行；

2）执行燃料系统维护和修理的机工必须经过专业培训，并取得培训合格证，其他人员不得擅自维修；

3）维修场地严禁吸烟，场内应有放火消防措施。如气瓶已充气，车辆与周围明火距离不得小于 10m；

4）维修车辆时，严禁敲击或碰撞气瓶、减压阀、管线、钢瓶及各种阀体。

①当需排除气化器焦油时，必须将车停在通风良好，远离明火处。

②当需拆卸汽化装置、管道及其他器具时，必须关闭气瓶的阀门，待管路中的残气燃尽，发动机停止后，才能开始作业。

③检修时，要尽可能地远离明火，在夜间作业时绝对不可以用火柴，打火机照明，使用防爆灯具，也要符合规定距离。

④随时清除周围可燃物。

⑤维修时，LPG 钢瓶的组合阀应关闭，确保无泄漏后方可作业。必须进行动火修理或进入烘漆房时，除执行一般动火安全规则外，要先拆除 LPG 钢瓶，用监测仪器检查，确保无 LPG 泄漏后，方可作业。

5）在车辆维护和故障排除小修中，如涉及燃气装置的管路接头、阀门、仪表、减压装置的拆装或调整等作业时，维修人员应首先断开蓄电池供电回路，关闭总气阀与瓶阀，待卸压后方可拆卸故障部位，如漏气或故障部位准确诊断困难，在保证车辆周围 10m 内无明火的前提下，允许开启总气阀进行带压检查。漏气部位明确后，应立即关闭总气阀和全部钢瓶阀，待卸压后方可拆卸、维修；

6）在排除供气系统故障时，必须关闭总气阀和全部钢瓶气阀，进行管路卸压，严禁在带压状态下进行修理作业；

7）禁止随意敲击、扭曲、挪动全车不锈钢管。在故障部位修复后，应严格检查卡套是否完好无损。高压管线、卡套接头只能更换新的，不允许修复使用，在维修好后，应采用气体检测仪或肥皂水进行泄漏检验；

8）维修人员在维修中必须严格检查高、低压线插头，电脑板及转换开关接线头与导线的绝缘体，严格防止短路、接触不良，点火高压线的绝缘和固定情况应严格检查，避免高压线路漏电跳火现象的发生。全车总成线均不允许与燃气管道相搭、缠绕；

9）吹管处理：在拆检管路和各种接头后，必须对管路进行吹管处理。

6.4 LPG 加气站常见问题及处理方法

6.4.1 加气机故障处理

见表 6.4-1。

LPG 加气机常见故障　　　　　　　　　　表 6.4-1

序　号	故障现象	原因及处理方法
1	加气机不能与中心正确通信	(1) 加气机设置在单独模式：将加气机设置在在线模式； (2) 中心编程不正确：检查加气机与中心号码是否一致； (3) 中心不认可加气机：检查中心操作手册，并分配加气机正确的产品和价格，触摸加气机程序电路板上 RESET 按钮或切断加气机电源 10s 以上
2	无液化气进入加气机	(1) 储罐已空； (2) 加气机未通电时，指示灯虽然熄灭，但显示屏上仍有显示； (3) 液相和气相管路上的手动阀门关闭； (4) 启动紧急阀门关闭； (5) 软管紧急拉断接头未上紧
3	加气速度过慢	(1) 软管紧急拉断接头未上紧； (2) 软管中的过流阀关闭； (3) 车辆内钢瓶已满或将满； (4) 泵未施加足够的压差； (5) 液化气流动受阻
4	加气机还未打开时显示屏已有流量显示	(1) 上次加气后已过数小时； (2) 电磁阀下游的管路泄漏； (3) 液压释放阀泄漏或释放； (4) 压差阀密封泄漏； (5) 加气开始前软管已泄压； (6) 程序控制板故障； (7) 角阀泄漏
5	加气机未通电时，指示灯虽然熄灭，但显示屏上仍有显示	(1) 检查电源开关已打开； (2) 检查电源断路器，若有必要，重新启动； (3) 检查所有的紧急关闭阀键未被使用； (4) 检查电路
6	气动紧急阀门关闭	(1) 检查所有的压缩机运行正常且所有的空气阀已打开； (2) 检查是否有空气泄漏； (3) 远距离泵启动但液化气未进入加气机； (4) 检查远距离泵驱动装置是否正常运行； (5) 检查储罐和泵之间的压差阀，压差应为 0.5～0.7MPa

续表

序 号	故障现象	原因及处理方法
7	电磁阀下游的管路泄漏	(1) 检查加气机是否有泄漏，特别注意电磁阀下游的管路； (2) 打开远距离泵并用肥皂水来检查软管是否泄漏； (3) 部分拆下加气枪，打开远距离泵，把加气机置于水中以检查是否泄漏并报检修公司处理
8	无法加气	(1) 加气机没有通电：检查电路断路器； (2) 手动阀门关：打开所有手动阀； (3) 急停阀关：检查空气压缩机并打开所有空气阀，检查急停开关应在非激励状态； (4) 软管紧急拉断接头没有上紧：拉紧紧急拉断接头； (5) 储罐已空：检查液位计； (6) 泵不能启动：检查并确认加气机不在功能模式，如果设置在在线模式，检查中心确认情况
9	加气枪不能加气	若加气枪取下后显示器没有重新复零，则是加气枪原来未放好。查看枪取下后泵是否在运行，若不运行则先查看泵控制箱开关是否置于"ON"位置，是否有报警出现
10	加气枪扳机不能正常被卡住	卡销弹簧损坏或加气枪套损坏，请维修人员维修或报检修公司处理
11	加气枪嘴有漏气	密封圈损坏，请维修人员维修或报检修公司处理

6.4.2 系统控制箱问题的处理

（1）空气压缩机提供的气压不够：检查压缩机是否正常运行或气路是否有泄漏；

（2）储罐低液位报警联锁：此时储罐液位很低，应向储罐加液化气；当液位高于低报警值，液位联锁自动解除；

（3）可燃气体报警联锁：检查报警区域有无泄漏，当故障排除后，联锁可自动解除；如果无泄漏但仍旧报警可先将系统控制箱上的气体监测旁路开关打到"ON"位置，待可燃气体报警稳定，恢复正常后再恢复到原位；

（4）潜液泵电机过载：检查泵腔出口气动球阀是否关闭，测量供电电压是否过高，然后可将泵系统控制箱泵组复位开关进行复位；

（5）在压差时限内，压差没有达到：检查泵腔出口的气动球阀是否关闭，然后可将系统控制箱上的泵组复位开关进行复位；

（6）轴承温度过高：可能是储罐LPG温度较高，或是储罐液位过低。这时需要向储罐中卸下液化气，然后将控制箱上的泵组复位开关进行复位。

6.4.3　设备腐蚀的处理

（1）故障表现：设备表面出现局部或大面积的生锈腐蚀的情况。

（2）可能造成的危害：

1）腐蚀造成设备设施泄漏；

2）造成天然气外泄；

3）遇火源引发火灾爆炸事故。

（3）处理方法：

1）严格控制 LPG 的质量，防止硫化氢、水含量超标，定期排污；

2）加强设备设施的检测；

3）做好设备设施的防腐蚀。

6.4.4　压力容器爆炸的处理

（1）故障表现：站内设备如储罐、管道等，在高压情况下出现破裂的现象。

（2）可能造成的危险

1）爆炸产生的碎片向四周飞散而造成人身伤害或财产损失；

2）冲击波可使建筑物摧毁，使设备、管道遭到严重破坏，同时造成周围人员伤亡；

3）盛装液化气的压力容器破裂后，液化气遇到触发能量（火种、静电等）在器外发生燃烧、爆炸、酿成火灾事故。

（3）预防处理方法

1）压力容器应周期检定合格，并在有效期内；

2）禁止压力容器超温、超压、超负荷运行；

3）停止作业，切断气源；

4）消除火源，切断电源；

5）撤离无关人员，设置警戒线，安排专人值守；

6）使用"冷冻法"，减少泄漏；

7）将泄漏罐内液化石油气导入邻罐或装车外运。压力降至 0.05MPa 以下；

8）在确认安全的情况下，开启泄漏设备设施的放散阀，将罐内剩余气体排出。

9）如果是泄漏引发的火灾爆炸，应按泄漏应急处理程序处理；

10）泄漏产生火灾和爆炸时，首先拨打 119 求助；

11）发现火险时，在保证生命安全的前提下，就近取灭火器进行扑救；

12）着火时切勿完全关闭阀门，以防回火发生爆炸；

13）现场抢险人员要听从消防部门的统一指挥，不能盲目灭火，要注意人员安全和现场保护；

14）LPG 溅出冻伤人，需要将伤者移到暖和的地方，并将衣服解开，用毛巾、毛毯让全身保温，不可搓揉冻伤部位，将冻伤部位浸入 37~40℃ 的温水中，不可用热水浸泡或用火来取暖，抓紧时间就医。

7 加气站安全管理

近年来，随着国家能源环保政策和能源结构调整政策的出台，车用燃气技术得到了大力推广和应用，作为清洁型汽车用燃料，由于其燃烧充分、利用价值高、污染小、价格低等特点，受到普遍欢迎，各地汽车加气站也相继快速建成并投入使用。但是由于具有的高压、易燃、易爆及低温等特性，再加上新技术推广初期，管理经验欠缺，国家相关技术标准，规范不完善，个别环节相对薄弱，由此带来的安全隐患和突发性的安全事故也越来越引起关注和重视。

因此，必须加强安全管理，建立健全各项管理制度和安全操作规程，不断对员工进行安全知识教育，使每个在站内从事工作活动的人员明确各自的岗位职责及安全要求，切实做到自觉遵守制度，认真无误操作，保证安全生产。

7.1 加气站人员管理

7.1.1 加气站岗位设置及职责

1. 站长岗位职责

（1）认真贯彻执行安全生产法及各项质量法规、制度和标准，保证国家安全生产法规和公司规章、安全运营管理制度、设备运行的操作规程在加气站的贯彻执行。

（2）制定加气站年度安全质量工作计划，报上级部门领导批准后监督实施。

（3）负责加气站事故的调查、分析工作，写出详细、准确的调查分析报告，做好事故汇总和上报工作。

（4）指导督促各班组的安全生产工作；根据季节、任务等具体情况开展阶段性的安全活动。

（5）负责组织召开站点各项安全生产会议，定期组织召开站点安全例会，提高部门员工整体安全素质，宣传贯彻上级安全生产的各项指示精神。

（6）负责加气站点每日、每月的安全检查，对查出的隐患及时处理，并做好记录。

（7）对违章现象进行制止，制止无效应向单位领导或上级主管部门报告。

（8）负责定期检查消防设施和器材的完好状况，保证齐备、可靠。

（9）做好加气站安全管理工作，督促各班组做好防火、防盗工作，充分发挥安全管理员的作用。

2. 技术负责人岗位职责

（1）负责加气站充装工艺、设备运行等技术管理工作，对气体储存、充装经营过程中的安全质量技术负责。

（2）负责国家有关产品质量、标准计量、特种设备、安全生产等法律、法规、技术规范的贯彻执行。

（3）组织制定、修订和审定各项安全质量管理制度、安全技术规程、组织编制安全技术措施计划、方案及安全技术长远规划。

（4）组织安全技术研究工作、负责解决疑难或重大安全技术问题，推广和采用先进的安全技术和安全防护装置。

（5）审批重大工艺处理、检修、施工安全技术方案，设备定期检验（检定、校验）计划。

（6）审批特殊动火证，参加重大事故的技术分析工作。

3. 安全员岗位职责

（1）负责加气站消防安全工作，对储存、装卸、充装经营过程中的消防、安全生产、安全保障负全责。

（2）贯彻执行消防、安全生产法律、法规，编制消防、安全生产、安全保卫有关管理制度，标识安全警示标志、标语。

（3）负责消防、安全设施的配置、维护、管理工作，保证消防、安全设施齐全、有效。

（4）编制事故预防和紧急救援预案，制订演练计划，并实施演练。

（5）制定安全培训教育计划，对员工进行安全生产教育，指导相关人员进行安全作业。

（6）组织并实施消防、安全巡查，消除安全隐患，做好安全记录。

4. 设备负责人岗位职责

（1）负责建立储存和工艺设备技术档案、仪器（表）档案、气瓶档案及归档工作。

（2）负责设备、仪器（表）、气瓶日常管理工作。

（3）制订修订设备管理制度、安全技术操作规程。

（4）制定加气站设备、仪器（表）检验、检修计划和气瓶检验计划，并落实有关检验检修工作。

（5）评定设备完好状况。

（6）完成领导交办的其他工作。

5. 班组长岗位职责

（1）组织职工学习，贯彻执行加气站有关安全生产的规章制度。

（2）组织班组安全学习。

（3）定期组织安全活动，认真执行交接班制度，做到"班前讲安全，班中检查安全，班后总结安全"。

（4）检查岗位工艺指标及各项安全制度执行情况，做好设备和安全设施的巡回检查及维护保修工作，并做好记录。

（5）严格规范劳动纪律，不违章指挥，有权制止一切违章作业，监督检查站内外工种作业人员的作业，维护正常生产秩序。

（6）负责本岗位防护器具，安全装置和消防器材的日常管理工作，使之完好。

（7）发现隐患及时解决，做好记录，不能解决的要上报领导，同时采取控制措施，发生事故要立即组织抢救、保护现场、及时报告。

6. 充装工岗位职责

（1）严格执行国家相关法律、法规及标准，并对燃气专业知识有所掌握，遵守劳动纪律，不违章作业，按照加气站各项管理规定，必须经过安全技术和岗位操作培训，持证上岗。

（2）使用文明礼貌用语，主动、热情、规范地为客户提供加气服务，满足客户的合理要求，严禁与用户争吵。

（3）负责岗位范围内设备的维护、保养和作业环境清洁，懂得加气机工作原理，判断和排除一般的设备故障。

（4）上岗必须规定着装，会报警，熟悉站内消防器材性能，能熟练使用站内消防器材。

（5）负责岗位范围内安全检查，发现不安全因素和危及加气站安全的行为，及时处理、阻止和汇报。

（6）熟悉充装安全操作规程，对充装车辆必须进行充装前的有关安全检查，严格按充装安全操作规程工作。

7. 化验员岗位职责

（1）根据国家法律、法规和标准，按照公司质量管理制度严格实行持证上岗。

（2）严格执行国家有关质量法律、法规和标准，对进、出站天然气产品质量进行检验，确保出站产品符合国家标准的要求，如不符合立刻通知充装员，停止充装。

（3）实行定期对站内产品进行取样、化验、分析。

（4）按照标准程序，准确、真实地做好取样、化验、分析、记录，并保存好原始记录。

（5）发生产品不符合国家标准的，应立即向站长汇报并出具化验报告。

8. 压力容器（压力管道）人员岗位职责

（1）压力容器与压力管道管理人员、操作人员必须经过安全技术和岗位操作培训，压力容器与压力管道管理人员、操作人员必须经专业机构进行培训，取得特种设备作业证后上岗。

（2）压力容器与压力管道管理人员、操作人员必须熟悉本岗位压力容器、压力管道的技术特性、系统结构、工艺流程、工艺指标、可能发生的事故和应采取的措施。

（3）压力容器与压力管道管理人员、操作人员必须严格控制工艺指标，严格按操作规程进行操作，严禁超压、超温运行。

（4）压力容器与压力管道操作人员应严格执行巡回检查制度，做好巡回检查记录，发现异常情况应及时汇报和处理。

（5）压力容器与压力管道操作人员在设备运行过程中发现不正常现象或发生故障，应立即向站领导与压力容器压力管道管理人员反映。各站视故障情况向公司主管部门汇报，公司主管部门应及时查清原因，排除故障，提出改进措施。

9. 维修工职责

（1）维修班负责完成公司和加气站所属生产设备、管线、阀门、仪表及其他维修和保养工作。

（2）接受站上的各项工作安排和设备部门的技术业务指导。对生产设备运行检查情况随时检查，并提出检修计划，保证设备正常运行。

（3）维修人员在维修设备、管线时，必须挂维修牌，以防止操作人员误操作，设备维修后，经技术人员检查合格后，才能交与操作人员使用。

（4）检修输气设备时，必须首先切断气源并放空，保持工作场所的通风良好，经检查无隐患后，方可作业。

（5）在易燃、易爆场所进行检修等作业时，必须严格遵守有关安全制度，工作时禁止撞击产生火花。

（6）对生产系统出现的故障要及时处理，及时记录，并收集整理好资料，上报有关部门。

（7）根据技术部门制定的大、中修计划，对设备进行检查维修。

（8）按时对设备进行维护和保养。

（9）协助技术部门对设备各操作岗位人员进行正确操作和维护保养知识的传授和指导，对违章作业应及时制止并向上级部门报告。

（10）严格按修理规范作业，严禁违章，有权拒绝违章指挥，并向上级主管部门上报。

10. 电工职责

（1）严格执行电气管理的各项制度、设备运行、检修规程，确保变配电设备运行正常，供电安全可靠。

（2）注意负荷变化及电容器的情况，确保设备功率因数达到 0.9 以上。

（3）严密监视电气设备运行情况，做到定期巡视检查，发现异常情况及时汇报。

（4）提出配电室检修计划和材料配件计划，及时报告。

（5）负责电气设备的日常维护和清洁工作。

（6）准确齐全记录各项运行资料、数据，按时上报。

11. 财务人员职责

（1）认真学习国家制定的各项规章制度、政策法令，按照《会计法》规定，及时完整地进行公司的财务核算，正确编制各类报表。

（2）正确登记总账及各种细账，做到"账账相符，账实相符"。

（3）严格执行财务制度，认真审核各种费用报销的原始凭证。

（4）严格执行现金、支票管理制度，做到日清月结，禁止白条抵现。

（5）负责固定资产的建卡，办理调入调出手续，参加财务清查。

（6）搞好月、季、年报表的编制分析，为董事会决策提供科学依据。

（7）负责购进及销售气量的结算工作，做到月结月清。

（8）认真装订、保管会计档案。

12. 统计人员职责

（1）统计员在站长领导下开展工作，负责每天加气量统计、核算、认真做好月、季、年度报表，提前做好同用气单位结算的准备。

（2）对每天加气量进行统计，参照原始累计读数比较盈亏并填表，做到一日一结。每月报表应交财务一份。

（3）有亏空，应及时同代班班长联系进行自查，确实查不出原因者上报站长和财务处理。

（4）提前做好清换加气单据的准备工作（编号、订册），做好加气总量（合计、小计）的结算工作。

(5) 做好加气车辆及供气单位售气量、用气量的旬报表并上报站长及财务。

(6) 妥善保管原始单据备查。

7.1.2　加气站员工安全培训

1. 加气站员工安全职责要求

站长是防火第一责任人，每个员工都是义务消防队员，应做到"四懂四会"；

"四懂"：懂火灾危险性，懂预防措施，懂扑救方法，懂疏散方法；"四会"：会报警，会使用灭火器材，会扑救初期火灾，会组织人员逃生。

演练周期：每半年组织一次。

(1) 安全生产方针："坚持安全第一、预防为主、综合治理"。

(2) 安全生产"三同时"：《中华人民共和国安全生产法》规定了生产经营单位在新建、改建、扩建工程中安全设施必须坚持"三同时"的原则，即建设项目的安全设施必须与主体工程同时设计、同时施工、同时投入生产和使用。

2. 加气站安全生产基本原则：

(1) 事故处理"四不放过"："四不放过"原则即"事故原因没有查清不放过、当事人未受到教育不放过、整改措施不落实不放过、责任者未受到处理不放过"。

(2) 安全生产"三违"："三违"是指安全生产工作严令禁止的"违章指挥、违章操作、违反劳动纪律"的现象。

(3) 安全生产"三不伤害"："不伤害自己、不伤害他人、不被他人伤害"。

7.1.3　加气站员工安全防护管理

(1) 为避免或减轻操作员工的事故伤害和职业危害，主管公司须根据作业性质、现场条件、劳动强度和上级有关规定，正确选择配备符合安全卫生标准的防护用品和器具。

(2) 各种防护器具应定点存放在安全、方便的地方，并有专人负责保管，定期检查和维护。

(3) 操作员工应根据作业条件坚持佩戴防护用品，增强自我防护意识，避免或减轻职业危害。

7.2　日常安全管理

7.2.1　常规巡查

1. 一般要求

日常巡检应满足以下要求：

(1) 巡检人员必须正确穿戴防静电工作服、鞋和安全帽等劳动防护用品。

(2) 巡检人员必须佩戴便携式可燃气体检测报警器。

(3) 巡检人员应按照巡检制度规定的路线、时间和巡检点进行巡检。

(4) 压缩机房内巡检人员身上不能有悬挂物。

(5) 发现异常情况应立即处理，做好处理记录。不能处理的应立即上报，并制定预防控制措施。

（6）巡检人员应做好巡检记录。

（7）加气站应实行每日防火巡查，确定人员、内容、部位、路线等，并建立防火巡查记录。

（8）巡检人员应熟悉设备的工作流程，掌握设备中各个关键控制点，通过观察设备的振动、油液位、颜色以及"听、摸、看、闻"等来判断设备的运行情况，做到早发现早处理，减少、避免设备隐患成为设备故障。一线员工要有实际动手能力和在紧急情况下冷静有效地处理设备事故的能力。

2. 巡查点及巡查内容

加气站设备多属于高压设备或低温设备，一旦发生泄漏将会衍生出次生灾害，后果严重，初期处理不及时将无法施救，加强日常巡回安全检查尤为重要，检查本岗位范围内的生产情况和设备运行情况。

（1）站长、操作人员必须经过专业培训，持证上岗。

（2）巡回检查分为站长的每日安全巡查和操作人员对本岗位的安全巡查。

（3）巡回检查内容

1）所有设备压力表指示是否准确、灵敏，运行温度、振动幅度是否正常。

2）低温泵运行是否正常。

3）PLC 人机接口显示及电流、电压、温度、压力是否正常。

4）安全报警系统以及安全装置（如安全阀、压力开关等）运行是否正常。

5）电机电流显示是否正常。

6）洁净气源设备运行是否正常。

7）气动管路快装接头密封是否存在泄漏。

8）液位计指示是否正确、灵敏。

9）气动阀门开关操作是否灵活。

10）与槽车连接情况及各低温管线连接是否可靠，有无泄漏破损。

11）手动阀门开关操作是否灵活。

12）过滤器压力表指示是否偏高。

13）放散阀是否灵活、密闭良好。

14）气动阀门开启顺序是否符合程序要求。

15）液体介质是否正常。

16）罐体连接管有无异常和明显变形。

17）接地线是否完好可靠。

18）加气软管是否良好，加气枪头有无漏气，脱枪现象。

19）加气机界面显示是否正常。

（4）巡回检查路线

巡回检查路线应按照工艺流程确定，从天然气引入加气站开始至加气机枪头为止。应将所需检查的设备、设施、操作点、控制点都包括在内，力求线路合理，检查内容全面。

1）卸车系统：槽车压力、液位、手气动阀开关状态，泵前后是否存在压力表摇摆和无压差的情况，手动及气动阀开关状态，储罐压力、液位情况及泵前后储罐压力对比情况。

2）调压系统汽化是否正常，相关容器（槽车、储罐、泵池）是否压力温度正常。

3）电气控制系统是否有报警、流程参数是否正常。

4）放空系统各安全放散系统是否正常开关。

5）加气机系统是否存在超压计量问题、显示板等是否存在不清楚、按键板是否存在坏损。

6）仪表风系统压力是否正常、空压机、冷干机是否正常、是否进行排污。

（5）检查方法

1）听声音。是否有不正常声音，以判断设备运行情况。

2）看仪表显示数，阀门开关位置，设备运行状况，以判断生产工艺过程及设备完好情况。

3）触摸设备表面温度是否正常，判断设备运行完好情况，紧固件有无松动，设备运转是否平稳。

4）有条件的应采用监测巡检设备，利用巡检工具检查设备运行情况。

（6）巡回检查后的处理

根据情况维持原有的操作或采取适当调整措施和有效的安全措施，甚至在情况危急时可紧急停车。

（7）做好检查记录

按照巡回检查内容、周期和路线的要求，填写本岗位巡回检查记录。

（8）装卸作业过程中，操作人员应按装卸操作规程的规定，做好对装卸车辆的安全巡查，并加强与机、泵和储罐操作人员的联系配合，严防槽车、储罐超装。

（9）设备发生故障时及时报修，紧急情况时（如火灾、严重泄漏等）要立即按紧急切断按钮停止全站设备。

7.2.2 日常保养

1. 一般要求

设备的日常维护保养和设备的计划检修是保障设备完好率的重要手段。及早发现故障苗头，及时处理，消除故障隐患。主要方法："摸、听、看、闻、拆、记"。

"摸"：感觉温度变化、设备振动情况、表面磨损情况。

"听"：设备噪声、轴承运转有无异常声音。

"看"：设备泄漏、颜色变化、表面结霜，工艺参数变化是否符合要求。

"闻"：闻设备运行部位、电气控制部位及空气中有无异常气味。

"拆"：解体检查。

"记"：工艺记录、设备档案及时、准确、完整。

2. 保养点及保养内容

加气站的日常保养维护可参照表 7.2-1 内容进行：

加气站日常保养维护表　　　　　　　　　　　　　表 7.2-1

维护项目	日检	周检	月检	季检	年检
排空压缩机空气储罐和分水罐内的存水	√	√	√	√	√
排放总管内的湿气	√	√	√	√	√
检查加液软管和放空软管是否完好，有无泄漏及损坏，根据情况修理或更换	√	√	√	√	√
检查 LNG、CNG 加气机有无漏点，功能是否灵敏，视情况修理	√	√	√	√	√
检查阀门和管线有无漏点，视情况修理		√	√	√	√
检查 LNG、CNG 加气机的接地是否完好		√	√	√	√
检查加气嘴，有无漏点，视情况维修和调整加液速度		√	√	√	√
检查消防器材是否完好			√	√	√
进行系统功能测试，检验各手动阀、启动阀和电磁阀、紧急关闭系统是否完好			√	√	√
启动污水泵，排尽污水，清理雨水坑，对污水泵进行保养			√	√	√
检查加气站的接地是否完好，视情况维修				√	√
检查各泵撬块的接头是否泄漏，视情况维修				√	√
调校火焰探测器、可燃气体探测器				√	√
检查储罐环形空间的真空度，视情况维修					√
检查真空管的真空度，视情况维修					√
检查压力表、液位计和流量传送器是否完好，有无泄漏，视情况维修					√
检查在线安全阀，有无泄漏，并调校					√
更换空气过滤器的过滤网、干燥剂					√
更换储罐爆破片					√

7.2.3　加气站其他安全管理要求

1. 消防设施管理

（1）站内配置的消防器材均属灭火、抢险专用物资，不准擅自使用、挪用、移动。

（2）消防器材由安全员负责检查和管理，使其保持良好状态。

（3）站内的消防器材须放在明显便于取用的地点，设置要稳固、铭牌朝外，并有醒目标志且不得影响安全疏散。

（4）消防器材要列入交接班项目，以保证消防器材良好可用。

（5）站内消防器材及设施每周进行一次全面检查和清洗，发现问题要及时上报站长。

（6）灭火器应按要求进行检测，确认粉末是否结块，气量是否充足，并做到定期换药；灭火器不论使用与否，使用期满 5 年及以后每隔 2 年，必须进行水压试验。

（7）站内所有灭火器未经许可严禁使用，违者罚款。

（8）灭火器不得放在热源附近，在冬季应做好灭火器的越冬保温工作。

（9）值班人员对消防器材要做到一天三查，即接班时、当班时、交班时进行检查，如有丢失或损坏，谁当班，谁赔偿。

（10）每位员工都要了解消防器材的使用方法，做到正确操作，熟练使用。

（11）灭火器的维护与保养：

1）经过维修的灭火器必须符合该产品的国家标准或行业标准。

2）灭火器筒体应由维修单位按规定期限进行试压检查；当发现筒身有损伤、焊缝外观质量不符合要求的，亦应进行试压检查。

3）灭火器的橡胶、塑料件不得用有机溶剂洗涤，变形、变色、老化或断裂的必须更换。

4）压力表不得有变形、损伤等缺陷，否则应更换压力表；压力值的显示应正常。

5）喷嘴有变形、开裂、损伤等缺陷，必须更换；防尘盖应保证灭火剂喷出时能够自行脱落或击碎。

6）灭火器的压把、阀体等金属件不得有严重损伤、变形、锈蚀等影响使用的缺陷，顶针不得有肉眼可见的缺陷，否则必须更换。

7）密封片、密封垫等密封零件应符合密封要求，否则必须更换；干粉灭火器的防潮膜如有损坏，必须更换。

8）灭火器的出气管不应有弯折、堵塞、损伤和裂纹等缺陷，否则必须更换。

9）所有需更换的灭火器零部件应尽可能采用原厂产品；若采用其他厂的零部件，必须符合国家标准或行业标准。

10）经维修后的灭火器，必须在灭火器的筒身和储气瓶上分别贴上永久性维修铭牌。

2. 电气设施管理

（1）站内外所有变电、配电设备、动力设施、照明电器、未经允许任何人不准擅自移动或挪做他用，如确因生产检修等原因需改动或改变用途，必须以书面形式向公司主管部门提出，经研究批准后方可进行。

（2）电工作业须持有安全生产监督管理局核发的特种作业操作证方可从事电气维修安装工作；电气维修安装作业应有 2 名以上电工配合工作，电气维修安装作业不准单人单独进行。

（3）各部门因生产需要所配置的变压器、配电柜、电动机及带金属外壳的电力开关等电气设施，应具备良好的保护措施，接地线应按规定设置，接地保护线需单独设置，严禁将接地线接在建筑物和其他设备上。

（4）电工承担公司的电气设备维修任务，对生产区域的动力设备及照明设备应定期进行保养并经常检查配电柜、开关柜和电机运转情况，发现问题及时处理。

（5）生产区域是易燃易爆场所，所有的电气设备防爆问题对安全生产有着重大意义，电机、电缆、配电及照明等均可能因过负荷、绝缘损坏、接触不良等原因成为混合性易燃易爆气体的引发火源，造成严重后果，因此应严格按要求正确使用防爆电气设备。

（6）加气站电器及线路的选型、安装必须符合用电区域防爆等级要求。

（7）加气站须认真执行当地电业管理部门的安全用电管理规定。

（8）电气设备及电线、电缆严禁超负荷工作。

（9）用电警示标志须醒目，防护用具要完好、有效。

（10）要电气设备和线路应参照有关规程做好适时修理和报废。

（11）要定期检查、测试设备、管线的导静电接地装置并保证完好有效。

（12）在停电状态下，应使用防爆安全电筒。

（13）对加气站内的电气密封要定期检查，如发现密封不良必须用防爆工具立即修复或更换。

（14）每季度做一次设备有效性检验，做好检验记录并入档保存。

（15）电气设备附近严禁堆放易燃物品。

（16）在高强闪电和雷击频繁时，应停止加气，必要时须切断电源，待雷击过后，再正常加气。

（17）设备运行过程中，若发现异味、变音等异常情况，应及时采取措施并反映给相关人员进行处理。

3. 泄露报警及视频监控设施管理

（1）视频监控系统

加气站视频监控系统、火灾报警系统及可燃气体检测报警系统应由专人负责管理，并应定期进行检查和维护。

（2）可燃气体检测报警系统

1）安装和使用的可燃气体检测报警器应有经国家指定认可的计量器具制造认证、防爆性能认证和消防认证。

2）可燃气体检测报警器报警（高限）设定值应小于或等于可燃气体爆炸下限浓度（体积分数）值的 25%。

3）加气站每周应对可燃气体检测报警器自检系统试验一次，检查指示系统运行状况。

4）加气站每两周对可燃气体检测报警器进行一次外观检查，项目包括：连接部位、可动部件、显示部位、控制旋钮、故障灯、检测器防爆密封件和坚固件、检测器部件、检测器防水罩、现场报警器。

（3）火灾自动报警系统

1）站内宜设置火灾自动报警系统，并有专人负责。

2）系统的操作维护人员应是经过专门培训，并经消防监督机构组织考试合格的专门人员，值班人员应熟悉掌握本系统的工作原理和操作规程，应对本单位火灾自动报警系统的报警区域和探测区域的划分熟悉掌握。

3）站内应具有系统竣工图、设备技术资料、使用说明书、调试开通报告、竣工报告及操作使用规程等有关资料。

4）系统投入正常使用后，应按定期检查制度进行定期检查和试验。

①每日检查：使用单位值班人员每日应检查集中报警控制器和区域报警控制器的功能（如火警功能、故障功能、复位、消音等）是否正常，有关指示灯是否损坏，值班人员不将每日检查、处理问题情况进行记录；

②每周检查：进行主、备电源自动转换试验，并做好记录；

③季度试验和检查：探测器的动作是否正常，确认灯显示是否清晰，声、光显示是否正常，并做好记录；

④制度检查试验：用专用加烟（或加温）试验器对安装的所有探测器进行检查试验，至少全部检查试验一遍，并做好记录。

4. 设备安全管理

（1）加气站设备安全责任人为站长。

（2）认真学习和执行国家相关部门制定的安全生产、劳动保护及消防政策，严格遵守企业的各项安全管理制度和设备安全操作规程。

（3）操作人员须熟悉和了解各设备及外露、隐蔽工程管线的结构、性能及工艺流程。

（4）操作人员须严格遵守操作规程，合理维护设备，坚持清洁、润滑、调整、紧固、防腐的"十字"作业方针，严禁设备超温、超压、超负荷和带病运行。

（5）操作人员须严格执行设备润滑管理制度，搞好润滑"四定"，即"定质、定量、定时、定人"。

（6）设备的使用、维护保养必须贯彻"管用结合、人机固定"的原则，实行定人、定机、定保养。

（7）各设备、管线、阀门、仪表要有专人管理，做到正确操作，及时维护保养。

（8）设备与管线必须严格按照额定规程工作，绝不允许超负荷运行。

（9）操作人员须不断提高技术水平，对所使用的设备必须做到"四懂"、"三会"、"三好"，即"懂设备结构、懂性能、懂原理、懂用途"；做到"会使用、会保养、会排除故障"；"管好、用好、维护好"设备。

（10）操作人员须每周对场站及设备进行一次全面清洁，确保设备、管道、阀门、地面的整洁，做到文明生产。

（11）操作人员须每隔一小时对低压脱水装置进行巡检，观察各压力表和温度计显示是否正常，压缩机工作是否正常，各阀门是否泄漏等。

（12）每班在停机状况下，对气站压缩机进行一次排污；每周在停机状态下对加气机进行一次排污。

（13）操作人员必须在交接班时对设备进行一次全面检查，用"听、看、摸、闻"等方法检查设备运行的声音、压力、温度、润滑情况、仪表情况及设备是否有异味和泄漏。如发现异常现象，应及时报告，及时停车，并查明原因做好记录，在未处理之前不得盲目开车。

（14）维修人员要和岗位操作人员密切配合，定期上岗检查，主动了解设备运行情况，发现异常情况及时处理，以保证加气设备、阀门开启，关闭灵敏有效，无泄漏，无故障运行。

（15）在设备的使用中应做到"日常保养为主，专业修理为辅"。

（16）专用设备必须按照国家、地方、公司制定的"设备检查维修计划"严格进行定期检验和维护，设备临时出现的故障，需要提前进行检验和维修的可按原计划提前进行。

（17）新购入的专业设备必须经有关专业部门验收，不符合标准的设备禁止投入使用，并责令购置部门从速退货。

（18）每台设备均须有齐全、准确、保管良好的技术档案，维修记录，运行记录。

（19）加强巡回检查，做好各项记录，及时消除不安全因素，本人不能处理的问题要及时上报。

（20）积极提出有关安全生产方面的合理化建议，消除隐患，做到安全、文明生产。

（21）严格执行交接班制度，认真填写本班设备运行和操作记录，如发生事故，要及时、如实地向上级汇报，并保护好现场，做好记录。

5. 站内施工管理

（1）施工审批

1）入站施工队应到公司办理《施工许可证》或签订《工程安全管理协议》，施工人员佩戴进站工作卡，方可进站施工。

2）站内任何动火作业必须按照动火手续审批后，方可施工。

3）如有危险作业施工，施工队应预先做好施工方案并报公司技术、安全管理部门审批后，方可实施。

（2）施工标准

1）施工现场应设立护栏、路障、隔离带、警示灯等安全标志。

2）施工队伍应配备必要的灭火器材。

3）施工完毕后，施工队伍应立即清理施工现场。

（3）施工人员管理

1）施工人员由公司进行进站前安全教育，再由站区工作人员对其进行进站安全教育后方可进站施工。

2）施工人员必须严格遵守站内各项安全管理规定。

3）施工人员应着装整齐，严禁光背、赤脚等不文明行为。

4）施工人员未经站长许可禁止动用站内的各种设施。

5）施工人员严禁在站内随意走动。

6. 事故管理

（1）安全事故上报制度：2007年3月28日国务院第172次常务会议通过了《生产安全事故报告和调查处理条例》，并自2007年6月1日起施行。该条例对安全生产事故的上报、调查等做了严格要求。

（2）安全生产事故分类

根据生产安全事故（以下简称事故）造成的人员伤亡或者直接经济损失，事故一般分为以下等级：

1）特别重大事故：是指造成30人以上死亡，或者100人以上重伤（包括急性工业中毒，下同），或者1亿元以上直接经济损失的事故；

2）重大事故。是指造成10人以30人以下死亡，或者50人以上100人以下重伤，或者5000万元以上1亿元以下直接经济损失的事故；

3）较大事故。是指造成3人以上10人以下死亡，或者10人以上50人以下重伤，或者1000万元以上5000万元以下直接经济损的事故；

4）一般事故。是指造成3人以下死亡，或者10人以下重伤，或者1000万元以下直接经济损失的事故。

（3）事故报告

1）事故报告应当及时、准确完整，任何单位和个人对事故不得迟报、谎报或者瞒报。

2）任何单位和个人不得阻挠和干涉对事故的报告和依法调查处理。

3）对事故报告和调查处理中的违法行为，任何单位个人有权向安全生产监督管理部门、监察机关或者其他有举报，接到举报的部门应当依法及时处理。

4）事故发生后，事故现场有关人员应当立即向本单位负责人报告，单位负责人接到报后，应当于 1h 内向事故发生地县级以上人民政府安全生产监督管理部门和负有安全生产监督管理职责的有关部门报告。

5）情况紧急时，事故现场有关人员可以直接向发生地县级以上人民政府安全生产监督管理部门和负有安全生产监督管理职责的有关部门报告。

（4）事故报告内容

报告事故应当包括下列内容：

1）事故发生单位概况；

2）事故发生的时间、地点以及现场情况；

3）事故的简要经过；

4）事故已经造成或者可能的伤亡人数（包括下落不明人数）和初步估计的直接经济损失；

5）已经采取的措施；

6）其他应当报告的情况。

7. 环境管理

（1）严格执行国家及当地政府部门有关环境保护、节能减排的政策、法律、法规和规定，设立兼职环保节能管理员，负责加气站的环保、绿化和节能工作。

（2）节约用水、用电，搞好冷却水的循环使用，加强设备的维护、保养，防止漏气、漏水、噪声过大等造成浪费和对环境造成污染。

（3）减少废气的排放，防止对大气造成污染。

（4）天然气中分离出的油水混合物应集中处理，严禁随意排放。

（5）采取有效措施，降低噪声，防止噪声扰民，加强与当地环保部门的沟通协调。

（6）搞好加气站绿化及环境卫生工作，创造优美的工作环境。

8. 安全教育管理

安全警示标语——"十大禁令"

（1）严禁在站内吸烟；

（2）严禁在站内生产区域进行车辆检修等易产生火花的作业；

（3）严禁机动车辆在站内生产区域不熄火加气；

（4）严禁在站内生产区域穿脱，拍打能产生静电的衣服；

（5）严禁在站内生产区域使用手提电话，寻呼机及非防爆电器；

（6）严禁在站内就地排放易燃易爆物料及化学危险品；

（7）严禁在站内用汽油等易挥发溶剂擦洗设备、衣物、工具及地面等；

（8）严禁行人、自行车在站内穿行；

（9）严禁非本岗位操作人员进行加气作业；

（10）严禁驾驶员远离加气车辆；

9. 安全警示标语——"进站须知"

（1）加气站是甲级防火单位，站内禁止烟火，任何人不得在站内吸烟，不得携带火种进入站区，站内动火必须按动火级别办理动火报告；

（2）进站人员不准穿带钉子鞋和穿化纤衣服接近站内设备、以防静电和碰撞火花；

（3）非本站上岗工作人员，不得随意动用站内各设备、设施，不得擅自操作设备；

（4）加气车辆须符合安全条件方能加气，不准载客加气，非加气车辆不准进入站区，严禁在站内修车；

（5）闲人严禁入内，外单位参观学习人员须经有关领导同意，并由本单位负责人陪同方能进入工作区，并遵守站内一切安全规定；

（6）严禁酒后上岗，严禁违章操作；

（7）进站车辆须经加气站人员检查登记，加戴防火帽后按指定区域行驶或停放。

7.3 应急安全管理

7.3.1 加气站应急预案组成

（1）加气站应建立的应急预案

1）防火灾爆炸事故应急预案。

2）防洪防汛应急预案。

3）防泄漏应急预案。

4）防自然灾害（大风、地震、雷击、山体垮塌等）应急预案。

5）防盗窃、破坏应急预案。

6）防环境污染应急预案。

（2）加气站应制定应急预案，其主要内容：

1）应急组织和指挥系统；

2）地理位置，储罐数量、容积，加气机数量；

3）建筑物的结构形式、耐火等级、面积、高度、内部设施及相互间的距离；

4）人员的配备、分工，警卫力量的布置，物资抢救、人员疏散措施及相应的操作程序；

5）消防器材的数量、摆放位置、应急补充措施；

6）对外联络及外援力量的部署、指挥等。

7.3.2 加气站应急预案案例

根据《中华人民共和国安全生产法》、《中华人民共和国消防法》、《城镇燃气设施运行、维护和抢修安全技术规程》CJJ 51—2016、《特种设备安全监察条例》、《锅炉压力容器压力管道特种设备事故处理规定》的精神，为及时控制和消除突发事故的发生，建立紧急情况下，快速、有效地组织事故救援和应急机制，最大限度减少人员伤亡和经济损失，结合本单位实际情况，特制定本预案。

1. 事故危险源（点）或事故危险目标

根据本单位存在的事故风险性质，以及可能引发事故的特点，确定以下场所潜在的事故和可能发生紧急的情况：

（1）储罐；

（2）管道破裂；

（3）阀门、法兰、泵等主要设备的 LNG 泄漏或着火；

（4）泵故障；

（5）加气机故障；

（6）加气枪拉管。

2. 事故类别及级别

（1）事故类别

1）低温液体储罐根部阀与罐体焊缝处泄漏，尚未引起火灾事故；

2）工艺管道 LNG 泄漏或火灾事故；

3）槽车卸台发生液体泄漏或火灾事故；

4）车载瓶充装发生泄漏或火灾事故；

5）加气机发生火灾；

6）配电室发生火灾；

7）站内发生抢劫、盗窃事件；

8）自然灾害（地震、雷电、洪水、泥石流、地面塌陷）事故；

9）邻近单位发生火灾事故。

（2）事故级别

按照可控程度和影响范围，可分为一般事故（Ⅲ级）、重大事故（Ⅱ级）和特大事故（Ⅰ级）三类级别。

一般事故（Ⅲ级）：指事态较简单，对人身安全及财产危害较小，随时可处理的事故。

重大事故（Ⅱ级）：指事态较复杂，对人身安全及财产造成严重危害和威胁，并已经或可能造成重大人员伤亡和财产损失等后果。

特大事故（Ⅰ级）：指事态复杂，对本单位及其以外的人身安全和财产造成严重危害和威胁，已经或可能造成重大人员伤亡，财产损失等后果，必须在上级主管部门统一协调指挥下，调动专业人员和设备方能处理的事故。

3. 事故状态下的人员组织机构及职责

依据事故类别、危害程度级别设置分级应急组织机构，明确各级组织机构人员及职责。

（1）一般事故（Ⅲ级）应急组织机构、职责

1）各加气站为处置一般事故的应急救援组织

组　长：站长　　　　　　姓名：×××　　电话：18×××××××××

副组长：副站长　　　　　姓名：×××　　电话：13×××××××××

组　员：

一班；班长姓名：李××

班　员：赵××、陈××、张××、李××

二　班；班长姓名：周××

班　员：李××、何××、张××、郑××

2）一般事故（Ⅲ级）应急组织职责

当发生一般事故（Ⅲ级）时，加气站站长执行指挥任务，迅速成立抢险队，由值班班长和当班人员负责处理。

（2）重大事故（Ⅱ级）应急组织机构、职责。

1）重大事故（Ⅱ级）应急组织机构

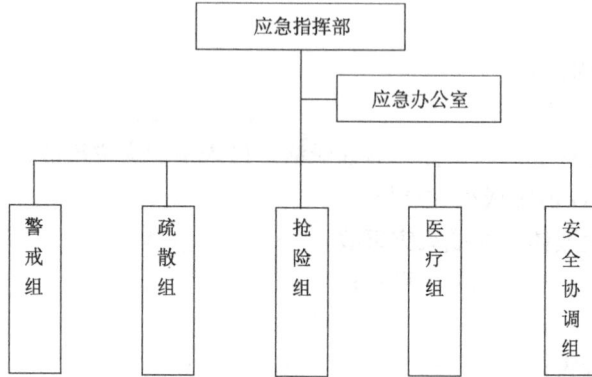

```
                ┌─────────────┐
                │  应急指挥部  │
                └──────┬──────┘
                       │
                ┌──────┴──────┐
                │  应急办公室  │
                └──────┬──────┘
    ┌────────┬─────────┼─────────┬────────┐
 ┌──┴──┐ ┌──┴──┐  ┌──┴──┐  ┌──┴──┐  ┌──┴──┐
 │ 警  │ │ 疏  │  │ 抢  │  │ 医  │  │ 安  │
 │ 戒  │ │ 散  │  │ 险  │  │ 疗  │  │ 全  │
 │ 组  │ │ 组  │  │ 组  │  │ 组  │  │ 协  │
 │     │ │     │  │     │  │     │  │ 调  │
 │     │ │     │  │     │  │     │  │ 组  │
 └─────┘ └─────┘  └─────┘  └─────┘  └─────┘
```

2）特别说明

A. 分公司为处置重大事故的应急救援组织。分公司负责人为应急救援组织的总指挥。分组编成由各分公司根据情况具体编制。

B. 若指挥暂不在岗则由指挥的下一级人员临时担任指挥和副指挥，全权负责应急抢险抢修工作，并及时通报反馈相关信息。

C. 在抢险过程中，若公安消防人员到达现场后，由公安消防人员担任现场指挥部的总指挥。

3）应急救援指挥部主要职责

A. 迅速了解、收集和汇总险情、灾情，及时向事业部报告；

B. 组织现场灾情监视和灾情分析、会商；

C. 制定抢险、扑救及疏散人员、物资方案；

D. 按事业部的决策，负责全面实施应急预案；

E. 组织灾害损失调查和快速评估，汇总应急工作情况；

F. 协助媒体对事故、险情信息发布；

G. 完成事业部交办的其他事项。

4）其他战斗单元职责、任务

A. 安全协调组：参与制定抢修抢险方案，负责监督抢修抢险中的各项协调联络工作，制定安全保障措施，保护事故现场，并配合有关部门做好勘察取证工作，收集事故相关资料，分析事故原因等。

B. 抢修抢险组：负责抢修抢险任务和技术工作，包括各种器具，配件的准备等。

C. 警戒组：负责划分警戒区，安排警戒，做好警戒工作。

D. 后勤医疗组：负责各项后勤保障工作，必要时联系救护医疗单位及临时的简单救护工作。

E. 疏散组：负责疏散事故发生地周围可能受到安全威胁的人员。

（3）特大事故（Ⅰ级）应急组织机构及职责

特别说明

1）当发生特大事故（Ⅰ级）时，事业部启动公司级应急预案，分公司应急指挥部受事业部应急指挥部领导。

2）在公安消防机关未到达现场前由事业部总经理或副总经理、总经理助理执行指挥任务，当公安消防机关到达现场后，由公安消防机关有关领导担任总指挥。

4. 应急专项抢险方案

（1）储罐破裂造成液化天然气泄漏或着火的抢险方案

1）只泄漏未着火的抢险方案

A. 迅速向"110"、"119"、事业部及相关单位报警，设立警戒区域，消除一切火源，撤离周围人员；

B. 用干粉灭火器覆盖泄漏在地面的液化天然气，用沙子或沙土堆成围堤将泄漏液引向围堰。

C. 根据实际情况制止泄漏源。

2）泄漏并发生着火的抢险方案

迅速关闭泄漏处上下游阀门，设立警戒区域，消除一切火源，稀释驱散空气中的天然气浓度。由于站内工艺管道管径小，管道短，存液少，除直接堵漏外，也可在保证无火源情况下，让其漏完。待管中微正压时再补焊泄漏处。

假如泄漏并发生着火，可迅速利用干粉灭火器灭火，再采用堵漏胶、管卡等堵漏工具进行堵漏。如果无法直接堵漏，可考虑让其继续稳定燃烧，并尽一切手段对相邻管道、设备及储罐进行喷淋冷却降温，防止超温超压造成更严重的后果，或灭火后在安全处排放。

（2）烃泵的应急方案

烃泵在运行过程可能会出现下列紧急情况：

1）泵体过热、叶片烧毁；

2）泄漏。包括泵体密封泄漏，（金属软管）爆裂引起液化气泄漏，及烃泵进出口管、回流管、旁通管上阀门破损引起液化气泄漏；

3）三角皮带突然断裂；

4）泵体和出口管道振动和响声异常；

5）无压差。

运行机泵操作人员一旦发现烃泵出现上述任何一种紧急情况必须采取以下的应急措施：关闭电源，停泵，打开旁通阀和回流阀，关闭进出口阀。

烃泵发生振动和异常响声可能是泵中气相过多引起的，此时应排放气体。排放气体后，烃泵仍然振动和异常响声，有可能是过滤器脏堵引起的，也有可能是轴承损坏引起的。此时操作人员除按上述步骤停泵，还应通知机修人员进行检修。另外出口管道积压也会造成泵体和出口管道振动和异常响声，安全阀起跳，此时操作人员除按上述步骤停泵外，还应查明管道积压原因并加以排除。发生其他情况马上通知机修人员进行检修。

（3）槽车装卸台发生液化气泄漏或火灾事故的抢险方案

1）金属软管破裂、司机未卸管发动槽车等造成液化天然气泄漏。此时卸台操作人员应迅速关闭金属软管的连接球阀，搬动槽车紧急手刹；机泵操作人员紧急停泵，熄灭四周一切火源，必要时驱散稀释空气中天然气浓度。

2）槽车安全阀突然起跳造成大量的液化天然气往外泄漏。此时卸台操作人员通过压力表观察罐内压力，当压力达到 0.8MPa 以上表明安全阀起跳是由于罐内超压引起安全阀排放液化天然气，否则就是安全阀损坏造成液化天然气大量泄漏。此时运行卸液人员立即向分公司领导报警，其余人员作好卸车准备。分公司领导接到报警后，迅速启动应急预案，制定卸车方案，开启消防水泵，实行警戒，杜绝一切火源。并把重点放在对装卸台上槽车罐体及油箱和储罐喷淋冷却，用高压喷雾水枪驱散并稀释空气中的天然气。

上述两种险情假如已起火，可迅速将火扑灭，再按上述的方法进行抢修。

3）装卸台槽车发生罐体破裂或第一道法兰密封面漏气的抢险方案同球罐漏气的处置原则一样。

槽车卸台一旦发生液化气泄漏，在未起火前，为防止产生火花，严禁在现场的司机发动其他车辆。

（4）加气车辆发生火灾

1）应立即停止加气操作，按下 ESD 紧急停机。

2）立即切断一切气源、电源，同时用灭火器进行扑救灭火。

3）应立即关闭着火车辆上的气瓶阀门，然后立即赶到加气站出入口处，禁止其他车辆进站。

4）引导正在加气的其他车辆有序地撤离加气站，到达站外安全区域。

5）在火势大难以控制时立即拨打"119"报警。

6）站长及时向分公司应急处理指挥部报告（站长不在时由核算员或班长执行）。

7）发生大面积失火，分公司应急处理指挥部启动分公司级的事故应急预案。

（5）加气机发生火灾

1）应立即停止加气操作，按下 ESD 紧急停机。

2）切断一切气源、电源，立即用灭火器进行扑救，同时先关闭加气机上游阀门。

3）立即拨打"119"报警，在报警中说清楚单位名称、燃烧的物质、地址、火势大小、和报警者姓名和单位电话。

4）引导站内加气的其他车辆有序地撤离加气站，到达站外的安全区域。

5）站长及时向分公司应急处理指挥部报告（站长不在时由核算员或班长执行）。

6）发生大面积失火，分公司应急处理指挥部向事业部报告启动事业部级事故应急预案。

（6）配电室发生火灾

1）应立即停止加气操作，按下 ESD 紧急停机。

2）立即切断一切气源、电源，立即用灭火器进行扑救。

3）立即拨打"119"报警，在报警中说清楚单位名称、燃烧的物质、地址、火势大小、报警者姓名和单位电话。

4）站长及时向分公司应急处理指挥部报告（站长不在时由核算员或班长执行）。

5）发生大面积失火，分公司应急处理指挥部向事业部报告启动事业部级事故应急预案。

（7）加气站内防抢防盗措施及应急方案

1）防抢防盗防护措施

①站区员工在零点至七点时，随身携带的找零现金不得超过 100 元，其余现金及时存入保险柜。

②保险柜摆放在室内尽可能的隐蔽处。

③夜间每小时当班人员携带橡胶警棍、防爆照明灯具对站区按照规定线路进行安全巡检。

④与相邻单位和居住户加强沟通合作，双方签订安全防护协议，共同做好安全协防工作。

⑤加强对外来进站人员进行询问并做好登记。

2）防抢劫应急处置方案

①站区员工在突遭歹徒抢劫时，首先要保持镇定与歹徒周旋，充分利用站上的防暴用具进行防护和反击。

②遭歹徒抢劫时，当自身的安全有可能受到危害时，应找时机尽快地脱身，抓紧时机打电话报警。

③随后立即向分公司报告。

④站区员工在突遭歹徒多人（二人以上）抢劫时，应运用心理战术尽量拖延时间，当自身的安全可能受到伤害时，放弃随身的现金，歹徒逃离后，抓紧时机打电话报警。

⑤随后及时向分公司、事业部报告，积极向警方提供线索、证据，协助警方破案。

⑥事后向当地财产保险部门进行报案。

（8）自然灾害的应急方案

在接到自然灾害预报通知后，站长应立即召集人员开紧急会议，做好抢修准备工作，预防二次灾害的发生。（以下根据实际情况制定）

1）人员组织

在接到有自然灾害通知后，站长应组织所有人员参加抢险小组，昼夜值班，一旦有险情马上投入战斗，并密切与上级领导保持通信联系。

2）物资储备

①加强与分公司联系。

②自然灾害期间，加气站电话联络线路有可能随时中断，无线电通信设备（手机）应事先充足电，开机以保证通信畅通。

③分公司小型工具汽车应停放站里，随时待命。

④备好沙袋，检查管箍等抢修工具和劳保用品是否备齐。

3）具体措施

①接到自然灾害的通知后，站长应对本站围墙、排水沟口进行一次全面检查，如发现不安全因素及时采取措施维修加固，发现沟口堵塞马上进行清理。

②一旦发生不安全因素应立即报告上级领导及时整改。

③组织人员对站区所有设备、管线进行检查，注意观察是否完好。

④当破坏性灾害（水灾、雪灾、泥石流）即将来临时，应停止一切生产活动，抢险组长组织抢修人员关闭储罐及管道上阀门，液化天然气槽车停放在安全地带。

⑤自然灾害来临前，除值班室的照明线路外，其他一切电源都必须切断，关好门窗。

⑥灾害期间，值班抢险小组派人监听气象警报，定期进行巡逻，并随时与上级公司保

持联络。

⑦注意观察罐体，管道液化天然气是否泄漏，同时注意观察次生灾害的动态。一旦发生大量泄漏，抢险队迅速集合，按以上的紧急方案进行抢救。

⑧地震预报期间的应急方案同上，非生产期间储罐上、下第一道阀门均处于关闭状态，尽可能少储液。

5. 应急响应

按照可控程度、严重程度和影响范围，分级响应。发生一般事故及险情时，启动一般事故（Ⅲ级）预案，由本单位个别部门按照本预案的规定启动应急救援预案，并组织相关部门调动各方面力量处置；发生重大事故及险情时，分公司按照重大事故（Ⅱ级）预案的规定启动应急救援预案，并组织本单位各方面力量处置；发生特大事故及险情时，由本单位按照特大事故（Ⅰ级）预案的规定启动应急救援预案，组织本单位各方面力量处置的同时，报上级应急救援指挥部门，请求上级应急救援指挥启动相应的预案，组织各方面力量进行处置。

6. 应急救援终止

应急救援终止由应急救援指挥部根据现场救援活动并听取安全调查组的意见后予以宣布。应急结束按照以下程序进行：

（1）事故现场隐患得到妥善处置，事故险情得到根本消除，经现场指挥员检查确认，不存在造成次生事故因素，不会对事故现场和周围环境造成火灾、中毒及环境影响时，由现场指挥部报告，经应急救援指挥部批准，可以撤销疏散区，撤离疏散人员。

（2）事故伤员全部送至医院救治，事故死亡人员遗体得到妥善处置，失踪人员已查明，事故现场处于保护状态，由现场指挥员报告，经应急救援指挥部批准，可以撤销警戒区，撤回警戒人员。

（3）具备以上条件时，通知本单位相关部门及周边群众，事故危险已解除。

7. 培训和演习

（1）培训：在每月的安全教育中，加强对应急抢险人员进行培训，如接警程序，抢险操作中人员的自我防护、安全监护等，并在安全考核中加以强化。

（2）演习：每年至少举行两次抢修抢险演习，举行一次消防演练，针对演习中存在的问题，不断加以改进，并对方案加以完善。每次演习完毕，必须填写演习记录备案。

8. 事故应急救援联络部门

（1）事业部调度值班电话

（2）事业部应急指挥部电话

（3）火灾报警电话：119

（4）交通报警电话：122

（5）公安报警电话：110

（6）医疗急救电话：120

参考文献

[1] 本书编委会. 液化天然气加气站 [M]. 北京：中国石化出版社，2017

[2] 王靓. 压缩天然气加气站 [M]. 北京：中国石化出版社，2017

[3] 本书编委会. 车用加气站操作员 [M]. 北京：石油工业出版社，2016

[4] 范小平. 天然气加气站设备管理 [M]. 北京：中国计量出版社，2015

[5] 本书编委会. 加油机与加气机 [M]. 北京：中国计量出版社，2015

[6] 李继从. 天然气加气站操作与运行 [M]. 北京：中国标准出版社，2014

[7] 郭揆常. 液化天然气（LNG）工艺与工程 [M]. 北京：中国石化出版社，2014

[8] 李一庆. 天然气加气站建设与管理 [M]. 北京：中国质检出版社，2013

[9] 王硕. 压缩天然气加气机 [M]. 北京：中国标准出版社，2013

[10] 郭建新. 加油（气）站安全技术与管理 [M]. 北京：中国石化出版社，2013

[11] 国家安全生产监督管理总局宣传教育中心. 加油（气）站从业人员安全培训教材 [M]. 北京：中国矿业大学出版社，2008

[12] 樊宝德. 加油（气）站设备器材选型手册 [M]. 北京：中国石化出版社，2007

[13] 郁永章. 天然气汽车加气站设备与运行 [M]. 北京：中国石化出版社，2006

[14] 中华人民共和国国家质量监督检验检疫总局. 汽车用液化石油气加气机：GB/T 19238—2003 [S]. 北京：中国标准出版社，2003